中国传媒蓝皮书
CHINA MEDIA BLUE B

中国传媒社会责任研究报告
（2015～2016）

主　编　黄晓新　刘建华
副主编　李文竹　卢剑锋

Study on social responsibility report
about media enterprises in China
(2015～2016)

中国书籍出版社
China Book Press

图书在版编目（CIP）数据

2015~2016中国传媒社会责任研究报告/黄晓新，刘建华主编.
—北京：中国书籍出版社，2017.5
ISBN 978-7-5068-6167-0

Ⅰ.①2… Ⅱ.①黄… ②刘… Ⅲ.①传播媒介-社会
责任-研究报告-中国-2015－2016 Ⅳ.①G219.2

中国版本图书馆CIP数据核字（2017）第085616号

2015~2016中国传媒社会责任研究报告

黄晓新　刘建华　主编

责任编辑	许艳辉
责任印制	孙马飞　马芝
封面设计	楠竹文化
出版发行	中国书籍出版社
地　　址	北京市丰台区三路居路97号（邮编：100073）
电　　话	（010）52257143（总编室）　　（010）52257140（发行部）
电子邮箱	eo@chinabp.com.cn
经　　销	全国新华书店
印　　刷	北京九州迅驰传媒文化有限公司
开　　本	787毫米×1092毫米　1/16
印　　张	17.25
字　　数	289千字
版　　次	2017年5月第1版　2017年5月第1次印刷
书　　号	ISBN 978-7-5068-6167-0
定　　价	80.00元

版权所有　翻印必究

前　言

"中国传媒社会责任研究"课题是中央级公益性科研院所基本科研业务费专项资金资助项目，是中国新闻出版研究院的重要研究课题，《中国传媒社会责任研究报告》是该课题的研究成果，《中国传媒社会责任研究报告》与《中国传媒融合创新研究报告》相得益彰、互为补充，成为中国新闻出版研究院传媒研究所的两大拳头产品。

社会责任是指一个组织对社会应负的责任，一个组织应以一种有利于社会的方式进行经营和管理，社会责任通常是指组织承担的高于组织自己目标的社会义务。2013年，鉴于部分媒体社会责任意识淡漠的问题日益突出，公众对强化媒体社会责任的呼声强烈，中宣部、中国记协决定在新闻战线探索建立媒体社会责任报告制度，并在2014、2015、2016年连续三年发布试点媒体社会责任报告。

2016年2月19日，习近平总书记在党的新闻舆论工作座谈会上提出了48字的"党的新闻舆论工作职责使命"：高举旗帜、引领导向，围绕中心、服务大局，团结人民、鼓舞士气，成风化人、凝心聚力，澄清谬误、明辨是非，联接中外、沟通世界。这个论述，为新闻舆论工作指明了方向，提供了根本遵循，凸显了新时代条件下加强中国传媒社会责任研究的重要性。

社会责任的最终落点是执行，本报告以社会责任执行力提升作为研究对象与最终目标，超越了此前社会责任报告现状描述研究的模式窠臼，为社会责任研究提供了一个特别的视角。中国传媒社会责任执行力提升既是一个重大的理论问题，又是一个紧迫的现实问题。基于此二重性，本报告采用了实证与规范相结合的研究方法，通过对国内外社会责任概念、内涵与外延，各省区传媒社会责任执行，各类型传媒社会责任执行，中国传媒社会责任执行不力等问题进行研究，力图构建中国传媒社会责任标准体系，提出中国传媒社会责任执行力提升的有效路径与方法。

本报告选取部分代表性省区与不同类型传媒为研究对象，对2015~2016年度传媒社会责任执行现状进行全面、深入的描述和分析，找到制约中国传媒执行社会责任的关键问题，构建新的时代条件下中国传媒社会责任标准体系与中国传媒社会责任发展指数指标体系，建设中国传媒社会责任执行力提升的系统与路径，促进传媒业健康发展，壮大新闻舆论引导主阵地，依托传媒社会责任这一全球通行术语，获得国际社会认可，推动中国传媒更好走出去。

报告内容分为四部分，第一部分是导论，对中国传媒社会责任研究背景、动力、框架、思路与方法进行概述。第二部分是省区传媒社会责任报告，按照东、中、西、东北四个区域分类，每个区域选择代表省份，分别是北京市传媒社会责任报告、上海市传媒社会责任报告、广东省传媒社会责任报告、湖南省传媒社会责任报告、陕西省传媒社会责任报告、吉林省传媒社会责任报告、河南省传媒社会责任报告、四川省传媒社会责任报告、云南省传媒社会责任报告。第三部分是类型传媒社会责任报告，广电、图书、报纸、期刊、新媒体分别选择1个案例进行解剖，形成5个类型传媒社会责任报告。第四部分是专论报告，主要对新兴媒体（以BAT代表）与慈善传播等重点与热点问题进行研究，分别是中国传媒社会责任指标体系、阿里巴巴集团社会责任研究、习近平"48字方针"与媒体社会责任研究、大数据时代新媒体技术在慈善传播中应用现状及融合模式研究。

本书是以中国新闻出版研究院传媒研究所为主体的全国性虚拟科研团队共同合作倾心打造的一部报告，既有生动的一线案例，又有严肃的理论思考，相信该报告在当下传媒社会责任研究方阵中将会占据重要位置。在此，感谢本研究团队的所有专家学者，并期待持续合作，竭尽全力为中国传媒发展、主流价值观塑造与国家社会治理贡献一种不可或缺的力量。

《中国传媒社会责任研究报告》课题组

2016年12月28日

目　录

导　论 …………………………………………………………… (1)
　　第一节　研究现状 ………………………………………… (1)
　　第二节　研究内容 ………………………………………… (8)
　　第三节　思路、方法与创新 ……………………………… (10)

省区传媒报告

第1章　北京市传媒社会责任报告 ………………………… (15)
　　第一节　传媒业的企业社会责任边界与理论框架 ……… (15)
　　第二节　北京市传媒业履责情况调研 …………………… (16)
　　第三节　主要政策建议 …………………………………… (24)

第2章　上海市传媒社会责任报告 ………………………… (28)
　　第一节　上海传媒概况 …………………………………… (28)
　　第二节　上海传媒执行社会责任的现状 ………………… (29)
　　第三节　上海传媒执行社会责任存在的问题 …………… (35)
　　第四节　上海传媒社会责任执行力提升的路径与方法 … (36)

第3章　广东省传媒社会责任报告 ………………………… (39)
　　第一节　广东传媒概况 …………………………………… (39)
　　第二节　广东传媒执行社会责任的现状 ………………… (41)
　　第三节　广东传媒执行社会责任存在的问题 …………… (46)
　　第四节　广东传媒社会责任执行力提升的路径与方法 … (49)

第4章　陕西省传媒社会责任报告 (51)
第一节　陕西传媒概况 (51)
第二节　陕西传媒执行社会责任现状 (52)
第三节　陕西传媒执行社会责任存在的问题 (57)
第四节　陕西传媒社会责任执行力提升的路径与方法 (58)

第5章　湖南省传媒社会责任报告 (61)
第一节　湖南传媒概况 (61)
第二节　湖南传媒执行社会责任现状 (72)
第三节　湖南传媒执行社会责任存在的问题 (76)
第四节　湖南传媒社会责任执行力提升的路径与方法 (77)

第6章　吉林省传媒社会责任报告 (79)
第一节　吉林传媒概况 (79)
第二节　吉林传媒执行社会责任现状 (80)
第三节　吉林传媒执行社会责任存在的问题 (89)
第四节　吉林传媒社会责任执行力提升路径 (90)

第7章　河南省传媒社会责任报告 (92)
第一节　河南传媒概况 (92)
第二节　河南传媒执行社会责任现状 (94)
第三节　河南传媒执行社会责任存在的问题 (101)
第四节　河南传媒社会责任执行力提升路径与方法 (102)

第8章　四川省传媒社会责任报告 (104)

第9章　云南省传媒社会责任报告 (113)
第一节　发挥舆论导向培育主流价值观 (114)
第二节　共抓质量效益和经济效益 (117)
第三节　加速技术更新满足用户需求 (119)
第四节　担当社会责任，倡导和谐社会 (121)
第五节　借民族文化东风打造民族出版物 (122)
第六节　云南传媒执行社会责任存在的问题 (124)
第七节　云南传媒社会责任执行力提升的路径和方法 (125)

类型传媒报告

第 10 章　中国广电媒体社会责任报告 …………………………………（129）
　第一节　中国广电媒体执行社会责任现状 ………………………（129）
　第二节　中国广电媒体执行社会责任中存在的问题 ……………（133）
　第三节　中国广电媒体社会责任执行力提升的路径与方法 ……（137）

第 11 章　中国图书媒体社会责任报告 …………………………………（144）
　第一节　中国图书媒体概况 ………………………………………（144）
　第二节　中国图书媒体执行社会责任现状 ………………………（145）
　第三节　中国图书媒体执行社会责任存在的问题 ………………（153）
　第四节　中国图书媒体社会责任执行力提升的路径与方法 ……（154）

第 12 章　中国报纸媒体社会责任报告 …………………………………（157）

第 13 章　中国期刊媒体社会责任报告 …………………………………（167）
　第一节　中国期刊媒体概况 ………………………………………（167）
　第二节　中国期刊媒体执行社会责任现状 ………………………（168）
　第三节　中国期刊媒体执行社会责任存在的问题 ………………（176）
　第四节　中国期刊媒体社会责任执行力提升的路径与方法 ……（177）

第 14 章　中国新媒体社会责任报告 ……………………………………（179）
　第一节　中国新媒体概况 …………………………………………（179）
　第二节　中国新媒体执行社会责任现状 …………………………（181）
　第三节　中国新媒体执行社会责任存在的问题 …………………（191）
　第四节　中国新媒体社会责任执行力提升的路径与方法 ………（193）

专论报告

第 15 章　中国传媒社会责任指标体系 …………………………………（199）
　第一节　社会责任的测评与指标体系 ……………………………（199）

第二节　媒体社会责任的主要特征……………………………………（202）
　　第三节　依从利益相关方框架的指标体系……………………………（204）
　　第四节　依从关键定量方法的指标体系………………………………（207）
第16章　阿里巴巴集团社会责任研究……………………………………（212）
　　第一节　明确价值使命，创新执行行业责任…………………………（212）
　　第二节　开展公益慈善，真诚执行服务责任…………………………（215）
　　第三节　践行企业文化履行人文责任…………………………………（218）
　　第四节　推动媒体融合切实履行文化责任……………………………（222）
第17章　习近平"48字方针"与媒体社会责任研究………………………（225）
第18章　大数据时代新媒体技术在慈善传播中应用现状及
　　　　 融合模式研究……………………………………………………（234）
　　第一节　慈善传播媒体生态环境：融合交汇中的"无限生态位"…（234）
　　第二节　新媒体技术在慈善传播中应用现状"AIA"实证研究……（239）
　　第三节　大数据时代慈善传播"环性循环"融合模式………………（257）
参考文献………………………………………………………………………（265）

导 论

2016年2月19日,习近平在党的新闻舆论工作座谈会上提出了48字的"党的新闻舆论工作职责使命":高举旗帜、引领导向,围绕中心、服务大局,团结人民、鼓舞士气,成风化人、凝心聚力,澄清谬误、明辨是非,联接中外、沟通世界。这个论述,为新闻舆论工作指明了方向,提供了根本遵循,凸显了新时代条件下加强中国传媒社会责任研究的重要性。

第一节 研究现状

本研究涉及几个重要概念:一是传媒社会责任,二是公益传播与社会慈善,三是执行力提升。传媒社会责任、公益慈善传播是当前研究的热点与重点,但是对传媒社会责任的概念与内涵还没有一致的看法。有些研究者把西方哈钦斯委员会提出的新闻社会责任拿来简单套用,但这个学说只是对新闻自由的一个校正,失之为宽泛,没有提出让新闻传媒能够参照履行的具体标准。有些研究者干脆用企业社会责任标准直接评价传媒社会责任的履行情况,但这又失之为没有考虑到传媒作为社会公器所具有的社会效益与经济效益双重功能的特殊性。关于传媒社会责任的国内外研究成果相对较少,传媒社会责任执行力提升研究更是沧海一粟,但这又是新的时代条件下急迫需要解决的重大问题。在国内外研究综述中,本研究侧重于对社会责任及传媒社会责任研究现状的评述。

一、国外研究

主要是企业社会责任标准体系,社会责任的概念与内涵,传媒自由与社会责任的研究等相关领域。

1. 对企业社会责任的研究

西方学界对企业社会责任（Corporate Social Responsibility）的研究开始于20世纪20年代的美国。最初的企业只需要承担经济责任，并没有社会责任的概念。但随着经济的进一步发展，企业家一味追求经济利益，过分看重个人财富的积累，假冒伪劣产品、环境污染等问题日益凸显。另一方面，企业不断发展、扩张，创造了巨额财富，渗透到社会的各个领域，对人们的生活产生了巨大的影响，社会公众理所当然地认为企业应该将取之社会的一部分财产回馈社会。人们开始意识到利益最大化不应成为企业的唯一目标，还应承担相应的社会责任。

西方学者基于对企业社会责任的不同认识逐渐形成了企业社会责任的古典经济观和社会经济观这两个相对立的观点。古典经济观的主要倡导者 Friedman (1970) 认为，企业要对股东及利益相关者负责，而股东想尽可能多地获取利润，因此，企业的唯一责任和使命就是追求商业利益最大化。社会经济观则认为企业在追求利益最大化的过程中损害了一部分人和环境的利益，因此应该将所得利益的一部分回馈社会，履行一定的社会责任以提高人类生活质量。该观点的支持者认为应当建立一个由多样利益相关群体组成的"多方利益相关者框架"（Lertzman & Vredenburg, 2005；Newell, 2005）。

根据世界可持续发展工商理事会的定义，企业社会责任应当包括企业开展的所有促进经济发展的社会性活动（Anderson & Bieniazewska, 2005）。Carroll 于1979年提出了一个企业社会责任概念框架，该框架包含四个层次的企业社会责任，即经济责任、法律责任、伦理责任和慈善责任。第一层责任即经济责任，包括对股东负责，利用资源追求组织利益的最大化。第二层责任即法律责任，描述了企业必须遵守的法律和监管责任。第三层责任即伦理责任，包括除法律约束外还应遵守的伦理道德要求责任。第四层描述的是企业可自由选择的尽多大努力支持社会的责任。根据 Carroll 的模型，企业社会责任应该包括三个关键要素：①企业社会责任的基本定义；②对企业社会责任的理解；③对企业社会责任履行情况的具体反应。

Wood（1991）发展了 Carroll 的模型，增加了社会责任行为，即企业对社会责任的反应与绩效。Wood 还将社会责任模型与股东、社会、环境和管理结合在一起进行研究与分析（Jamali & Mirsshak，2007）。2004 年 Bertels 与 Vredenburg 提出区域模型，有效地整合了社区期望与企业社会责任策略。该模型强调股东需分担责任，并在社区水平上为公司提供发现问题的工具。

2006 年发布的 ISO 26000 国际标准扩大了应该履行社会责任的对象，将企业社会责任（CSR）推广到任何形式组织的社会责任（SR），这是 ISO 26000 最重要的意义之一。在大众语境下，组织社会责任往往是指组织应该承担的诸如经济责任、法律责任、道德责任等。而在 ISO 26000 标准的语境中，首先，社会责任是指一种意愿（Willingness），强调组织愿意就其决策和活动对社会和环境的影响承担责任；其次，社会责任是指组织行为的性质，通过透明和合乎道德的行为表明对社会负责任的组织行为，即行为不但要以遵守法律义务为底线，遵守适用的法律并与国际行为规范相一致，而且必须要超越法律义务，最大限度地贡献于可持续发展；最后，社会责任是指组织融合社会责任的运作模式，即通过什么样的运作模式确保组织行为对社会负责任，包括要以促进可持续发展为目的，以遵守适用法律和国际行为规范及考虑利益相关方的期望为原则，以覆盖组织全部决策和活动及全面融入组织为路径，以在自身及影响范围内的活动与关系中得到践行为验证。

ISO 26000 国际标准为传媒应用社会责任标准体系提供了理论解释与实践应用的有力依据。为确保党的新闻事业健康发展，2013 年，中宣部就已决定在新闻战线探索建立传媒社会责任报告制度，中央电视台、经济日报等传媒单位发布的社会责任报告直接参考了 ISO 26000 国际标准。

2. 对传媒社会责任的研究

对于传媒社会责任的研究，西方学者大多是从批判的角度进行，具体体现在以下几个方面。

第一，从观众角度出发，研究传媒责任与自由之间的关系。传媒的社会责任理论源于哈钦斯领导的自由委员会于 1947 年发表的《一个自由而负责任的新闻界》报告。西奥多·彼得森（2008）的《传媒的四种理论》是对传媒的社会责任进行最系统阐述的著作。书中论述了传媒的威权主义、传媒的自由至上主义、传媒的社会责任和传媒的苏联共产主义四种理论。

第二，从具体案例出发，研究传媒在传承、营造社会文化方面的失职。关于传媒社会责任，尼尔·波兹曼在《娱乐至死》一书中提出：电视是表达娱乐的工具，在此种媒介上，一切话语都以娱乐的方式呈现并逐渐成为一种精神文化产品，而其他文化内容都甘愿依附于娱乐，其最终结果是我们无声无息地成为一种娱乐至死的物种。道格拉斯·凯尔纳在其著作《传媒的奇观——当代美国社会文化透视》中通过分析企业、个人和政府以大众传媒为渠道制造的一个个商业、体育、影视和政治方面的耸人听闻事件，向读者揭示了当代美国社会所蕴含的矛盾和危机，分析了传媒信息表层下的文化内涵，并提出自己的忧思和警示。

第三，研究构建传媒责任体系。法国学者克劳德—让·贝特朗（2006）的《传媒职业道德规范与责任体系》一书对传媒责任体系的类型做了分类，认为传媒责任体系可以按其来源划分为内部的、外部的与传媒和公众合作的责任体系。美国编辑人协会制订的《报业信条》中，指出："报纸有争取读者、吸引读者的权利，然而这种权利，必须以为公众利益考虑为范围。若报纸利用读者的爱戴，实施自私自利的企图，谋求不正当的目的，实在有负于这种崇高的信任。"将"责任"列在报业信条的第一条足以看出责任对传媒生存与发展的重要性。

二、国内研究

主要是企业社会责任的概念介绍，社会标准本土化，传媒社会责任的重要性，传媒社会责任缺失及违悖缘由等领域。

1. 对企业社会责任的研究

国内对于企业社会责任的研究从20世纪90年代中后期开始，呈现波动上升趋势。刘俊海（1999）探讨了企业对消费者和员工所肩负的责任，认为企业不应将最大程度的赢利作为唯一目的，还应增进包括消费者、员工、债权人、环境、中小竞争者、当地社区、社会弱势群体及整个社会公众等其他社会团体的利益。2000年以后，我国对于企业社会责任的研究进入一个高潮。有学者认为企业除了必须遵循法令实践伦理责任外，还应履行诸如举办慈善事业等自行裁量责任，二者都是企业履行社会责任的体现（刘连煜，2001）。卢代富（2002）认为，企业社会责任是指企业在履行经济责任外所担负的维护和增进社会利益的义务，包括对雇员、消费者、债权人、环境资源保护与合理利用、对所在社区经济发展及支持福利和社会公益六方面所应承担的社会责任。赵琼

(2004)认为企业社会责任就是在经济责任之外还应承担的包括遵守职业道德、保护环境、支持慈善、捐助公益等多方面的对员工、消费者、社区和环境的责任。有学者认为企业社会责任基础表现是维持企业自身的良性发展,遵守国家法律与商业道德,更高层次的表现为解决好企业由于自身发展而连带产生的外部问题,对社区、环境与社会公益负责(高尚全,2004)。另外,沈奇泰松与姜志华(2013)对企业社会责任相关文献进行梳理,从议题的角度总结概括出了企业社会责任发展脉络,主要分为"what""why"和"how"三个时期。

综上所述,我国学者对企业社会责任的定义虽有所不同,但都认为企业在承担经济责任与法律责任之外,也应承担相应的社会责任,为消费者、供货商、社区、环境等利益相关者负责,不断将取之社会的资源回馈社会。

2. 对传媒社会责任的研究

与欧美发达国家相比,我国对于传媒社会责任的研究由于历史文化因素的影响起步较晚。我国对于传媒社会责任的研究思路大体可以分为以下几个方面。

第一,宏观层面:根据当前社会需要,探讨构建传媒社会责任的重要性。如《承载社会责任,勇肩舆论大旗》(张端,2008)、《电视台民生新闻社会责任初探》(卢艳丽,2009)、《坚守传媒社会责任,打造适合青少年收看的教育节目》(黄秀根,武隽,2011)、《开展公益活动,彰显社会责任》(耿强,吴波,2007)等。这些文章从宏观层面对传媒的社会责任属性进行阐释,提出传媒应当建立自律机制,通过对自我行为的管控,坚守传媒的社会责任,时刻考虑其对社会承担的责任,选择那些真正有价值的符合公众利益的信息加以传播。

第二,中观层面:从某个具体的传媒类型出发探讨应承担的社会责任。如《从中央电视台看强势传媒的社会责任》(陈荣勇,2007)、《恪守电视新闻评论的社会责任》(郑亚楠,2004)、《切实履行国家电视台责任》(赵化勇,2007)、《网络传媒社会责任与商业利益的平衡》(郑素侠,2005)。这些文章针对不同传媒类型的报道特点,从不同角度对其社会责任缺失的背景、原因、激励机制等要素进行探讨。

第三,微观层面:从某一现象入手,分析传媒应承担的社会责任及传媒社会责任的缺失。如《从传媒的社会责任谈"我的经济适用男"》(张丽萍,

2012）、《从新闻集团"窃听门"事件看新闻娱乐化的问题》（姚军元，2012）、《电视台民生新闻的问题和本质回归》（巴全东，2012）、《浅析电视情感类节目存在的问题和对策》（白庆虹，2012）等。这些文章多针对某一当下存在的问题进行分析，反思和探讨传媒应承担的社会责任。

3. 对传媒社会责任履行情况及违悖缘由研究

中宣部做出在新闻战线实施试点传媒发布社会责任报告的决定后，第一批、第二批与第三批试点传媒陆续发布了本单位的社会责任报告。中央电视台社会责任报告分为基本情况，2013年度履行社会责任概况，履行正确开展新闻报道职责，履行提供社会服务责任，履行人文关怀责任，履行繁荣发展社会文化职责，履行遵守职业规范责任，履行安全播出、合法经营与员工权益保障等责任，本年度获奖及相关情况，履行社会责任方面存在的不足和改进措施等10个部分。经济日报社会责任报告分为经济日报概况，履责行为及成效（履行正确引导责任、履行提供服务责任、履行人文关怀责任、履行繁荣发展文化责任、履行遵守职业规范责任、履行合法经营责任、安全刊播责任、保障从业人员权益责任），存在的不足、改进的措施和努力方向，2014报告年度履行社会责任的目标和承诺4个部分。这些报告基本实现了与ISO 26000国际标准的接轨，使中国传媒社会责任报告既关照了社会主义中国传媒特色社会责任的要求，又能为国际社会所接受，为我们开展进一步的传媒社会责任执行与评估打下了良好基础。

当前，部分传媒社会责任意识淡漠的问题日益突出，社会公众对强化传媒社会责任的呼声强烈。尤其是在数字技术与网络技术革新催生的新的传媒格局中，新兴传媒由于缺乏成熟的管理体制，其社会责任意识相对较弱；传统传媒由于面临生存压力，经营收入大幅下滑，自保不暇，在社会责任履行上"心有余而力不足"。童兵的《传媒社会责任的履行与违悖》认为，考察当下某些传媒社会责任意识弱化和履行社会责任自觉性的缺失，甚至出现对基本社会责任的违悖情况，其原因不外有以下四个方面：一是商业势力对健康的传媒肌体的侵蚀。二是没有很好地履行传媒对政府部门的监督职责。三是某些记者编辑的个人素质不佳，轻视甚至无视基本的社会责任规范。四是有些传媒政治上"糊涂"、业务上"马虎"、经济上"向钱看"，导致社会责任意识淡薄。

综上所述，国内外都对传媒社会责任进行了广泛而深入的研究，且有一些重要成果，但是，还有很多不足。如零星出现的《中国传媒社会责任报告》《中国新传媒社会责任研究报告（2015）》等专门性的社会责任研究报告，不论是从社会责任评价体系的标准性还是应用性来看，都缺少严格的科学分析与逻辑认证，像其他研究一样，大多还是从定性的角度进行案例描述和理论阐释，较少对传媒企业社会责任标准进行科学构建并做验证性分析。尤其重要的是，中国传媒社会责任履行情况年度报告固然是很重要，但仅仅发布报告还难以解决问题，重要的是传媒社会责任的执行力问题，只有具有强大执行力的传媒业，才能真正完成习总书记提出的48字党的新闻舆论工作职责使命，才能有利于提升中国传媒业竞争优势，才能有利于提高传媒影响力与公信力，留住人才，提高传媒队伍士气和生产效率，实现社会效益与经济效益双丰收。因此，对传媒社会责任概念、内涵与外延的操作性界定，中国传媒社会责任评价标准体系构建，中国传媒社会责任发展指数体系构建，中国传媒社会责任执行现状与问题分析，中国传媒社会责任执行力提升路径等诸如此类问题的研究，就是本研究的选题依据与价值所在。

三、选题的价值和意义

1. 在理论研究方面

本研究以新闻的社会责任理论为指导，兼采管理学、文化学、传播学、经济学、伦理学、政治学、社会学等学科理论，力图建构新的时代条件下当代中国传媒社会责任理论体系，丰富了新闻学、传播学、传媒经济学与政治学等学科研究领域，催生新的跨界理论研究热潮。

2. 在实际应用方面

本课题重点是应用研究，通过对不同省区、不同类型中国传媒社会责任执行现状与问题的分析，力求构建一套科学有效的传媒社会责任标准体系，构建中国传媒社会责任发展指数，寻找中国传媒社会责任执行力提升的路径，解决数字技术与移动网络技术背景下传媒融合发展的难题，落实习总书记的48字论述精神，促进中国传媒业更好地实现社会效益与经济效益。

第二节　研究内容

本课题研究在对我国新的时代条件下 48 字党的新闻舆论工作职责使命和中国传媒社会责任执行现状与问题分析的基础上，立足于中国传媒业各个方面、各个环节都要坚持正确舆论导向、履行舆论监督责任、确保主流舆论主阵地的现实要求，运用有关理论工具对中国传媒社会责任执行力提升的必要和可能、社会责任标准体系、执行的现状与问题，提升的路径与方法等等系列问题进行研究，提出中国传媒社会责任科学评价与有效执行的相关对策和建议。

一、研究对象

中国传媒社会责任概念与内涵的科学界定，中国传媒社会责任标准体系，中国传媒社会责任发展指数，各省区、各类型中国传媒社会责任执行现状与问题，中国传媒社会责任执行力提升路径与方法。

二、研究架构

本报告是一个持续性研究，最终目标是通过对各省区、各类型媒体执行社会责任的现状、规律、特征进行研究的基础上，提升传媒的社会效益与经济效益，确保传统主流媒体在舆论导向、意识形态宣传与社会舆论监督等方面的绝对主体地位，为党和国家服务，为改善人民生存方式与生活质量服务。本报告整体包括以下内容：

（1）中国传媒社会责任内涵与外延；
（2）各省区中国传媒社会责任执行现状；
（3）各类型中国传媒社会责任执行现状；
（4）中国传媒社会责任存在的问题；
（5）中国传媒社会责任执行不力的原因；
（6）中国传媒社会责任执行力提升研究。

三、研究目标

本报告重点采用深度访谈、问卷调查、比较研究、定性分析等方法，在调查和访谈各区域、各类型、各权威传媒、政府主管部门、学者专家及从业者的基础上，通过和西方发达国家及我国企业社会责任执行力做比较研究，最终找到中国传媒社会责任执行力建设与提升的途径与策略。

（1）从明确中国传媒各个方面、各个环节都要坚持正确舆论导向这一铁的政治纪律提升中国传媒执行社会责任的意识。

（2）从建立科学有效的中国传媒社会责任标准体系并要求各省区、各传媒发布年度社会责任报告来提升中国传媒执行社会责任的行动能力。

（3）从由第三方发布中国传媒社会责任发展指数对各省区、各类型传媒进行排名，提升中国传媒执行社会责任的行业环境压力。

（4）从平衡政府、传媒与公众及利益相关者的利益冲突入手，提升中国传媒执行社会责任的协调能力。

（5）从强化全民对于履行社会责任重要性必要性认识的基础上，提升中国传媒执行社会责任的舆论压力。

（6）从加快推进传统传媒与新兴传媒融合发展的进程中，提升中国传媒执行社会责任的基础实力。

（7）从加强法律监管和行政调控政策配套的基础上，提升中国传媒执行社会责任的规范动力。

四、重点难点

（1）本报告观察分析点是当前中国传媒社会责任这一热点问题，关乎壮大意识形态、主流价值观，关乎确保成风化人、凝心聚力，关乎正确舆论导向，关乎社会舆论监督等问题，尽管本研究明确了新的时代条件下传媒社会责任的内涵与外延、传媒社会责任现状与问题、传媒社会责任标准体系等重要问题，但要真正构建一个科学有效的中国传媒社会责任标准体系，找到提升传媒社会责任执行力的精准路径与方法，则是一个较为困难的事情。

（2）在研究中，仍然会存在不足和缺憾。一是研究对象的复杂性和研究资料的局限性，导致对问题论证尚不充分。二是中国传媒社会责任执行的相关研究数据、文献资料几乎还是个空白，由于新闻传媒的特殊性，研究资料的获得具有相当的难度。采集的资料还会存在着因信息统计的不完全性，田野调查资料的真实性和广泛性问题。

第三节　思路、方法与创新

一、基本思路

本报告的基本思路是：构建中国传媒社会责任指标体系，对典型媒体进行田野调查研究，在充分占有案例材料与数据的基础上，分析媒体社会责任执行力的成效、特点与问题，提出媒体（尤其是传统媒体）如何提升社会责任执行力的方略。

二、研究方法

中国传媒社会责任执行力提升既是一个重大的理论问题，又是一个紧迫的现实问题。基于此二重性，本报告采用了实证与规范相结合的研究方法。同时，为了增强课题研究者的问题意识，还利用有限时间进行了目前学界颇为流行的"田野调查"。通过对国内外社会责任概念、内涵与外延，各省区传媒社会责任执行，各类型传媒社会责任执行，中国传媒社会责任执行不力等问题进行研究，构建中国传媒社会责任标准体系，提出中国传媒社会责任执行力提升的有效路径与方法。

本报告采用的具体研究方法，主要包括：结构/制度分析、实证分析、统计分析以及多学科综合研究。

三、创新之处

本报告是在借鉴国内外已有研究成果基础上，把传媒社会责任、执行力提升置于中国新的时代条件发展背景之中，考察了传媒的工作职责与使命、传媒的各个方面各个环节都要坚持正确舆论导向、传媒的社会责任的国内可行与国际通用性等问题，构建了传媒社会责任标准体系，通过提升传媒社会责任执行力，确保传媒在社会中的重要地位与作用。通过传媒社会责任这一国际性语言，利用企业社会责任的理论与方法，促进国内民众对传媒社会责任的新认识，化解国际社会对中国传媒舆论导向的指责与误解，实现中国传媒在各个方面各个环节真正有效有力的舆论导向，推动中国传媒更好走出去。

（1）从研究思路看，本报告以中国传媒社会责任为切入点，避开了传媒长期以来的政治性给公众造成的误解，以社会责任这一国际通行的理论术语来研究传媒的职责与使命，最终落足到传媒的舆论导向与社会监督上，使传媒真正做到成风化人、凝心聚气，最终促进传媒的社会效益与经济效益双丰收，强化传媒的党的意识形态宣传、文化传播与社会服务的三大功能。为传媒研究开辟了新领域、新视角与新路径。

（2）从研究内容来看，中国传媒社会责任的研究并不陌生，但传媒社会责任执行力提升的研究还是首次。中国传媒社会责任报告还仅仅流于形式，不能达到管理部门的要求，也无法满足党和政府及广大人民群众的要求。而社会责任执行力的研究能够真正促使中国传媒按照规定的标准去践行社会责任，这个社会责任的践行不仅仅是一种付出，更多的是一种获得，在社会责任执行力的不断提升中，传媒可以满足政府与公众的要求，实现可持续性发展。

（3）从研究方法来看，本课题贯通规范与实证的研究方法，定性与定量交叉研究，这种运用多学科理论交融，多种方法综合，符合新的时代条件下中国传媒社会责任研究的现况，能够引起政府、业界、学术界及国内外的重大关注。

省区传媒报告

第1章 北京市传媒社会责任报告

王 志[①]

北京是首善之区，北京的传媒业理所当然要成为全国传媒业的首善，公益与责任是北京传媒业的第一主题。北京传媒业也不负众望，在执行社会责任方面已具有一致的思想共识与较为成熟的操作路径。

第一节 传媒业的企业社会责任边界与理论框架

一、传媒业的企业社会责任边界

根据中华人民共和国国家统计局行业分类标准，新闻和出版业作为文化、体育和娱乐业下的二级行业，包括新闻业和出版业。其中，新闻行业是从事新闻传播和各项信息传播活动，以及经营管理活动的总称。出版行业包括：图书出版，报纸出版，期刊出版，音像制品出版，电子出版物出版，其他出版业。

按照2010年新闻出版总署发布的《新闻出版总署关于进一步推进新闻出版产业发展的指导意见》，将传媒业按经营生产特征分为以下几类：传统出版业，新兴出版业，动漫、游戏出版业，印刷、复制产业以及新闻出版流通、物流产业。本研究主要针对传媒业中从事新闻传播，图书、期刊和报纸出版以及电子出版经营活动的单位和企业，重点关注的是内容提供部分的经营活动，这就是本研究所指的企业社会责任边界。

二、传媒业社会责任有特殊性

传媒业既有产业属性，又有意识形态属性。新闻出版单位应当坚持把社会

[①] 王志，北京市新闻出版研究中心主任。

效益放在首位,实现经济效益和社会效益相统一。中共中央办公厅、国务院办公厅在2015年9月印发了《关于推动国有文化企业把社会效益放在首位、实现社会效益和经济效益相统一的指导意见》(下称《意见》)。《意见》指出,建立健全确保国有文化企业把社会效益放在首位、实现社会效益和经济效益相统一的体制机制,打造一批具有核心竞争力的骨干文化企业,对于推动社会主义文化大发展大繁荣具有重要意义。《意见》提出要正确处理文化类企业社会效益和经济效益、社会价值和市场价值的关系,当两个效益、两种价值发生矛盾时,经济效益服从社会效益、市场价值服从社会价值,越是深化改革、创新发展,越要把社会效益放在首位。可以看出,正确处理文化的意识形态属性与产业属性,把社会效益放在首位、实现社会效益和经济效益相统一成为新闻出版单位企业社会责任的重要内容。

第二节 北京市传媒业履责情况调研

一、调研方法及对象

本次调研主要以面对面访谈和发放问卷调查①为主,同时进行部分电话访谈。问卷共设22题,主要邀请北京市新闻出版企业中管理社会责任事务的人员填写。除了个人与企业基本信息之外,问卷从企业社会责任认识/企业社会责任管理/企业社会责任内容/企业社会责任动力/企业社会责任障碍/企业社会责任沟通等方面展开。题型包括单项选择/多项选择/7等级里克特量型题。本次问卷通过在线填写方式进行。课题组实际回收问卷18份,其中有效问卷17份,不完整问卷1份。本次调研过程中共进行6次面对面访谈,访谈企业包括北京工业大学出版社、北京联合出版有限责任公司、北京燕山出版社、中文在线、北京青年报社、北京发行集团等。

一、调研结果及分析

1. 企业社会责任意识

都认可舆论导向责任;对企业社会责任的认识,国有单位优于民营企业;

---

① 问卷及部分访谈内容见附录。

对确保盈利能力和信息披露两大责任认识水平较低。

在所有回收问卷中，有11份问卷由北京市新闻出版创意产业园区所属企业填写；有6份问卷由北京市属新闻出版企业填写。在对问题"您认为新闻出版企业的社会责任应包括以下哪些内容？"进行回答时，所有企业都认为"发挥舆论导向作用""确保读物质量""绿色出版保护环境"应纳入新闻出版单位履行社会责任的范畴中。其次是"遵守国家法律法规"和"保护版权和知识产权"，分别有16家企业认为是新闻出版企业应履行的社会责任。15家企业认为"保护员工合法权益"是应履行的社会责任。

同时，值得注意的是"确保企业盈利能力"和"披露企业相关信息"两条内容，分别只有10家和6家企业认为应将其纳入履行社会责任的范围。但根据企业社会责任的理论，企业应对利益相关方负责，包括政府监管机构，股东及投资者，员工等。而企业对于股东和投资者的责任就体现在企业效益的可持续增长。此外，企业信息披露作为利益相关方了解企业行动和绩效的工具，也是企业社会责任的重要内容。

按照提交问卷的新闻出版企业所有制分类，71%的国有企业认为"确保企业赢利能力"应是企业履行社会责任的主要内容，而只有50%的民营企业将其纳入履责范围。与此类似，更大比例（57%）的国有企业认为应披露企业相关信息，利于利益相关方知晓，而只有20%的民营企业认识到信息披露的重要性。

因此，新闻出版企业对于企业社会责任总体内容认识较为明确，尤其对于应承担的法律责任，对于员工的责任，对于社区的责任和环境的责任等方面。但对于"确保企业赢利"这一企业生存发展前提也是企业社会责任内容的认识，以及通过信息披露增强企业透明度的认识上，新闻出版企业的认知水平相对较低。

2. 企业社会责任管理

国有出版单位在部门设置、战略制定、高层关注等方面都优于民营出版企业。

据统计，有13家企业有相关部门管理企业社会责任事务，但没有任何一家企业建立了专职的企业社会责任部门，而是由已有的部门机构兼职管理相关事务。此类部门包括：人事部或人力资源部，党支部，对外联络部，营销部，战略

中国传媒社会责任研究报告

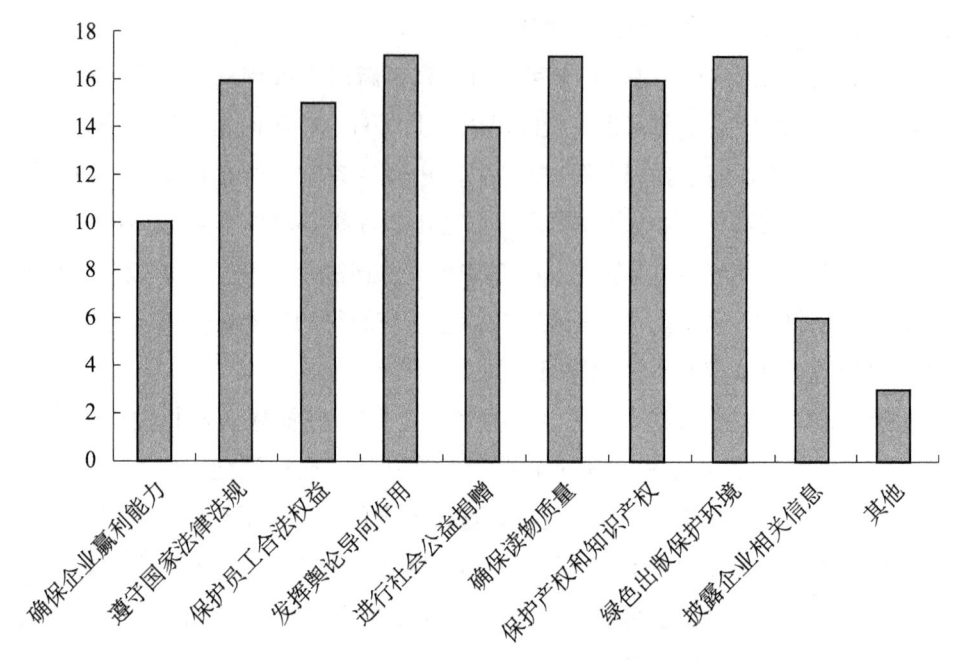

图1　传媒业企业认为其履行社会责任的范畴

发展部、总编办公室等。因此，只有9家企业表示目前有全职或兼职人员负责处理企业社会责任事务。而在这9家企业中，除一家企业未详细说明该人员是否全职处理企业社会责任事务外，其余8家企业均为员工兼职处理此类事务。

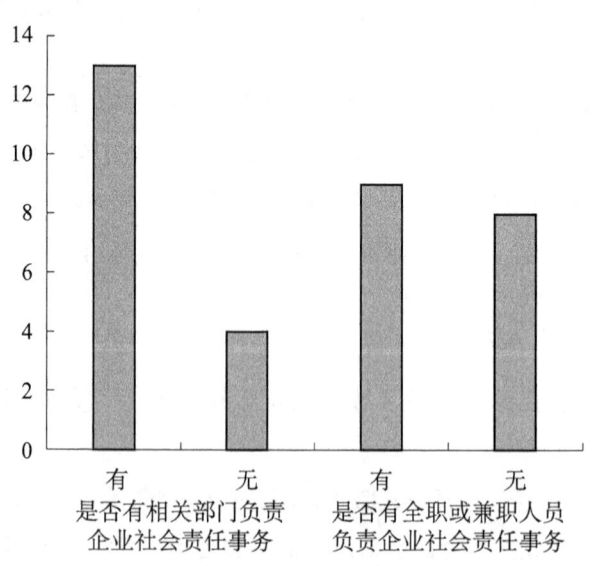

图2　企业是否有相关部门负责社会责任以及是否有全职或兼职人员负责社会责任事务

再从新闻出版企业的所有制类型来看，86%的国有企业表示有相关部门负责企业社会责任事务，而只有50%的民营企业有相关实践。在人员方面，71%的国有企业有专职或兼职人员处理此类事务，而民营企业在此方面的比例仅为40%。

新闻出版企业要想更好地承担起社会责任，就必须加强内外部推进机制的建立，使企业社会责任专职部门发挥效用。专职部门的领导应由企业高层领导担任，以便协调各层级、各部门的工作，确保公司把企业社会责任和可持续发展政策纳入到长期战略及年度计划当中。

在建立企业社会责任战略和目标方面，11家企业在问卷回复中表示已有相关实践。在具体政策文件方面，有9家企业表示自身已制定相关文件。且国有新闻出版企业开展相关行动的比例均高于民营企业。

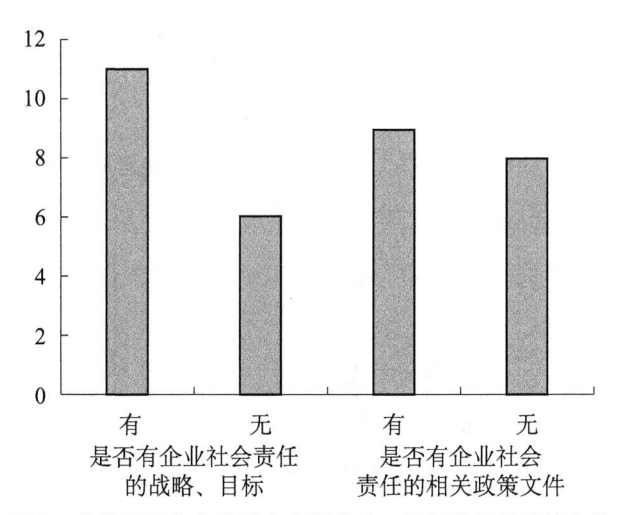

图3 企业是否有企业社会责任战略、目标和相关政策文件

3. 企业社会责任实践

受调查对象对公益捐赠认知高，实践低；履行社会责任信息披露较差。

对于问题"评价企业自身在以下社会责任方面的表现程度"（7级矩阵，1为最差，7为最好）分析时，我们可以发现，新闻出版企业对自身企业社会责任表现程度的认知与其对企业社会责任范畴的认知基本一致。即对于"确保企业盈利能力""披露企业相关信息"等认知较为薄弱的责任内容，企业的表现也相对较差。同时值得注意的是，虽然各企业对"进行公益捐赠"属于重要社会责任方面的认识程度较高，但对自身表现程度的平均评价仅为5.2，这可能是资金所限等问题导致的。

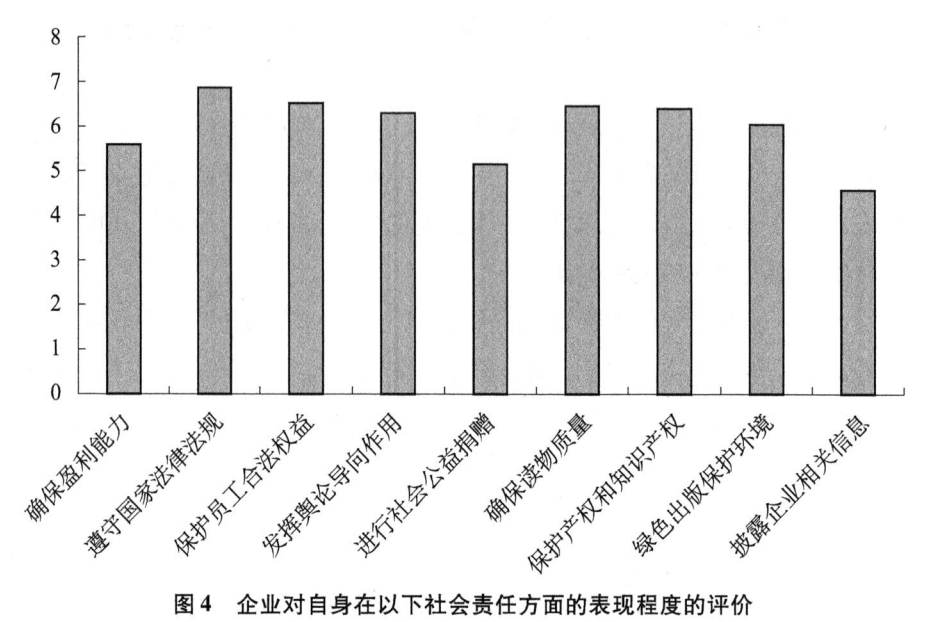

图4　企业对自身在以下社会责任方面的表现程度的评价

4. 企业社会责任动力与障碍

动力主要来自企业形象和政府要求；阻力主要来自认识不足、成本制约和考评不够

对于开放性问题"企业履行社会责任中遇到的动力与障碍"，各企业的回答基本反映了新闻出版企业社会责任领域的现状。

首先，在履责动力方面。从大的方面看，驱动因素大体可以分为社会因素、政治因素、管理因素和市场因素四类。具体来说，上述四类驱动因素还可以进一步分解为公司形象、企业领导者意识、舆论压力、公众意识等。如从企业形象和实际效益的角度出发，有的企业表示"（企业社会责任是）文化企业的担当，（是）行业标准要求，（可以帮助企业）树立品牌形象，保证持续的竞争力"，有的企业认为"企业履行社会责任可降低交易成本；企业履行社会责任可提高产品销售"；从自身意识和舆论压力角度出发，有的企业认为"（履行社会责任可以）增加企业人文社会价值；满足企业核心价值观"，有的企业认为"（新闻出版企业）来源于社会，又要回馈社会"。总的来说，大部分企业认为企业社会责任可以构建企业在市场中的诚信责任，能够增强企业员工的凝聚力,通过政府的监督指导更好地完成自己的社会责任。

而在履行企业社会责任的阻力方面。主要存在的问题包括:新闻出版企业的社会责任意识和重视程度有待进一步加强;主要原因包括"未能充分理解社会责任"以及"缺乏榜样和激励"。同时,政府及监管部门没有成文的指导文件也造成"制度实施机会成本较大;缺少有效的实施机制"问题。同时,也有企业认为,文化行业投入社会责任的时间成本和资金有限造成虽然认识较高,但具体操作过程中受各种资源所限。

5. 企业社会责任沟通机制

对供应商不够重视;沟通渠道以传统的座谈会和网站信息公开为主。

从新闻出版企业对利益相关方的认识程度上看,各企业对潜在沟通对象的重视程度相差不大。在回答问题"与各方面保持良好关系的重要性如何"(7级矩阵,1为最差,7为最好)时,仅有"供应商和采购商"的得分在6分以下。说明新闻出版企业虽然认识到包括政府监管部门、员工、读者等群体在内的利益相关方群体,但对整个价值链上的商业伙伴重要性认识较低。

随着社会的进步,社会和公众对企业的要求不断提高,消费者和投资者要求其承担起相应社会责任的压力也日渐增强,追求良好品牌形象的驱动力也迫使大型企业必须开始补这一课。企业需加大人力物力,切实保证供应链上下游的检查。即使短期内看似乎会带来额外的成本,但品质及声誉的增值却能给企业带来更长远的利润。利润的增加将弥补支出,有前瞻性的企业尽早重视这一块,不仅能减少很多风险,还可以因此建立起竞争优势。而社会分工的发展也使得绝大多数企业无法通过经营整条产业链来解决,否则很可能失去效率优势。尤其对于新闻出版企业而言,其产业链上的纸张制造商、印刷厂等都可能对环境产生潜在威胁。这更加需要新闻出版企业与其供应商和采购商沟通企业社会责任信息,并采取更严格的标准选取商业伙伴。

在沟通渠道方面,以利益相关方座谈会形式和网站公开相关信息形式进行沟通的企业分别有14家。其次是通过内部文件递送形式与利益相关方进行沟通企业社会责任议题。而仅有4家企业表示以发布企业社会责任报告的形式进行沟通,另有3家企业表示并未开展过有关形式的沟通。

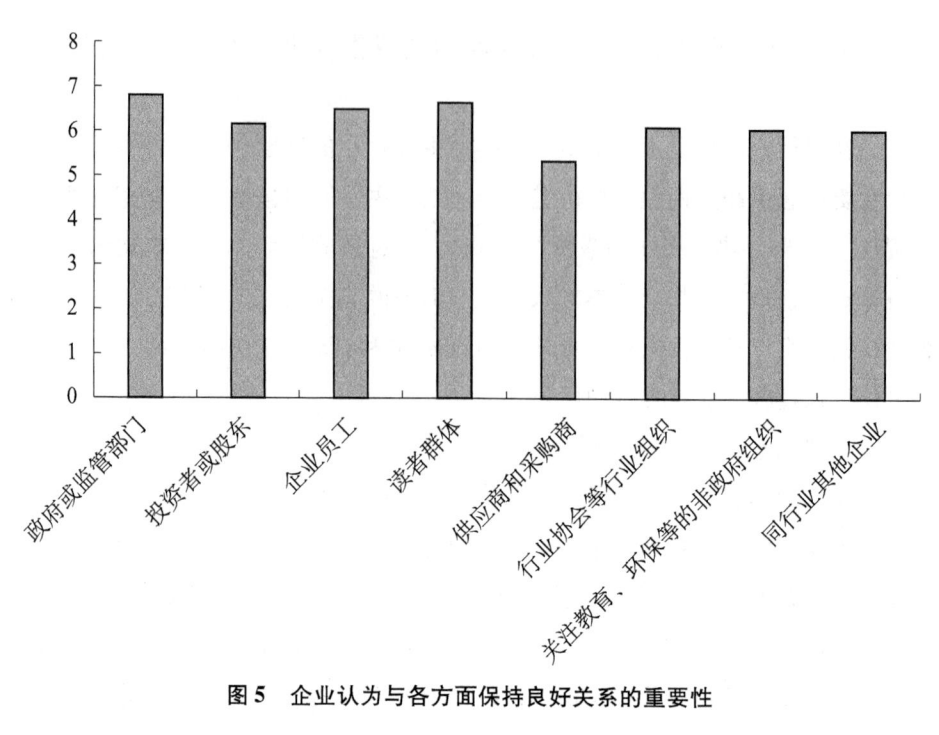

图 5　企业认为与各方面保持良好关系的重要性

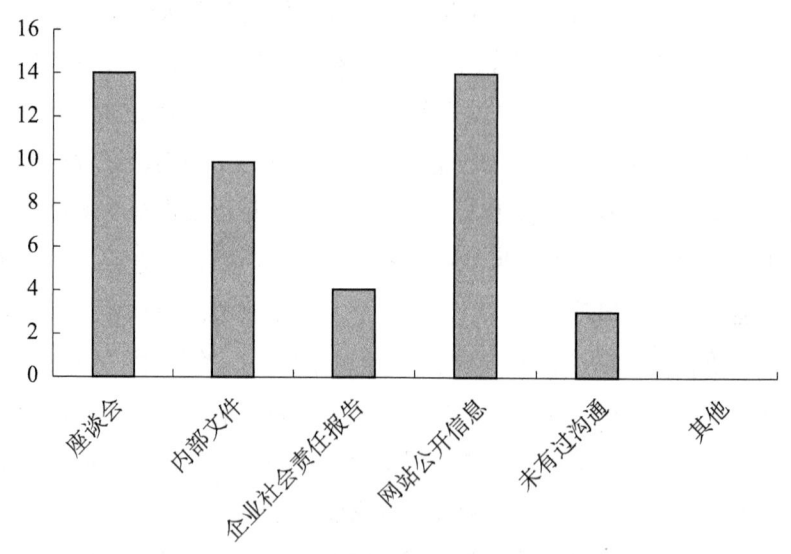

图 6　企业与利益相关方的沟通途径

（三）北京市新闻出版企业履责面临的主要问题

从调研数据可知，北京市新闻出版企业对社会责任的认识水平较高，在履行企业社会责任方面已有一定基础。但是，也面临的一系列问题，影响了社会责任的履行。

1. 传媒业缺乏专门政策指导

目前，中央各部委和相关监管机构已出台一系列关于加强推进企业社会责任的政策、指导意见，如国务院国有资产监督管理委员会在2007年就发布《关于印发〈关于中央企业履行社会责任的指导意见〉的通知》，上海证券交易所发布《关于加强上市公司社会责任承担工作暨发布〈上海证券交易所上市公司环境信息披露指引〉的通知》，深圳证券交易所发布《关于发布〈深圳证券交易所上市公司社会责任指引〉的通知》等。但是，传媒业只有中宣部、中国记协部门等建立的媒体社会责任报告制度，推动媒体每年定期公开发布履行社会责任情况报告。传媒业监管部门暂时没有发布专门的企业社会责任指导政策及行动指引等。

2. 资源约束导致履责受阻

履行企业社会责任意味着企业需要承担更多的开支。一方面，履行企业社会责任需要有人员，管理和行政开支。另一方面，若企业进行公益捐赠，则需要更多的经济支出。因此，在问卷和访谈过程中，有不少企业表示愿意主动承担企业社会责任，但是履行企业社会责任的成本都阻碍了行动的开展。尤其是对于尚处在发展初期的中小企业来说，资金压力更加成为阻碍企业履责的因素。

3. 缺乏管理企业社会责任项目的专业人才

由于企业社会责任在中国还是较新的概念，训练有素的从业人员和可借鉴的经验都比较缺乏。由于没有专业的人员负责企业社会责任事务，或者由于目前人员并不能全面了解企业社会责任的内涵。传媒业开展企业社会责任的时间并不长，导致一些新闻出版企业缺乏经验，不能熟练掌握与利益相关方沟通的技巧，或不知道如何与非政府组织合作开展公益项目等。

4. 缺乏履责的考核机制和评价指标

由于传媒业暂时没有发布专门的企业社会责任指导政策，因此，在履行社会责任的考核机制和评价指标这一方面目前也留有空白。但是，考核机制和评价指标的作用不可忽视，它们可以帮助政府对新闻企业的经济、社会、环境行为和影响做出评估，判断其行为是否达到国家制定的相关标准或是否违反有关的法律法规,并对遵守者与违反者采取奖惩措施。

5. 中小企业履责面临更多制约

通过访谈和问卷发现,北京市出版创意产业园区中入驻的中小民营出版企业对于履行社会责任的认识在很大程度上受到其发展阶段的影响。处于孕育期的中小企业刚刚建立,面临极大的风险,缺乏能够使企业在激烈的市场竞争中存活下来的外部资源与能力,企业管理者的主要精力更多的投向经济效益,对企业社会责任的兴趣不大。在中小企业运营二到五年时,便处于企业初创生存阶段。这时,企业在资金、技术、人才的获得情况上有所好转,但仍可能缺乏财务审计,存在信息不透明、实力较弱、依赖性强的特点,需要各方面扶持。中小企业在此阶段可能仍未将企业社会责任纳入日常工作考虑。

总体上看,北京市传媒业在企业社会责任履行方面已经打下一定基础,但整体上还处于初级阶段;企业总体认知水平较高,但对具体履责的具体内容认知还不够不足,履责的能力也比较欠缺;中小企业受到各种因素制约,履责的积极性及表现与大企业相比还存在很大差距;现有政策法规及有关部门推动开展的活动为传媒业企业提供了履行社会责任思想和行动上的引导,但离真正落到实处还有一定的距离。

第三节 主要政策建议

推动北京市新闻出版企业履行社会责任,既需要相关政府部门采取有力举措予以引导和鼓励,如建立评价机制、奖励机制、企业社会责任报告集中发布机制等,也需要相关企业提高意识、提升能力,如对企业有关人员进行企业社会责任培训、制定战略和管理体系等。

一、编制《北京市传媒业企业社会责任指南》及评价体系

企业社会责任具有很强的行业特点,因此该指南的编制要立足于北京市传媒业的现状和发展规律,遵循理论和实际相结合的原则,以提升北京市传媒业

企业社会责任意识和能力水平为基本出发点和落脚点，通过持续改进社会责任管理，从而有效提升企业在确保舆论导向、关爱员工、保护环境、维护市场秩序、保护知识产权、促进社区发展、公益慈善捐赠等领域的绩效，使这些积极因素转化为企业参与市场竞争的责任竞争力，提升品牌形象，提升自身和本地区、本行业的竞争力。同时，要制定评价和考核体系，出台相关政策以使该体系的评价结果与企业融资、税收优惠相结合，通过政策鼓励企业履责，提升其责任竞争力，转变发展方式。

二、组织开展北京市新闻出版企业社会责任评价

社会责任评价机制是政府用以约束和引导企业行为，改善社会责任现状的重要措施。因此，为了确保北京市新闻出版企业社会责任履行的有效性，行业监管部门应当发挥主导作用，构建北京市传媒业企业社会责任评价制度。首先，可引入第三方评价机构，收集和整理中小企业社会责任的履行状况，定期予以公开披露，增强企业履行社会责任的热情。其次，建立北京市新闻出版企业的自律机制，监督和指导会员企业的生产和经营行为。最后，建立内部规范机制，鼓励企业对自身社会责任的履行进行自我评价和审查，鼓励企业主动承担社会责任。此外还可以积极鼓励协会组织、社会组织、中介机构和社会公众参与监督和评价。

三、建立北京市新闻出版企业社会责任报告集中发布机制

社会责任报告反映的是上一年度企业社会责任工作的整体进展情况，传媒业监管部门可以指导和督促企业集中发布企业社会责任报告，以期促进提升企业与社会公众的沟通水平，提升北京市传媒业社会责任报告的社会公信力、影响力和带动力，及时向利益相关方传递企业社会责任信息。同时，以报告集中发布为切入点，推动企业将社会责任工作融入企业战略和日常管理。将企业社会责任系统融合于企业的核心决策、战略和经营行为中，使其成为组织化、制度化、常态化的工作。应以报告发布为切入点，引导企业建立覆盖生产经营全过程的社会责任管理体系，持续开展企业履责活动，建立科学的评价考核体系，全面有效提升企业综合竞争力和可持续发展能力。

四、建立社会责任激励机制

在推进企业履行社会责任的过程中，除强制性措施之外，激励方式更容易从正面调动企业的主动性。行业监管部门可设立企业责任奖或环境友好奖项，通过颁发荣誉的形式鼓励企业更好地履行社会责任。如在美国，卓越企业奖、美国国务院年年设立的优秀企业奖、优秀环境保护奖和优秀臭氧层保护奖也是政府鼓励企业尤其是中小企业积极履行社会责任的有效方式和有力保证。

五、发挥产业园区的引导和资源整合功能

中国北京出版创意产业园区在促进中小出版企业发展的过程中，可充分发挥协调作用，将增强中小出版企业的社会责任意识融入孵化工作。在引导中小出版企业提高质量管理水平的过程中，着力加强质量诚信体系建设，通过培训提升企业的社会责任意识和能力。在发布企业社会责任报告方面，园区也可以建立统一的在线发布平台或召开报告集体发布会。

六、构建传媒业企业社会责任关键定量指标体系

建立传媒业企业社会责任关键定量指标体系的目的在于帮助企业及利益相关方迅速了解该行业的企业履行社会责任的关键议题，政府部门可以更好引导企业履行社会责任并对企业履责的水平进行评估；企业也可以将之运用到社会责任管理及社会责任报告中。简言之，关键定量指标体系树立一个标杆，对北京市传媒业进一步履责有重要意义。

关键定量指标体系可划分为经济、环境、社会、劳工、产品五个方面。

（1）经济方面。经济绩效指标主要指导企业披露经济绩效信息，反映企业经营状况，从而回应股东的需求。社会责任投入指标主要指导企业披露在企业社会责任上的经济投入，包括对环境、劳工、产品、社会等方面的捐赠和投入。

（2）环境方面。绿色办公绩效主要指导企业披露办公用纸、办公用电等指标。

（3）社会方面。社区指标主要指导企业通过披露员工志愿者服务时间或次

数,来反映对社区公益项目的参与程度。合规指标指导企业披露违反法律法规被处重大罚款的金额,以及所受非经济处罚次数,从而反映遵守社会和法律规则的情况。反腐败指标主要通过企业反腐败沟通时间或次数等定量指标反映企业重视反腐败的程度。社会影响指标主要由按年龄、地区或教育背景划分的阅读者数量和响应文化政策开展的活动次数或产品数,获奖作品及精品数量两个方面来反映。

(4)劳工方面。雇佣指标指导企业披露员工流失率。职工健康与安全指标指导企业披露按地区和性别划分的工伤类别、工伤、职业病、误工及缺勤比例,以及和因公死亡人数等能够直接反映企业职工健康安全管理绩效的指标。安全培训和教育指标通过披露员工接受培训的时间和次数反映企业在此方面的重视程度。多元化和机会平等指标通过反映员工性别、年龄、民族等构成,反映企业多元化程度。

(5)产品方面。主要通过可获取性、读者互动、产品合规来反映。其中,各类别出版物发行量或印量以及数字化产品占比指标主要反映新闻出版企业产品覆盖程度,及能够被获得的程度,读者互动指标反映企业披露回应读者的频次等信息,合格指标反映出版物遵守法律的程度。

第 2 章 上海市传媒社会责任报告

程海燕[①]

在全国的传媒生态中,上海和国内其他地区比较起来,有其独特性。上海的新闻管制相对严苛和保守,上海传媒人务实、认真、守规矩,但是他们善于在政治允许的范围内主动去创造机会、寻找突破。融合、创新、突破、转型是近几年上海传媒发展的关键词,这是媒体自身发展的需要,也是国家深化媒体改革的重要部分。

第一节 上海传媒概况

上海传媒业经过多次合并整合,目前,主要由五大集团构成,分别是上海报业集团(简称上报集团)、上海文化广播影视集团(简称文广集团)、东方网、上海世纪出版集团和上海电影集团有限公司。

上海报业集团成立于 2013 年 10 月,由上海原解放报业集团、文汇新民联合报业集团合并而成。合并后的报业集团人员超过 4 000 多,目前旗下总计拥有 32 份报刊,其中包括《解放日报》《文汇报》《新民晚报》等 9 份日报、16 份周报、7 份月刊,2 家出版社,10 家具有新闻登载资质的网站,18 个 APP,50 多个微信公众账号[②]。上海文化广播影视集团有限公司成立于 2014 年 3 月,由原上海文化广播影视集团与上海广播电视台、上海东方传媒集团有限公司整合而成。组建后成为中国目前产业门类最多、规模最大的省级广电媒体及综合文化产业集团。东方网成立于 2000 年,是全国重点新闻网站,也是上海最具

[①] 程海燕,博士,上海理工大学讲师;研究方向:传媒管理、数字营销、数字出版。
[②] http://www.sumg.com.cn/

影响力、权威性和公信度的网络媒体。上海世纪出版集团成立于1999年2月24日，是经中宣部、原新闻出版署批准成立的全国第一家出版集团，经过多次整合后，拥有出版社、发行单位等50多家。

每个传媒集团下都有众多子公司，对其社会责任履行情况的考察不可能面面俱到，因此本文在兼顾全面的同时，主要以上海报业集团作为研究对象。

第二节　上海传媒执行社会责任的现状

2015年，是上海传媒发展的关键一年，各大传媒集团在融合转型上做了诸多探索，并取得了一定成效。通过互联网技术，在新媒体平台上，时政报道、主题新闻、舆论观点得到了更好的传播和抵达。

一、对党和政府责任的执行情况

围绕中心、服务大局，一直以来是上海传媒义不容辞的责任；传递正能量，弘扬主旋律，亦是其不可推卸的使命。上海传媒将培育和践行社会主义核心价值观、引领正确的舆论导向贯穿到了工作的方方面面。

1. 引导舆论风向，宣传核心价值观

（1）围绕"抗战胜利70周年"重大题材，积极做好宣传工作，提高民族凝聚力。2015年是我国取得抗日战争胜利70周年的年份，我国举办了盛大的阅兵仪式，《解放日报》作为上海市党报，专门成立了专项队伍，精心策划组织抗战题材的系列报道，还和上海电视台合作，通过实地走访二战期间的主战场，共同制作了《重走战场》的一系列作品，获得了极高的收视率，鼓舞了民族士气。不仅如此，作为上海地方传媒企业，凸显本土特色，《解放日报》独家报道了一系列发生在上海民间的抗战故事，其中，《你所不知道的抗战》《从卢沟桥到黄浦江》等特刊，呈现了上海人民英勇抗战的历史故事，《一个有出息的民族，永远对崇高有向往》等系列报道，得到了学界和上海市宣传部门的高度赞扬，也收获了读者好评，从中感受到了上海人民面对强敌时一致对外、高度团结的力量，提升了民族凝聚力。

（2）深度挖掘三严三实的典型事例，弘扬主旋律。根据市委组织部的推荐，《解放日报》记者采访了部分"三严三实"的干部典型，撰写成文并对他们在践行"三严三实"方面的感人事迹进行了重点挖掘和宣传报道。例如，对朱泾镇党委书记蒋永华的报道，他上任4年多来，亲自带领人员将棚户区进行了改造，修桥修路，为当地百姓解决了很多实际问题。这个报道刊出后，对其他干部起到了很好的示范作用。还有对上海市高级人民法院副院长邹碧华同志先进事迹的系列报道，连续刊发《法官当如邹碧华》《妻子忆邹碧华：那些年，感谢有你》《他离去时眼角的泪，为谁而流》等文章，并配发《以行动凝聚法治共识》《因"纯粹"让世界更美好》等评论文章。这些作品从不同角度报道了邹碧华同志的感人事迹和崇高精神，号召党员干部学习邹碧华同志，发扬奉献精神，勤政敬业。这些报道弘扬了国家主旋律，形成了良好的社会影响。

（3）挖掘普通百姓中的先进典型，传播正能量。《解放日报》记者发扬"走转改"作风，深入基层，深入群众，将普通百姓的观点、群众路线体现在新闻宣传实践中。《一封情书，一生坚守》《我就是居民勤务员》《小巷总理的"温情"与"泼辣"》等多篇典型的人物报道，充分展现了普通百姓的崇高精神境界，对整个社会风气起到了带动作用。《文汇报》记者对汤庆福、苏兴华等的先进事迹也进行了深入报道，传递中央精神，着力进行"中国梦"主题宣传报道，并将"中国梦"与具体的典型事件结合起来，让抽象的名词变得具体、生动、感人。推出"中国梦·校园美""中国梦·公益美"专栏，介绍各行各业践行社会主义核心价值观的感人故事和优秀代表，从普通百姓中挖掘素材，发挥舆论引领的作用。

（4）主动"走出去"，积极推广我国优秀文化。上海文广旗下的上海歌舞团原创舞剧《朱鹮》，赴日本多次巡回演出，被日方誉为"中国版天鹅湖"，以"民间文艺外交"的方式为发展中日关系发挥了积极作用。2015年6月18日，由上海世纪出版集团与台湾诚品书店联合举办的"书香上海，阅读世纪"书展，在诚品书店台北信义店开幕，1500种、5600册/套大陆图书在诚品展出，引来了众多台湾读者。推动两岸出版业合作，为促进两岸文化交流做出了积极的努力。①

---

① 强荧，焦雨虹：《上海传媒发展报告（2015）》，社会科学文献出版社2016年版。

2. 发挥导向作用，传递政府声音

上海传媒积极发挥导向作用，传递政府声音，在宣传党的方针、政策方面积极作为。

（1）统筹做好重要时政报道及其他重要报道。上海主流媒体高度重视每届全国和上海两会时政报道，及时准确、全面生动地报道会议状况、传递会议内容。2015年，《韩正一周》专栏（每周在解放网、上海观察客户端和微信平台上线）对市委书记韩正在进行调研工作时的指导和在会议工作中的讲话，进行梳理和解读，通过新媒体平台充分传递市委、市政府声音，使百姓了解上海的发展思路和规划，搭建政府和普通百姓之间信息沟通的平台。围绕市委、市政府大力推进违法建筑拆除和环境综合治理工作，《解放日报》做好"补短板"相关报道，开辟《补好发展短板，让上海更干净更有序更安全》《深入基层补短板》栏目，迅速反应、及时跟进、深入一线，采写了一批有分量的报道。其中，《治"三合一"短板，杨浦敢"叫板"》《让人糟心的"喇叭路"终于变样了》等调查报道，对推进全市环境综合整治、营造良好舆论氛围起了积极作用。

（2）做好国家和上海市政策宣传工作，传递权威声音。2015年，"澎湃新闻"以立体多维可视化形式发布《"一带一路"中国企业路线图》H5页面，生动形象地展示和盘点中国企业"走出去"的发展现状，传播了"共建命运共同体、合奏共赢进行曲"的价值观。2015年，《解放日报》围绕上海市委市政府的重大项目，如科创中心建设、自贸区改革创新、司法体制改革试点等，精心设计并开展了一系列报道，及时、全面宣传改革内容。其中，《自贸试验进行时》等专栏、专版及《"小黄条不见了"背后的政府改革》《创新成就上海自贸区扩容》等文章，关注改革创新、关注热点，受到了极大关注，为上海市自贸区建设形成了强有力的正面宣传声势。

（3）做好突发事件和热点问题的报道，有效引导舆论。2015年元旦前夕，上海外滩发生了踩踏事件。《解放日报》在及时、客观报道伤员救治、事件后续处置等情况的同时，还推出了《让"可以避免的"决不再发生》《铭记教训、牢记责任》等多篇评论文章，对社会舆情进行了有效引导。同时，上报集团的各类新媒体（网站、微博、微信、客户端），连续推出《唯愿2015不再如此无常》《生命不可承受之重》等文章，通过多个角度、多种渠道，有效引导网络舆论导向，稳定老百姓情绪。

二、对出资人责任的履行情况

近几年，上海的传统媒体整体呈现下滑趋势，而探索中的新媒体项目也未找到新的商业模式和合适的赢利模式。拿上报集团来说，报纸销量持续下滑，使报业相关的产业也陷入了困境。如上报集团的印务中心几年前还是盈利大户，而现在业务量一直在减少。不过即便如此，上海报业集团在国内报刊出版集团总体经济规模中仍排名第一。

不过，上报集团的新媒体项目发展迅速，其中"澎湃新闻"上线1年后，累计用户超过2 900万人，日均活跃用户320万人，在报业转型新媒体的新闻类APP客户端中，"澎湃新闻"无论是用户量还是产品质量都名列前茅。但是它的市场盈利能力并不乐观，"澎湃"的盈利渠道主要来自广告收费和内容授权获利。其中广告是主要的盈利途径，自2014年7月正式上线至2015年5月，"澎湃"的广告收入约为6 000万元，内容授权获得的收入为100万~200万元，而它的运营成本大约为1亿元，收入与成本差距很大。可以说，"澎湃新闻"还未进入良性的发展轨道。① 但是上报集团国家每年会给予大量的经济补贴，支持其转型和发展。而完全靠资本运作的东方网，在中央网信办主管的《网络传播》杂志2015年发布的"中国新闻网站传播力7月总榜"中，东方网6、7、8连续三个月位列地方省级新闻网站排名第一位。创办15年来所有财务年度均实现赢利，做到了社会效益和经济效益兼顾。

三、对读者责任的履行情况

1. 关心百姓生活，拉近与用户的距离

上海传媒关注群众需求和其生活状态，常常面对基层百姓策划组稿，力争反映群众诉求。《解放日报》的"百姓心声"，敢于替百姓发声，维护普通百姓利益，比如反映苹果公司售后问题的报道《苹果维修，为何见你一面那么难》；反映上海专车市场管理问题的报道《治理专车，靠罚款不如靠市场》，为

---

① 孙健：《澎湃新闻与今日头条，何者可以言新——从两款风格迥异的新闻客户端看媒体融合之道》，《传媒评论》，2014年第11期。

有关部门工作的改进提供了思路。

2. 严把内容质量关，提供优质内容，满足用户需求

上海的主流媒体（无论是传统媒体还是新媒体）均有严格的内容审查机制，以保证内容质量和正确的舆论导向。因此，上海主流媒体的公信力均获得了普遍好评。上海公信力排名中，《解放日报》位列第一，即便是排名最后的《青年报》，其公信力均值也超过了中值。[①] 具体如《新闻晨报》，对于微博、微信、移动客户端等平台，分别制定了网络发布操作规范，实行内容"三审制"。由东方早报社主办的新媒体项目"澎湃新闻"也借鉴报纸的"三审制"，出台了《澎湃新闻采编规范》《澎湃新闻三审制度》等制度。不仅用严格的"三审制"来审查内容，在内容报道上还注重深度报道，传承了《东方早报》原有的公信力和口碑，但内容上更加丰富、多样和及时，形式上也更重视和用户之间的互动，满足用户的社交需求。[②]

3. 举办各种活动，营造氛围，引导阅读

每年8月份由上海市宣传部和上海新闻出版局举办的上海书展为读者精心准备了十余万种图书，全面展示全国出版界图书、报刊、数字出版、版权等领域最新的出版产品和成果。经过十多年的积累沉淀和品牌塑造，上海书展已经从一个区域性的地方书展，逐步成长为一个全国性的重要文化盛会，成为全国知名的文化品牌和全民阅读活动的示范平台。

《解放日报》举办的"文化讲坛""教育讲坛""健康讲坛"也形成了品牌讲坛，在内容传播上获得了广泛的社会影响。2015年第68届文化讲坛上鲍鹏山关于《传统文化，我们通向未来的路》的演讲，一举获得千百万级的网络传播量，影响力巨大。这些活动营造了上海浓厚的文化氛围，引导了读者的阅读。

四、对作者责任的履行情况

对作者社会责任的履行主要体现在对作者作品版权的保护上，这个问题在

[①] 强荧，焦雨虹：《上海传媒发展报告（2015）》，社会科学文献出版社2016年版。
[②] 曾泽鲲，刘少坤：《浅析报业转型背景下澎湃新闻的广告经营模式》，《新闻研究导刊》，2016年第2期。

上海比较突出的是网络文学的盗版问题。上海张江阅文集团女性频道的总编辑说，如果在中国的文学作品版权都能够像在发达国家一样被保护，那么将会有一大批中国作家的版税收入超过哈利·波特之母——英国作家 J. K. 罗琳。甚至中国会出现世界上收入最高的作者。近两年，IP 大热，IP 是传媒企业尤其是出版企业提升产品传播力、影响力和收益率的重要方式，但是 IP 做得好，首先要有好的原创作品。而作者的权益得到很好的保护后，优质的文学作品才会源源不断地生产出来。今年全国两会期间，阅文集团的股东之一马化腾提交了《关于加强网络版权保护促进我国文化产业发展的建议》，文中呼吁国家完善网络版权保护机制。2015 年，腾讯版权管理系统已经开始投入使用，为保护作者的权益保驾护航。

五、对社会责任的履行情况

1. 主动做公益广告

上报集团旗下影响力、发行量最大的五大报纸——《解放日报》《文汇报》《新民晚报》《新闻晨报》《东方早报》，2015 年以"讲文明树新风"为主题，在重要版面上发布了近千条公益广告，形成了广泛的社会影响。

2. 将志愿服务进行专业化运作

2015 年，由上报集团、上海文广联合发起倡议，成立青年志愿者联盟，联盟以项目制为主导，通过公益信息发布、公益论坛及讲座、大众文化服务等活动形式服务社会。2015 年的活动为助残"阳光行动"，推出了三类（文化助残类、帮扶助残类、定点助残类）共 11 项公益项目，带来了很好的社会影响。

3. 开展主题类公益活动

2015 年 5 月 3 日，《文汇报》发起第十二届"书送希望输送光明"捐书助学活动，号召大家为社会献上一份爱心。2015 年 6 月 7 日，上海报业集团联合多家单位共同协办"亲子做公益，健康共成长"大型公益活动，旨在为西藏先天性髋关节脱位患儿募集善款，让他们能及时来上海救治。诸如此类的公益活动不胜枚举，上海的主流媒体，在公益活动方面都做得比较到位。

六、对环境责任的履行情况

这两年，上海传媒业的发展以"融合"和"转型"为主题，积极开发新媒体，加强移动客户端的建设和布局，减少甚至停掉了一些传统纸质媒体的发行。整体来说，上海市各个媒体集团都在逐步减少以纸制品传播为载体的媒体，积极发展以因特网传播为载体的媒体。在不降低用户阅读体验甚至增强阅读体验的前提下，减少了对能源的消耗，绿色出版，保护环境。

第三节　上海传媒执行社会责任存在的问题

我国传媒业是由政治逻辑和市场逻辑共同打造的双重话语空间，这让媒体在承担社会责任时会面临困境。[1] 虽然社会责任应该是传媒企业开展报道时首要考虑的因素，但是由于要兼顾市场利益和经济效益，传媒从业者在报道时往往会有一定的选择倾向。这是上海乃至全国的传媒企业在履行社会责任时都会碰到的困境。具体来说，上海媒体在执行社会责任时存在的问题大体如下：

一、上海传媒重视社会责任，但理解不全面、落实欠标准

我国对媒体的要求一直是社会效益和经济效益兼顾。因此，上海传媒也高度重视社会责任的履行，并且起到了很好的舆论引导作用。但是在实际和媒体人接触中发现，他们对社会责任的认识和理解仍然处于初级阶段，比如有的从宏观的角度，将其理解为坚持党的领导，弘扬党的方针、政策，发挥舆论的正确引导作用；有的从微观角度，将其理解为在新闻报道、电视节目中，记者的职业道德等，比如保持新闻的真实性，拒绝有偿新闻，不要过度"娱乐化"等，这些都属于传媒社会责任的范畴，但不是其全部。

上海媒体对传媒社会责任的理解不够全面，同时也缺乏系统的理论和成文的评价标准，企业里更没有相应的部门和岗位，对其执行情况进行监督和管理。缺乏对传媒社会责任范围的界定和落实的标准，也就无从考核传媒社会责任的执行情况。

---

[1] 李品：《浅析传媒社会责任的理想和现实》，《新闻传播》，2012年第3期。

二、上海党报党刊履行情况较好，市场化媒体有待提高

从观察来看，上海以国有为主体的时政类媒体在履行社会责任时表现较好，比如上海报业集团，而一些完全依靠市场生存的媒体表现有待提高。这里面有一个很重要的原因，政府会给予党报党刊一部分补贴，对其管理和审查也相对严格，不存在过度商业化、低俗化以及虚假广告等问题，因此，这类媒体能较好履行政治责任，引导主流价值观，把握舆论导向，完成国家交给的宣传任务；但是完全依靠市场生存的媒体，竞争激烈，为了生存，放弃部分社会责任，谋求一定的经济利益。广电总局、工商总局在广告把关上一直在加强管理，但是市场化媒体的虚假广告依然存在，这是对受众不负责任的表现。还有在新媒体平台上，为了吸引眼球，提高打开率，编辑都非常重视文章标题，有的起一些与文章内容完全不相符合，或者是耸人听闻的标题。

三、对投资人的回报有待提高

受到互联网的冲击，新的传播方式的出现，新旧媒体的融合，传统传媒企业的转型，新媒体的迅速发展，受众阅读习惯的变化，媒体从业门槛变低，这一切使上海传媒遇到了前所未有的挑战和威胁；还有优秀的传统媒体人纷纷离职，致使上海主流媒体的人才流失严重；再加上旧有的经营思维习惯，致使媒体经营的盈利模式单一，即便是新媒体平台也依然在借鉴原有传统媒体盈利模式的思维，致使上海传媒的盈利情况普遍不好，对投资人的回报有待提高。

第四节 上海传媒社会责任执行力提升的路径与方法

一、制定上海传媒履行社会责任的标准

缺乏对上海传媒社会责任履行情况的评价标准就无从对其履行好坏进行评价。因此，对什么是社会责任、对谁履行社会责任、履行什么样的社会责任、怎么履行、履行到什么程度等一系列问题，都需要明确的界定和回答。

2010年11月1日社会责任国际标准ISO 26000正式发布，发布后得到了国

际社会的普遍认可,并得以迅速推广和普及。ISO 26000是国际社会责任领域里第一个,也是唯一的一个全球标准,它的发布说明了全球企业之间的竞争,除了产品本身的属性外,社会责任成了国际认可的新的竞争标准,国际竞争也进入了全面责任的竞争时代。

和一般企业比较而言,媒体既有公共属性又有经济属性,因此既符合适用于一般企业的ISO 26000的普通标准,又有其特殊性。依据社会责任国际标准ISO 26000,结合我国传媒特征,制定适合于传媒企业的社会责任标准,是非常必要的。并且在制定标准时,除了明确媒体在履行社会责任时应该做什么外,还应该规定不能做什么,并且实行严格的奖惩方法。奖罚分明,责任明确,使社会责任标准得以顺利执行。[①]

二、探索新的赢利模式,拓宽变现渠道

上海传统媒体的销量和利润持续下降,而新媒体虽然办得有声有色,但是依然延续的是传统报纸"二次售卖"的广告模式,正如前文所讲的"澎湃新闻"的盈利方式,其赢利的逻辑和传统媒体相比并没有发生根本转变。事实上,比起传统媒体,新媒体不仅仅应该是传播方式、表达方式的转变,更重要的应该是商业模式、盈利模式的转变。

媒体的逻辑起点是通过信息交换实现信息的价值增值,也就是说所有通过信息交换实现的赢利都可以是媒体的利润来源。那么,从媒体的逻辑起点来看,媒体的盈利模式不应该仅仅局限在广告上,而应该有更多的盈利模式。2015年,"上海观察"在这方面做了积极的探索,尝试着将单纯的"阅读收费"变为"阅读收费+增值服务收费",但是习惯了免费的广大网民对该收费模式并未做积极的回应。因此,媒体在寻找新的利润增长点过程中,需要创新互联网思维,积极探索新的赢利模式,拓宽企业的变现渠道。

三、传媒企业需要适应新的角色

互联网使信息传播方式发生了根本改变,人类到了全民表达的时代,传媒

---

① 童兵:《传媒履行社会责任的制度保障》,《当代传播》,2014年第5期。

履行社会责任的内涵也发生了深刻变化。为此,喻国明教授提出,在新时代下,主流传媒在履行社会责任时,媒体人需要在三个方面完成角色转型。①从立足于信息的发布权到立足于信息的解释权;②从"社会守望者"到"社会对话者"的组织者。③从意见的表达者到意见的平衡者;[①] 如今,专业媒体在报道事件的快捷性和时效性上,远不及最接近事实的普通百姓,他们可以通过微博、微信等社交平台,第一时间将信息公布于众,但是有时会造成一些隐藏在现象之下的"真实性"缺失,这需要专业媒体做深度报道,使人们了解事件真相,从而使媒体的责任和价值得以体现。过去,媒体更多的是媒体人从信息发布到深度解析的全方位报道,而互联网时代需要充分调动普通百姓的力量和智慧,通过媒体搭建的聚合各种资源的平台,实现传播权利的让渡,全民表达时代的到来,更多普通百姓表达的可能性可以实现,表达的愿望被激发,媒体成为搭建"对话"的平台组织者。在如今人人都能发声的web 2.0时代,媒体意见平衡者的角色将更加凸显,社会的多元化使任何一个规模化的社会群体的利益和主张都不能被忽略。新时期,媒体的一个重要责任就是致力于各种社会利益、社会主张在一种相对平衡中获得自己的空间。

[①] 喻国明:《传媒责任:时代的发展与内涵的转变》,《新闻与传播研究》,2009年第6期。

第3章 广东省传媒社会责任报告

李 玲[1]

广东省作为改革开放的前沿地带,一方面,处于中国经济排头兵的地位,在诸多行业都显示出了超前的发展水平,传媒业也一直处于全国领先的经营能力;另一方面,正是基于广东省数年来先进的传媒发展水平,广东省自由开放的传统氛围使其舆论环境高度复杂。对于广东省的媒体而言,不仅其发展水平将为全国树立榜样,其承担的社会责任同样具有示范意义。广东省媒体如何承担起其应有的社会责任?这不仅要求广东省媒体在保证发挥正确的舆论导向作用的同时,确保其维持良好的经营状况,产出精良的传媒产品,并承担起对读者、社会和环境等多方面的责任。本文将就当前媒体环境下不同的发展形势,分析广东媒体在社会责任方面的现状、问题及改进方案。

第一节 广东传媒概况

广东作为一个媒体大省,拥有数量众多且影响力广泛的媒体。长期以来,广东省拥有南方报业、羊城晚报、广州日报等多家全国知名老牌报业集团,也有腾讯科技(深圳)有限公司旗下在全国乃至全球产生影响力的新媒体平台,此外,广东省的广电产业和出版产业也一直处于全国较为领先地位。截至2015年年底,全省公开出版报纸141种,期刊381种,广播频率148个,电视频道163个,备案网站67万家。[2] 2015年,广东新闻出版产业总体规模连续五年保

---

[1] 李玲,华南理工大学公共政策研究院研究助理;研究方向:政治传播学、互联网与社会治理、新媒体。

[2] 冉然:《坚守底线,敢于创新,让党的舆论阵地充满生机——访广东省委常委、宣传部部长慎海雄》,《传媒》,2016年05期。

持全国首位，总产出达到 2 200 亿元；广播电视实际创收保持全国前列，达 250 亿元；全省拥有近 2 万家印刷复制企业，占全国总量的 20%；6 家传媒机构入选亚洲品牌 500 强，占全国传媒机构入选量的 25%；全省版权兴业示范基地 86 家，最具价值版权产品多达 46 个，均位居全国前列。[1]

近年来，互联网迅速发展，新媒体随之兴起，传统媒体受到严重冲击，大型报业集团广告和利润下滑，小型报纸倒闭，电视台收视率不断下滑等无不表明传统媒体正面临着严峻的形势。根据广东统计局发布的数据，广东省近三年来图书出版和报纸发行量都呈现下滑趋势，报纸种类和电视台座数维持在一个稳定水平，但相关数据已表明其营收也在下滑，这说明广东省传统媒体面临着严峻的发展形势。

表1 广东省图书、杂志、报纸出版数量

项目	2000	2005	2010	2012	2013	2014
图书出版						
种数（种）	4 374	5 908	6 354	9 851	10 355	9 495
总印数（万册）	26 978	22 600	23 134	29 622	33 022	29 867
总印张数（千印张）	1 482 942	1 514 191	1 597 301	2 228 062	2 524 984	2 326 580
杂志出版						
种数（种）	337	366	380	381	381	381
总印数（万册）	26 299	20 371	21 201	18 572	17 460	15 520
总印张数（千印张）	919 514	1 116 814	1 251 752	1 121 048	1 080 031	917 005
报纸出版						
种数（种）	101	102	100	101	101	101
总印数（万册）	346 268	398 152	455 912	453 166	436 021	389 869
总印张数（千印张）	17 669 099	28 996 964	43 788 152	41 319 185	38 654 745	31 458 182

注：2000 年开始报纸出版统计不包括校报、院报
数据来源：广东统计局编：《广东统计年鉴 2015》，中国统计出版社，2015

表2 广东省广播、电视事业发展情况

项目	2000	2005	2010	2011	2012	2013	2014
广播电台（座）	106	22	22	22	22	22	22
中波广播发射台和转播台（座）	10	16	21	21	21	27	27
电视台（座）	67	24	24	24	24	24	24

[1] 吴海飞：《推动媒体融合发展做活做强文化产业》，《羊城晚报》，2016 年 3 月 28 日 A6 版。

续表

项目	2000	2005	2010	2011	2012	2013	2014
1000瓦及以上电视发射台和转播台（座）	49	40	83	83	83	83	83
县、市广播电视台（座）	83	78	79	79	79	79	79
有线广播电视用户（万户）		1 121.90	1 701.53	1 825.03	1 913.01	1 980.27	2 161.86
数字电视用户（万户）		100.60	950.45	1 116.93	1 432.87	1 571.11	1 971.21

注：1000瓦及以上电视发射台和转播台，从2006年起改为100瓦以上（含100瓦）电视发射台和转播台。

新媒体发展方面，自2015年，出台《广东省推动传统媒体和新兴媒体融合发展实施方案》以来，一批新媒体传播平台得到有力发展：南方报业传媒集团"南方+"客户端、羊城晚报报业集团"羊城派"客户端、广东广播电视台在ZAKER开设的"触电频道"、南方都市报"并读"客户端等得以推进；广东网络广播电视台以及广东网络广播电视联盟得以成立，全省IPTV用户近500万户；手机报、手机电视、地铁电视、车载移动电视、网络视频、数字传媒系统、电子阅报系统、LED联播网等粗具规模。[①] 2016年，广东省通过成立南方媒体融合投资基金和广东省新媒体产业基金进一步推动新媒体产业的发展，广东南方报业传媒集团有限公司、广东羊城报业传媒集团有限公司、广东南方广播影视传媒集团有限公司、广东省出版集团有限公司等省直四家传媒出版企业参与其中。此外，腾讯科技（深圳）公司作为网络媒体的排头兵继续引领全国网络新媒体的发展方向。

第二节 广东传媒执行社会责任的现状

媒体发展高度市场化的广东省，媒体在维持其经营水平的同时履行社会责

---

① 吴海飞：《广东南方媒体融合发展投资基金成立揭牌总规模100亿》，《羊城晚报》，2016年3月28日。

任显得尤为重要。这不仅是广东省媒体行业发展的需要，也是广东省战略地位的发展需求。广东省作为传媒大省在诸多方面为全国媒体的发展起到示范作用，加上广东省毗邻港澳台地区及东南亚各国的特点，其媒体舆论导向具有重要的政治地位。

一、对党和政府的责任：新媒体环境下做好舆论引导

我国媒体的发展经历了 20 世纪 50 年代后作为宣传工具的阶段到 80 年代传媒市场化的阶段。这其中媒体的社会责任也相应有所变化，但其所承担的舆论引导功能作为媒体最为重要任务之一始终没有改变。在媒介大融合和新媒体迅速发展的大环境下，广东省不仅需要把控报业、广播电视这类传统媒体的舆论导向和意识形态，同时在微信公众号之类新媒体成为受众重要信息来源的今天，新媒体的价值观引导也显得尤为重要。

2015 年 11 月，广东省启动了广东媒体影响力评价指标体系建设项目，这基于贯彻落实习近平总书记在党的新闻舆论工作座谈会和在网络安全和信息化工作座谈会上的讲话精神，以及《中共中央关于繁荣发展社会主义文艺的意见》等文件精神的需求。这一项目的启动对于把握全省媒体现状和趋势，巩固和扩大宣传阵地、传播主流声音，确保党在全媒体语境下意识形态领域的话语主导权有重要作用。此项目涵盖了全媒体，包括报刊媒体、广电媒体两部分，在试点阶段将全省日报、晚报、都市报三类报纸纳入第一批考评。

对舆论的正确引导在传统媒体的实践中也得以体现。2015 年以来，在"9·3"阅兵、习近平总书记广东考察 3 周年等一系列重要节点、重大活动以及诸如"12·20"深圳光明新区滑坡事故等重大事件中，广东省各报纸和电视台都进行了重点报道，彰显了广东省传统媒体服务大局的责任担当。此外，评论是媒体立场的重要代表，广东省一直以来作为全国报业的领头羊，报纸评论的舆论导向往往比新闻事实报道还重要。2015 年下半年以来，《南方日报》围绕学习习近平总书记系列重要讲话精神，刊发了一系列的重要评论，如党的十八届五中全会后刊发的长篇评论员文章《论五大发展理念》等，中央经济工作会议后刊发的《谈供给侧结构性改革》等，这些评论性文章不仅得到较好的社会反响，而且在意识形态和主流价值观的引导、党中央精神的传达上发挥了重要作用。广州日报则通过曝光一批影响范围大、典型性强的案例，建设性地开展舆

论监督。"3·15"系列报道中，记者卧底踢爆高端超市乱象；就咪表停车收费问题推出独家调查报道，这些报道最终推动问题得到解决。此外，广州日报对"餐桌上的腐败""会所里的腐败""公款送节礼"等现象进行曝光。这些报道都在一定程度上反映了广州日报舆论引导作用的发挥。

当前，媒体大融合，网络媒体和新媒体高速发展，区别于传统媒体一直以来的舆论导向功能，新媒体因其多样性和快速传播等特点，其引导和监管显得更为复杂。在努力推动新媒体发展的同时，保持其正确的舆论导向是广东省一直以来坚持的新媒体发展策略。广东省宣传部长慎海雄曾多次提出广东省新媒体的发展策略："坚守底线勇开拓，敢于创新不逾矩。"广东省在推动传统媒体与新兴媒体深度融合的同时，创新宣传思想工作方法手段，改进宣传话语体系，创新工作体制机制，开创更为有效和适应媒体发展新形势的宣传局面。尽管如此，在具体操作过程中新媒体的舆论导向功能较传统媒体而言还是显得较为薄弱和难以监管。

二、对出资人的责任：传媒搭载金融快车

当前媒体环境下，虽然广东省媒体产业发展仍然处于全国领先地位，但日渐式微的传统媒体发展形势不可否认。在这样的大环境下，如何保证媒体行业持续盈利和发展给广东省媒体产业带来挑战。

2016年2月份，南方出版传媒股份有限公司作为广东省级文化产业第一股登录A股以来，广东省文化传媒产业搭载金融快车的形式就已凸显出来。2016年以来，广东省已经成立了两大媒体行业基金，分别为3月份成立的广东南方媒体融合发展投资基金以及7月份成立的广东省新媒体产业基金，这两大基金均为百亿元以上规模，用以专门扶持媒体产业的发展。这两只基金各自有所侧重，南方媒体融合投资基金重在市场运作，广东省新媒体产业基金则侧重于发挥政策引导作用。对于传统媒体而言，这两只基金的成立给他们的媒体融合战略和新媒体产品的打造提供了更多可能性。包括南方报业传媒集团、羊城晚报报业集团、南方广播影视传媒集团、广东省出版集团在内的多家传媒企业，预计都将通过共建子基金、筹备投资项目等形式，通过这些基金搭建融资平台和项目平台。

三、对读者的责任：媒介融合战略下的多元化产品

广东省媒体对读者的责任体现在其媒体产品的多样化和丰富性，就传统媒体的报业和广播电视而言，这部分责任主要体现为在互联网高度发达、新的媒体环境下通过媒介融合为受众提供更为适应其体验和习惯的产品。

就广东省而言，南方报业传媒集团的媒介融合战略实施最为典型。正如南方报业集团党委书记莫高义所认为的，传统媒体在融合方面问题的实质是媒体服务能力的问题。与南方报业一直以来出品的新闻产品始终引领中国报业一样，其媒体融合项目和产品也处于全国领先地位。

早在2014年，南方报业集团就提出了"一体两翼"的媒体融合发展策略："一体"就是以集团整体转型融合发展为主体，"两翼"则分别是集团重点项目和各单元创新重点。在此策略指导下，2015年，南方报业传媒集团启动了"南方"新闻客户端、全媒体数据库等重点项目建设，同时还推出了垂直服务领域和社区服务领域的移动产品，如网站微博、微信、聚合客户端、独立客户端等。

此外，南方都市报在媒介融合战略实施过程中构建了"一报一网两微三端"矩阵；南方周末自主研发的益智文化节目《我知道》2014年8月底在四川卫视播出后一炮打响，收视率位居国内电视文化益智类节目之首。南方报业LED联播网、南方全线通充分整合集团优质内容资源，以鲜明的新闻特色切入以广告为主导的户外媒体市场，这两个项目均已入选国家新闻出版广电总局发展项目库。

目前而言，南方报业传媒集团新媒体业务单元有45个，由报纸杂志、网站、移动客户端、手机报、官方微博、微信公众号、户外媒体、音视频项目组成的融合发展矩阵粗具规模，可影响受众约1亿人。①

四、对作者的责任：知识产权保护面临新难题

"十二五"期间，广东省在创新驱动发展的战略部署和产业转型升级过程

---

① 陈发清：《莫高义：三大项目两翼齐飞带动媒体融合》，《深圳商报》，2015年8月20日。

中，非常重视知识产权工作及知识产权强省建设。2015年，广东省政府颁布《广东省深入实施知识产权战略推动创新驱动发展行动计划》，计划将广东打造为知识产权强国建设先行省。多个部门制定知识产权的相关条例，使知识产权的保护有法可依，为广东省产业发展和转型升级提供了有力保障。

尽管如此，2015年广东知识产权案件总量仍然较多，审结知识产权民事案件数量约占全国的四分之一。2015年，广东省新收知识产权民事一审案件23 766件，其中，著作权新收14 700件；新收二审案件6 132件中，著作权新收3 772件。① 这些案件中涉互联网知识产权侵权诉讼持续高发，涉及对远程举证反馈信息的证据认定、首例因微信公众号未经授权转载或抄袭他人作品引发侵权、电子数据的效力认定等领域。

可见，广东省在致力于保护知识产权的同时在这一领域也存在相当大的挑战，尤其是在当前互联网高速发展的阶段，传媒行业面临的知识产权问题呈现出更为复杂和多元的状况，需要与之相应的新的保护思路及其规范模式。

五、对社会及环境的责任：积极投身公益和绿色出版

广东省传媒行业对社会和环境的责任主要体现在其公益活动的展开，对社会弱势群体的关注以及对环境生态的保护等方面。广东省媒体在社会公益行动上不仅作为记录者，也作为参与者积极投身到社会公益事业中。

早在2011年就启动的"幸福厨房"公益项目旨在为边远贫困山区中小学校改善厨房硬件条件，让学生吃上热饭菜，作为发起方的南方日报近年来一直坚持实践这一项目。截至2015年年初，"幸福厨房"已在全国范围内建成183间，分布于广东、广西、湖南、四川、贵州、西藏、北京等多个地区。此外，去年南方报业集团还开展了"新疆礼物·新疆心意"活动，南方公益志愿大讲堂等多项公益活动。

广州日报也坚持长期参与社会公益行动。在我国扶贫战略实践过程中，广州日报集团积极参与其中，帮助其对口帮扶的梅州市成东村、成西村的扶贫工作取得了阶段性成效。此外，广州日报还积极投入到大病救助中，并联合发起

---

① 《广东法院知识产权司法保护状况（2015年度）》，广东法院网，2016年4月26日 http://www.cnipr.com/sfsj/zscqfy/201604/t20160426_196519.htm。

"广爱同行社区公益计划",关注社区公益。

环保方面主要体现在广东省数字出版业的发展中。广东省数字出版业在全国一直处于领先地位,随着电子读物和有声读物的到来,近年来,广东省数字出版业飞速发展,广东省出版集团在媒体融合的大趋势下,重点打造云出版、云教育、云阅读、云媒体、云终端"五朵云"项目发展态势尚好,并试图联合更多媒体打造出更多数字产品。就环保的视角来看,数字化不仅是媒介融合的发展需求和必然趋势,也是出版行业践行绿色出版的体现。

第三节 广东传媒执行社会责任存在的问题

从媒体的舆论引导作用,盈利功能,产品丰富性,对知识产权保护,投身公益和环保的积极性等诸多方面来看,广东省媒体在社会责任的履行上一直有所关怀,并在新媒体发展、媒介融合以及数字产品方面处于全国领先地位。尽管如此,广东省媒体社会责任履行中存在的问题也不容忽视,这集中表现在媒体社会价值与商业价值相冲突,丑闻频现;新媒体从业人员业务素养的参差不齐,导致媒体内容中出现重大失误;媒体从业人员道德失范,整个行业遭受质疑。

一、社会价值与商业价值相冲突

根据广东省统计局发布的《广东统计年鉴2015》相关数据,2014年,广东省新闻和出版业营业收入和利润总额较前一年相比均有下滑;广播、电视、电影和影视的营业收入虽有所增长,但利润总额出现负增长。2015年,相关数据虽还未统计出版,但根据《中国传媒产业发展报告(2016)》,过去一年,我国传媒行业整体而言增幅较缓,报业广告和发行双双大幅下滑,多家报纸宣布停刊;电视广告市场发展疲软,下滑趋势明显。广东省虽然通过传媒行业基金、媒介融合等多种方式试图带动传统媒体的持续发展,但也不可避免地出现老牌媒体频频传出"发不出工资"的消息,一些大型纸媒的生存由原来的依赖广告和发行转变为依靠房地产置业维持经营。

表3 广东省媒体营收情况（2014）

项目	营业收入		利润总额	
	总量	比2013年增长（%）	总量	比2013年增长（%）
新闻和出版业				
广播、电视、电影	91.21	-9.0	5.11	-35.5
和影视	105.28	13.5	6.19	-23.4

数据来源：广东统计局编《广东统计年鉴—2015》，中国统计出版社，2015

行业不景气一方面导致大量经验丰富的传统媒体人出走，另一方面则带来一些媒体为了博眼球，吸引受众制作趣味低下、违背新闻事实的新闻产品，更有甚者违背职业操守通过不实新闻内容获利。媒体及其从业人员违背职业操守和道德收受贿赂和敲诈的案件过去时有发生，但近年来尤为多见。2014年，南方报业传媒集团下属21世纪报系列敲诈案一度轰动全国，根据2015年年底对该案件的判决，21世纪传媒股份有限公司总裁沈灏获刑4年。根据该案件办案警方调查结果，21世纪传媒旗下财经类媒体，21世纪经济报道、21世纪网、理财周报，利用其在财经界的广泛影响力，与上海润言、深圳鑫麒麟等公关公司相勾结，指使媒体记者通过各种途径主动挖掘、采编上市公司、IPO公司的负面信息，以发布负面报道为要挟，迫使上市公司、IPO公司与其签订合作协议，收取数十万至上百万的"保护费"。① 类似事件的发生警示媒体社会价值主体与商业价值副体之间关系需要平衡，尤其在当前传统媒体经营每况愈下的情况之下，这两者的关系更为突出。

二、新媒体业务操作不规范

2016年7月初，腾讯网在发布关于中国共产党成立95周年大会上的新闻报道中，将国家领导人"发表重要讲话"误写为"发飙重要讲话"。这一重大错误足见当前互联网媒体从业人员在业务能力和政治素养等都有待加强。事实上，根据我国相关法规，当前我国网媒尚无新闻采访资质，腾讯网在发布此报道时，擅自允许编辑自行采编违反了相关规定。

无独有偶，腾讯旗下的新闻客户端APP"天天快报"由腾讯网去年推出，该新闻信息平台目前已投入数亿元人民币资金。根据有关部门调查显示，该

---

① 《21世纪传媒系列案宣判原总裁沈灏获刑4年》，2015年12月24日 http://news.sina.com.cn/c/nd/2015-12-24/doc-ifxmxxst0368864.shtml。

APP自上线以来，一直存在相关报道不符合我国法律法规对互联网媒体新闻报道的要求，尤其在一些历史类话题的设置上违规问题频现。

可见，广东省虽然拥有全国影响力最大的网络媒体群即腾讯旗下的各大网媒平台，但同时这些平台在媒体业务操作和遵守相关法规上存在较大问题，这些问题关乎的正是对党和政府的责任。在媒体形式、产品、平台百花齐放的形势下，传统媒体面临衰落，新媒体异军突起，且与传统媒体相区别，新媒体的传播特点、速度决定了其在履行对党和政府责任这一问题上更需要高度的敏感性和责任心。传统媒体由于其从业人员大多受过较为良好的专业训练，并且在履行党和政府责任上有长时间的实践经验，加上业已形成的业务流程和审核机制，因而在这一点上的践行较为有力；相对而言，新媒体从业人员总体较为年轻，从业经验较少，加上新媒体广泛而快速的传播特点，且存在诸多不成熟的业务操作形式，因而在履行党和政府责任上需要给予更多引导和关注。

三、记者道德失范引发行业被质疑

记者道德失范问题是传媒行业长期讨论的问题，广东省作为传媒大省，这一问题也难以避免。在具体的新闻业务操作过程中，记者道德失范主要是与其作为记者的角色形成冲突。一方面，作为记者有责任和义务挖掘新闻事实；另一方面，在恶性和灾难性新闻事件中，对于已经承受沉重打击的新闻当事人，记者就事件本身进行深挖无疑是对当事人的二次伤害。多年来，这一冲突并未得到解决，灾难性事件中这一冲突一旦凸显，记者深挖新闻细节的行为总是遭受质疑。在近年来，广东省媒体所做的诸多恶性和灾难性新闻报道中，该问题可见一斑。

此外，一个关乎记者职业道德的新问题也出现在了广东省。关于记者与实习生的性丑闻，坊间一直有传闻。2016年6月底，南方日报记者诱奸女实习生一案在全国引起轰动，记者道德失范问题区别于以往案例中的呈现再次引起热议。虽然这一案件主要是记者个人的道德问题所引发，但最终导致整个行业从业者的道德问题被讨论和质疑，一些类似事件被网民广泛调侃。媒体从业人员常作为公众人物为大众所知，因此他们应该对自己的言行给予更多的关注和责任，毕竟一旦他们在道德伦理上有所违背，对整个社会造成的负面影响将高于其他从业者。

可见，无论是记者角色及工作需要被迫做出的有悖道德的事件还是记者个人素养所致的违背道德法律的案件，凡是与道德伦理相悖的事件势必对整个行业造成不利影响，引发社会对其质疑，并拷问传媒行业社会责任的履行。

第四节 广东传媒社会责任执行力提升的路径与方法

总体而言，广东省传媒行业在社会责任履行坚持其一贯做法，在多方面体现了传媒大省的示范性表现，但新的媒体环境不仅给广东省传媒行业带来了新的挑战，也让其在履行社会责任过程中面临新考验。针对广东省传媒行业在社会责任履行中的几大问题，应当在建立起规范的监管体系的同时鼓励社会力量参与，并建立有针对性的评估体系。

一、坚持媒介融合，建立规范的监管体系

就媒体行业发展来看，坚持媒介融合是广东省必须坚持的战略路线，但其中涉及的舆论导向功能需要建立规范的监管体系。首先，区别于传统媒体的舆论引导形式，新媒体因其传播特点的不同，需要建立有针对性的监管体系，明确相关规定和处罚方式，使新媒体在处理舆论问题上有明确的准则。其次，加强新媒体从业人员的政治敏感和社会责任感的培养，让其明确自身担负的责任。再者，互联网公司自身也要积极参与到这一监管体系中，在公司内部建立起严格的新闻发布和审核流程，使网媒信息的发布有确定的章程和流程体系。

二、加强道德引导，鼓励社会力量参与监管

就广东省媒体履行社会责任中存在的问题而言，仅仅行业性监管不足以解决其中难题，媒体从业人员个人素养的培育和道德立场的坚守尤为重要。就这一点而言，在新闻专业的学生培养上就应加强引导，更为重要的是需要社会力量的参与。一方面，社会舆论的形成将给予媒体从业人员一定压力，迫使形成良好的行业氛围；另一方面，记者协会等社会组织的参与也将起到一定的倡导作用。

三、实施针对性策略，建立评估体系

评估体系的建立无疑是解决广东省传媒社会责任履行过程中系列问题最为有效的方式。尽管广东省已经建立起媒体影响力评价指标体系，但这一体系旨在准确把握全省媒体现状和趋势，巩固和扩大宣传阵地、传播主流声音，确保党在全媒体语境下意识形态领域的话语主导权。对于媒体社会责任整体把握和引导需要建立更为全面和有针对性的评估体系，包括媒体对党和政府，出资人，读者，作者，社会及环境的责任多方面的评估，并将这一体系的评估结果纳入对媒体的综合考核和测量。此外，这一评估体系应该涵盖所有媒体类型，包括报纸、出版、广播、电视以及新媒体，改变既往官方评价体系中传统媒体与新媒体相分离的形式。如此，在坚持媒介融合战略下，既维持媒体行业全面发展，又能实现全省媒体社会责任的整体引导。

第4章　陕西省传媒社会责任报告

申玲玲[①]

2015年，陕西省媒体坚持党性原则，服务党和国家工作大局，坚持正确舆论导向，传递正能量，切实履行媒体社会责任，努力服务人民群众，取得了良好的社会效果。

第一节　陕西传媒概况

陕西省拥有四大传媒集团：陕西日报传媒集团、陕西广播电视网络产业集团、西安报业传媒集团、陕西华商传媒集团。四大集团囊括了陕西规模较大的主流媒体。

传媒集团	旗下媒体
陕西日报传媒集团	《陕西日报》《三秦都市报》《陕西农村报》《当代女报》《西部法制报》《新闻知识》等5报2刊，陕西传媒网、三秦网、陕西农村网、西部法制报网等4个网站
陕西广电网络产业集团	整合了陕西省电台、电视台、网络股份公司、传媒公司以及省广电局所属企业
西安报业传媒集团	《西安日报》《西安晚报》《西安商报》《城市经济导报》《现代保健报》等报纸和西安新闻网
陕西华商传媒集团	《华商报》《新文化报》《重庆时报》《钱经》《名仕》、华商网、辽一网等7报5刊5网

[①] 申玲玲，西北政法大学副教授、博士后。

从数量而言，2015 年，陕西省全年出版报纸 87 种（6.79 亿份）、杂志 267 种（5 000 多万册）、出版图书 8 987 种（1.44 亿册），省级广播电视台 1 座，市级广播电台 10 座，电视台 10 座（西安、咸阳、延安、榆林、安康、商洛 6 个市两台合并），县级广播电视台 88 座。① 其中，陕西日报年均发行量 21 万份，居全国省级党报发行总量第 10 位。

第二节　陕西传媒执行社会责任现状

结合陕西省传媒的分布情况和相关公开数据，本报告主要以陕西日报传媒集团、陕西广电网络产业集团、西安报业传媒集团、陕西华商传媒集团为研究对象，笔者力求廓清体现陕西省传媒执行社会责任状况的全貌，但囿于公开资源的有限性，所以在数据的全面性上存在一定的不足。

一、对党和政府的责任

2015 年，陕西传媒界加强正面宣传、积极发挥舆论导向作用，弘扬主流价值观的导向，取得了较好的社会效益。以陕西日报为代表的陕西传媒圆满完成了学习贯彻党的十八届五中全会精神、习近平总书记来陕视察、陕西经济社会发展和民生、抗战胜利 70 周年等各项宣传报道任务，为加快陕西省的全面发展营造了良好的舆论氛围。

1. 精心组织新闻报道，完成重大新闻报道

2015 年，是纪念反法西斯抗战胜利 70 周年，陕西日报、陕西电视台等积极组织，完成了系列报道。5 月印度总理莫迪访问陕西，各媒体推出了一系列中印经贸活动和文化交流报道，产生了一定的社会影响力。

2. 积极宣传本地发展成就

习近平总书记来陕视察。陕西日报精心策划，集中推出了一系列展示陕西经济社会发展成就的报道，重磅推出了一万余字的总书记陕西考察回访纪实和

---

① 《2015 年陕西省国民经济和社会发展统计公报》，http://www.shaanxi.gov.cn/0/1/65/365/369/210 097.htm。

一个整版的图片新闻,《习总书记情系黄土地》专刊,陕西广播电视台时政系列报道《情系梁家河》等,生动地报道了总书记对家乡人民的深情厚谊,产生了广泛的影响。

2015年年末相继策划推出系列报道,深入报道了全省"十二五"期间经济社会发展、深化改革、民生建设等各个方面所取得的成就,报道了陕南移民搬迁、渭河治理等多项我省工作亮点;西部网则利用新技术,积极探索新闻报道的新形式,开通"VR频道",多角度、全景式反映陕西的发展成就和山水美景。

3. 弘扬主流价值观,做好正面宣传工作

陕西日报等全面报道了陕西广大党员干部深入学习习近平总书记系列重要讲话精神、持之以恒执行中央八项规定。此外,积极报道先进典型人物,弘扬社会主义核心价值观。

(1) 深入挖掘了一大批先进典型人物。

2015年,汪勇、贠恩凤两位同志先后被省委宣传部、中宣部授予"三秦楷模""时代楷模"。陕西日报深入采访,推出了长篇通讯报道,全方位、多角度地报道他们的先进事迹,弘扬了社会正气、聚集了正能量。

(2) 配合省上活动,弘扬正能量。

对于陕西省的"厚德陕西"建设活动、陕西省第四届道德模范评选和感动陕西人物评选等活动涌现的先进人物及其事迹,各大媒体积极配合,以较多的篇幅完成相关报道。此外,2015年,陕西日报还推出了"家风家训巡礼"和"传承家风校训弘扬核心价值观"等一系列报道,将家风校训与时代相结合,与社会主义核心价值观相结合,推动传统文化与社会主义核心价值观的有机结合。

4. 坚持策划引领,做好重大主题报道

2015年,围绕社会热点、焦点,陕西各大媒体都加强报道策划,突出地方特色,重点报道。在围绕纪念反法西斯战争胜利70周年、"一带一路"、"三严三实"专题教育,深入学习、贯彻、宣传习近平总书记系列重要讲话精神等报道中,传递社会正能量。

二、对出资人的责任

最近几年,传统媒体的广告收入连年下滑,尤其是报刊出版单位,出现了营业收入和利润总额同时下滑的严峻形势。43家报业集团主营业务收入与利润总额分别降低6.9%与45.1%。①在行业发展不尽如人意的大背景之下，陕西传媒单位积极探索多元化的发展思路，较好地履行了对出资人的责任。

国家新闻出版广电总局2016年8月发布的《2015年新闻出版产业分析报告》显示，在全国47家报刊出版集团，陕西华商传媒集团有限责任公司总体经济规模综合评价中位列第五，平均资产总利润率位列第三。

1. 积极探索新媒体发展之路

陕西日报传媒集团实施多元化发展战略，经营业绩逆势保持相对平稳。在具体实践中，拓宽发展渠道，创办新的网络传播渠道，扩大自身影响力：陕西传媒网开通地市频道，创建"丝路网"，开发"掌中陕西"和"新丝路"APP，搭建微信"秦人矩阵"。

2. 实现多元化盈利模式

陕西广播电视集团再融资工作正式启动，计划以非公开发行A股股票方式向特定对象募集资金9.55亿元，用于下一代网络建设和银行贷款偿还；陕西广播电视集团乐家购物公司积极探索线上线下互补的"互联网+"销售模式，差异化竞争优势日益凸显。

三、对读者的责任

1. 重视新闻节目制作，满足用户信息需求

陕西电视台的《午间快报》、西安电视台的《西安零距离》、渭南电视台《东秦百姓》等栏目，聚焦社会热点，关心百姓生活，反映群众诉求，脚踏实地帮助群众解决实际问题。

2. 策划制作高品质的内容，满足用户文化需求

在过去的一年中，陕西广播电视台陕西卫视和生活频道教育类真人秀《超级老师》、陕西广播电视台陕西卫视首创中国传统文化益智类节目《唐诗风云会》节目，获得了观众的一致好评，在弘扬传统文化、传递知识等方面发挥了大众传媒的重要功能。

---

① 《2015年新闻出版产业分析报告》，http://www.gov.cn/shuju/2016-08/08/content_5098276.htm。

3. 追踪重大新闻，维护百姓切身利益

陕西电视台通过8天的深入调查，追踪安康境内发生的大巴车（司机被证明有20年吸毒史）追尾罐车事故，完成了《男子长期吸毒竟开大巴如此毒瘤谁制造》《"毒驾"司机半年拉过五千人，令人后怕》等系列报道，指出公安、交通、用人企业三家单位各自为政、信息不通、沟通不畅、疏于管理，造成吸毒人员开大巴车顺利上岗。该报道在一定程度上具有警示作用，对维护公共安全具有积极作用。

《华商报》针对2015年西安多家机动车检测机构联合涨价一事推出的系列监督性调查报道，引发读者持续关注。最终，32家车检企业及省机动车检测协会因为垄断涨价，被罚570多万元，媒体借助自己的力量维护了群众的利益。

4. 搭建信息桥梁，加强服务性内容报道

为了使读者接收信息更为直观，陕西日报在2015年的全国两会报道中，将政府工作报告中的关键数字，转化为图表形式，直观形象，易看易记；在西洽会暨丝博会的报道中，推出整版的参会服务性信息；陕西广播电视台新闻资讯频道《第一新闻》在2015年的"农高会"报道中，则用真实事例帮助农民朋友理解高科技，实施搭建惠农服务平台。

四、对作者的责任

1. 保护知识产权，保证作者收益，维护员工合法权益。

传媒单位基本能遵守《劳动法》《劳动合同法》的规定要求，以及相关法律法规要求，按月支付员工工资、依法缴纳社会保险基金等。依法与员工签订、续订、变更、终止、解除劳动合同等，确保将法律赋予职工的权益落到实处。陕西日报社还专门成立了法律工作室，外聘多名法律顾问，依照法律法规保障新闻工作者的合法权利。对编辑记者在采访报道过程中遇到的非法侵害职工安全、权益的事件，给予及时的法律支持，维护新闻工作者的切身利益。

2. 完善薪酬体系和培训体系

重视新闻队伍建设。陕西日报积极举办多种形式专题培训活动，邀请资深媒体人和专家学者来集团讲课。派遣采编部门中青年骨干十余人赴广东学习考察。为了进一步推动新闻采编经营等全面发展，多次派人赴四川日报、湖北日报、大众日报、南方日报、湖南日报等进行学习考察。

五、对社会的责任

1. 提供更好的专业服务

陕西广播电视集团大力推动"政府购买有线电视服务"营销模式，农村广播电视覆盖率持续扩大。目前已在全省十多个县顺利实施，惠及基层群众13万户；加快推动"智慧城市"项目建设；全省统一呼叫服务平台正式运行，实现了400万用户在维修方面的统一受理和标准化服务。

2. 积极开展公益慈善行动

陕西传媒单位多年来一直注重开展慈善公益行动，以直接和间接的方式践行社会公益慈善。

华商传媒集团利用媒体资源优势，捐建希望小学10多所，各类捐款数千万元；陕西电视台自2004年推出大型公益慈善媒体活动《朝阳行动》以来，先后关注渭南灾区、贫困学生、贫困母亲、榆林白于山区缺水群众等，取得了较大的社会影响力。

陕西音乐广播推出守望大山行动"一米彩虹路，一篮幸福果"项目，为旬阳县小河镇寨子沟村修建一条总长约9.88公里的盘山公路，解决村民求医、孩子上学、农产品走进城市等问题。

916交通广播自2013年起，就联合西部网开展"文明行车最美陕西"大型活动，倡导文明驾车；西安晚报联合阿里公益联合推出"点赞陕西人"活动，奖励充满正能量的陕西人。

西部网成立十年来，累计向贫困地区的129所学校捐赠爱心图书馆，并发起"小水滴"网络公益行动，为贫困地区的孩子们奉献爱心。

除在新闻报道和节目广告上传播公益慈善理念外，媒体还举办各种公益慈善活动，捐款捐物，创办或策划成立公益慈善基金，以实际行动投入到公益慈善事业中。陕西电视台推出的"周姐帮忙""朝阳行动"等形成了较大的影响力。

3. 关注本地文化发展

2015年3月，陕西日报与中国散文学会联合举办了"告诉你一个不平凡的世界——《平凡的世界》"研讨会，率先掀起了解读"不平凡"精神的热潮；在全国文艺工作座谈会召开以后，陕西日报通过《文艺反腐：剑指书画黑洞》

《书画市场"飘绿"仍未见底》等报道了陕西本土书画圈在文艺工作座谈会后的变化。

自2014年年底开始,陕西日报推出了关注三秦大地上的历史文化活化石——文化古镇的报道,在全省率先发起了寻找和保护历史文化名镇;策划推出的《西安古城墙能承受多大压力》《加大立法保护西安古城墙迫在眉睫》等报道,从城墙保护现状、立法保护等方面深入调查,对如何完善城墙保护进行了深入探讨。

六、对环境的责任

陕西各传媒机构对于环境的责任主要体现在策划推出的一系列重磅报道和常规的环境新闻报道。

《陕西新闻联播》在2015年制作了大型系列报道《壮美渭河》,从防洪安澜、新型城市化建设、城市经济转型、人居生态和谐发展等方面做了深入的解读,并荣获2015年度陕西新闻奖二等奖。

西部网2015年清明公祭黄帝暨南水北调(中线)源头行主题采访活动;榆林日报以"治理水污染,保护无定河"为主题,深入绥德县无定河饮用水源地、清涧县无定河入河口、无定河饮用水源地,以及各县污水处理厂等地,就无定河水资源的污染、治理和水质监管情况进行实地调研采访。

对于秦岭北麓的破坏环境的别墅建设,西安媒体也给予了持续的报道,改善了秦岭生态。

第三节 陕西传媒执行社会责任存在的问题

一、缺乏整体规划意识

传媒机构履行社会责任,需要全面、长远的规划,而不仅仅是被动、零散式的,应该发挥自身在资源整合、活动策划等方面的优势,以主导者和联结者的身份,推出适合本地的相关活动。

以时间、空间、行业为三个主要维度,进行资源的梳理与整合,推出更有影响力的活动或倡议，改变仅仅是宣传者的角色。

二、宣传推广层面有待加强

综观陕西传媒在执行社会责任过程中的实效，呈现一种不均衡的状态，陕西电视台、陕西日报、华商报等的相关活动产生了较大的社会影响力，为较多公众所知晓，同时也吸引了较多人数的参加，产生了"朝阳行动"等品牌，其余几个省内城市媒体，则很难找到公开的资料，但这一点并不能说明他们在这一方面没有作为，可以说明的一点是，城市媒体在这一方面的宣传力度不够，或者重视程度不够。

三、没有形成规模性的合力

笔者认为，传媒社会责任的履行既需要时间上的持续性，也需要空间上的同步性，这样才能在短期内覆盖更广的传播范围，从长远来看，才有可能形成品牌的影响力与公信力，吸引更多的用户关注，并进一步参与。

陕西省内媒体可以尝试跨区域、跨媒介、跨行业的合作，扩大自身的宣传力度、提升品牌号召力，进而带动更多的机构加入其中并更好地落实社会责任意识。

第四节 陕西传媒社会责任执行力提升的路径与方法

一、细化传媒社会责任的范围与举措

传媒社会责任的履行，需要系统的规划和实施，结合既有社会责任研究的主要内容与各传媒单位的实际情况，进行统筹安排，确保该项工作持续推进，对于建立传媒单位的信誉和口碑至关重要。

传媒机构的优势在于品牌、口碑、推广能力等方面，借助于自身的渠道优势，安排专人负责，结合区域既有资源、阶段性的报道重点，进行全面的策划与人员安排。尽可能地实现事半功倍的效果，形成合力与品牌效应，避免零散式的报道状态。

二、强调传媒责任执行力的落实与推广

从既有的发展现状来看,陕西传媒机构在社会责任的执行力方面,虽然形成了"朝阳行动""周姐帮忙"等品牌,在公众中产生了较高的认同度和影响力,但是总体数量偏少。

今后,应该在此类活动中,形成以传媒机构为主导的局面,不能局限于报道者的角色,笔者认为,积极发挥媒体的资源优势和团队优势,与更多的公众、商家、政府机构等进行合作,策划更多的专业性活动,拓展并深化对社会责任的理解,以负责人+志愿者的形式,建立高效的沟通和执行团队。

充分利用新媒体进行相关活动的前期、中期和后期推广。社会责任的履行,不仅仅是"我"做了什么,还体现在调动资源和公众的能力,吸引更多人和机构参与,大家集思广益,聚沙成塔,共同推动。

三、整合区域资源,打通线上线下区隔

传媒机构在熟悉和盘活区域资源方面有独特的专业优势,以自己为核心,盘活区域资源,策划大型的公益活动,汇聚"闲置"的资源,发掘公众关心但又未能解决的、事关社会公共利益的问题,发挥媒体在议程设置等方面的特长,引导公众的关注和参与,切实帮助群众解决生活中的真问题,为提高或改善生活质量做出应有的贡献。

传媒机构在履行社会责任的过程中,应该充分利用新媒体跨越时空的特性与聚合能力,打通线上线下区隔,以吸引公众注意力和关注度为基础,扩大在网络中的影响力,开阔思路,及时传递相关信息,吸引更多人的参与和积极主动性。

四、通过活动策划,吸引用户积极参与

社会责任的履行是一项系统工程,其社会角色的塑造和用户的高度认同,需要较长的时间,不是一朝一夕的事情。从这一角度讲,它需要点滴的积累,以点带面,以具体活动到责任和理念的实现与认可。笔者认为,除了通过新闻报道等弘扬社会正能量和主流价值观之外,策划并实施具体的社会公益活动,

策划与之有关的重磅报道，促成群众关系的问题的结局，塑造并引领良好的社会风气与公众的价值观等，可能是传媒机构履行社会责任的较高境界。

奉献爱心、聚焦环保问题、关注社会弱势群体、生产优质内容等，都属于履行社会责任的行为，但每一项内容，都与具体活动的策划、实施和公众的参与息息相关，不然容易变成自说自话，流于形式，进而在一定程度上影响员工的积极性。激发内部员工的社会责任感，为他们提供一定的工作和生活保障；调动外部合作伙伴和社会公众的参与热忱，以自己的专业和负责的态度，让他们关注相应的活动和议题，集众人之力，圆满完成活动的策划与实施，为后续的工作奠定良好的基础。

传媒机构，不仅仅提供信息，还肩负有文化传承、教育等功能，作为引领者和内容的生产者，在一定程度上，影响着公众对社会责任和社会价值观的认识。以身作则，通过自己的专业报道和公益行为，在树立自身形象的同时，宣传主流价值观，传播社会正能量。

发挥传媒机构在内容生产、活动策划、资源整合等方面的优势，积极调动、盘活区域性资源，以策划者和主导者的身份，全面研究和认识社会责任的内涵与外延，系统规划重要的新闻报道、制定相应的规章制度，确保社会责任的落实与执行。

在公众注意力稀缺的时代，以人为本、精心策划、积极挖掘、求真务实，以诚意和专业，吸引公众参与，推广既有成果，提升传媒机构自身的知名度和美誉度，会为今后相关工作的持续发展和推进提供良好的基础。

第5章 湖南省传媒社会责任报告

陈柏福 肖晓帆[①]

本报告将试图以经典传媒个案分析,初步探析湖南传媒企业社会责任。本研究的基本结构安排如下:先是以湖南广播电视台、电广传媒、中南出版传媒、湖南日报报业集团和天舟文化为经典个案进行分析,再整体分析湖南省传媒企业社会责任执行情况,然后指出其执行社会责任中存在的问题,最后提出湖南传媒企业提升社会责任执行力的路径和方法。

第一节 湖南传媒概况

一、湖南广播电视台

湖南广播电视台现有从业人员1.2万,下辖10个电视频道、3个付费数字电视频道、8个广播频率。其中,湖南卫视、金鹰卡通、国际频道、金鹰纪实频道通过卫星播出。2015年年末,湖南广播电视台资产总额、所有者权益总额分别达到403亿元、286亿元,分别比年初增长10.5%、8%,实现了国有资产的保值增值。2015年总收入达212亿元,同比增长15%,上缴国家各类税费合计28亿元,同比增长60%,继续履行着一个企业公民的责任担当。

湖南广播电视台始终坚持导向立台、新闻立台、特色立台和深度立台,将社会效益放到第一位,紧紧围绕宣传社会主义核心价值观,服务于经济社会发

[①] 陈柏福,男,湖南衡东人,经济学博士(后),副教授,硕士生导师,湖南师范大学历史文化学院文化产业管理系主任;研究方向:文化产业管理、文化经济学。肖晓帆,女,湖南娄底人,湖南师范大学历史文化学院文化产业管理专业硕士研究生。本研究系2014年度湖南省教育厅优秀青年项目"'两型社会'建设背景下长株潭城市群文化创意产业集群发展的理论与实证研究"(编号:14B108)的阶段性成果。

展的客观需要。自从1960年（时称长沙电视台）建台以来，湖南广播电视台较好地将文化事业和文化产业融合起来发展，不断努力进取、开拓创新、塑造品牌，并取得了丰硕成果。2012年，湖南广播电视台首次入选"亚洲品牌500强"，排名第157位，位列传媒行业的第14位（含8家报纸和广告媒体），在亚洲广电媒体中排第6位，位于央视、NHK、TVB、凤凰卫视、KBS之后。2016年6月22日，世界品牌实验室（World Brand Lab）在北京发布了2016年（第十三届）《中国500最具价值品牌》分析报告，湖南广播电视台以348.57亿元品牌价值位居综合排名第80位，在传媒行业中排第4位。

湖南广播电视台在不断拓展业务、提升品牌价值、确保国有资产保值增值的同时，历来高度重视履行主流媒体的社会责任，在湖南省委、省委宣传部的正确领导下，努力履行湖南广电作为主流媒体、责任媒体的社会责任。2015年，湖南广播电视台深入贯彻党的十八大和十八届三中、四中、五中全会精神，深入贯彻习近平总书记系列重要讲话精神，紧紧围绕实现中国梦这一宏伟目标，大力弘扬主旋律、传播正能量，为团结人民、鼓舞士气、营造氛围发挥了重要作用。

第一，创新传媒内容和传播方式，弘扬社会主义核心价值观。2015年湖南广播电视台不断开拓宣传新领域、创新传播平台和方式、精心打造传媒内容，正能量传播弘扬社会主义核心价值观。在广播宣传《中央新闻联播》《湖南新闻联播》《经视新闻》等主新闻栏目的基础上，湖南卫视增加一档20分钟的《午间新闻》；芒果TV建立《看湖南》视频专区。2015年，湖南广播电视台优化资源配置，创新传播方式，精心组织开展"决胜全面小康""精准扶贫""纪念抗战70周年"等重点宣传报道，为经济社会和谐发展凝神聚气，并得到了社会各界的肯定。同年，湖南卫视改版公民道德节目《平民英雄》，栏目全新定位为"每个人都可能成为英雄"，并运用"微电影"+新闻纪实等多种创新手法，创作出了一批颇有影响力的精品。通过舆论监督报道、信访维权栏目、公益广告、"凡人之美"和"道德模范"等板块专栏，湖南广播电视台积极主动作为，大力弘扬主旋律，正能量传播弘扬社会主义核心价值观。

第二，践行慈善公益事业，凸显社会人文关怀。湖南广播电视台始终坚持以人为本、关爱生命，勇于担负主流媒体社会责任。一方面，心怀慈善、钟情公益。芒果 V 基金是国内第一家媒体公益机构,主要对接公益慈善资源。2015 年芒果 V 基金募集使用善款超过 2 700 万元,由该基金牵头发起的"救急难"公益项目荣获第九届"中华慈善奖"。湖南广播传媒中心针对学生群体展开了一系列活动。比如,在原创公益活动"全国百城百台爱心送考"的基础上,创新推出全国首个"爱心送考云服务平台",为全国考生提供免费乘车等诸多服务;"一帮一爱心大行动"、2015"金秋助学·大兵义演"等活动助推贫困学生实现求学梦。另一方面,热心对口扶贫和对口支援。为了更系统地对口扶贫江华瑶族自治县桐冲口村,湖南广播电视台领导在多次前往扶贫点调研的基础上,制定了三年扶贫规划。2015 年扶贫支出 555 万元,另外还通过在党员和干部中开展"爱在瑶山、向贫困宣战"募捐活动筹得善款 130 余万元。

第三,传承、发展和传播中华文化。一是继续传承传统文化。2015 年,湖南卫视继续推出了《小年夜春节联欢晚会》《元宵音乐会》《中秋晚会》等节庆晚会,并深度融合中华传统文化,深受广大观众喜爱。通过创新形式,将亲情孝道、礼仪文化融入《天天向上》等节目,向广大观众展现中华文化之美。湖南都市 2015 年开办《百善孝为先》专栏,塑造"最贤惠的媳妇"等人物形象,弘扬身边的孝文化。二是努力发展大众文化。2015 年,湖南经视相继推出《六六山歌节晚会》《吉首国际鼓文化节》《中国老司城土家舍巴节活动》等直播活动,这在发展本土文化的同时,也丰富了群众精神文化生活。同年,经视频道还推出了《三湘读书月晚会》,金鹰卡通频道开展线下活动"麦咭读书会",都市频道打造《湖南省全民广场舞大赛》,公共频道推出《湖南省第四届少数民族文艺调演》等大型群众文化活动,人民大众参与积极,反响良好。三是积极传播中华文化。2015 年,第十四届"汉语桥"以"一带一路、世界和平"为主题,标新立异,展现了我国城乡面貌、旅游资源和汉语言魅力。《文化中国、四海同春——全球华侨华人春节大联欢》已成为有全球影响的春节系列文化品牌活动之一。与此同时,湖南广播电视台注重搭建平台,推动中华文化以节目形式"走出去",并开始强化与国际传媒集团的合作。湖南国际频道已成功落地亚洲、美洲、欧洲、大洋洲、非洲等大部分国家及我国台湾、澳门等地区的付费电视网络,并通过 IPTV 实现全球信号覆盖。海外用户达 400 万户,覆盖消费者群体超过 3 000 万。2015 年开始牵手加拿大环球传媒集团,其目的在于更好地向世界各国传播中华文化。湖南卫视品牌节目《快乐大本营》《天天向上》《我是歌手》《爸爸去哪儿》相继进入日本、阿联酋、奥地利、法国等航空公司以及马来西亚、新加坡和我国台湾和香港等地的主流电视台。

第四,强化制度建设,规范职业行为。为了规范职业行为,确保合法经营、安全刊播,湖南广播电视台注重制度建设,通过强化制度建设来规范各项行为,以便更好地履行社会责任。2015年,湖南广播电视台出台了《湖南广播电视台招标管理办法》《广告审查管理制度》《劳务派遣人员岗位职级入位办法》《湖南卫视外请嘉宾艺人管理实施细则》等一系列规章制度,修订完善了《财务预算管理制度》,并针对芒果TV业务的迅猛发展,制订了全台新媒体内容管理、新媒体节目报备和报批等相关细则和制度。正是通过强化制度建设,湖南广播电视台在传播社会主义核心价值观的过程中进一步规范了职业行为,确保了合法经营和安全刊播。2015年,湖南广播电视台继续举办《马克思主义新闻观培训班》,严格规范从业人员的职业行为,并在全台范围内严厉打击"新闻敲诈、治理有偿新闻"专项行动,进一步规范新闻采编秩序;坚持"无禁区、全覆盖、零容忍"的工作标准,运用合同管理、制度管理来规范合法经营,做到安全刊播,真正履行好一个传媒单位的社会职责和使命。

第五,建设和谐生态保障体系。一是权益保障。2015年,组织新闻采编岗位考试,新办理2015版记者证267本。按照国家相关政策与法规要求,为全台劳务派遣员工以上的工作人员缴纳五险一金,并针对特定群体有针对性地办理意外伤害险,为非全日制用工等流动性较大的人员缴纳雇主责任险,以实际行动保障员工权益。二是生活保障。践行人民群众路线,从员工实际需求出发,强化了员工餐厅的餐饮管理,强化服务理念、创新服务方式,2015年共接待就餐人员110万人次;根据员工实际需求,优化调整交通班车路线;切实关心职工身体健康,举办各项绿色环境健康讲座等特色活动;成立篮球、乒乓球、足球、羽毛球和围棋等俱乐部,全年参与上述活动多达3 000人次。三是环境保障。湖南广播电视台以高度的社会责任感践行节能环保要求,2015年在业务量增加的情况下,汽油、天然气消耗量同比上年分别下降13.34%、19.64%,体现了一个作为全国公共机构节能示范单位在扎实履行节能减排中的社会职责。

二、电广传媒

作为上市公司，湖南电广传媒股份有限公司（简称"电广传媒"，证券代码000917）严格按照《上市公司社会责任指引》的要求，尽职尽责地履行了文化传媒类上市公司应担负的社会责任。主要体现在股东与债权人权益保护，员工权益保护，供应商、客户和消费者权益保护，公共关系和社会公益事业，以及环境保护与可持续发展等五大方面。

1. 保护股东与债权人权益

2015年，电广传媒依据《公司法》《证券法》《上市公司治理准则》《上市公司信息披露管理办法》等国家法律法规和规范性文件的规定，进一步完善公司治理结构，公平对待所有股东和债权人，以确保股东充分享有法律、法规以及各项规章制度框架下的合法权益。在整个报告期内，电广传媒先后召开3次股东大会，采取现场投票和网络投票相结合的方式，为所有股东行使投票权利提供了便利。股东大会的召集和召开程序都符合《公司法》《证券法》和《公司章程》的相关规定。在信息披露方面，电广传媒形成了符合国家相关政策和企业自身特色的信息披露控制体系。这种规范、公平、合理的信息披露制度系统保护了投资者的合法权益。电广传媒2015年共编写和发布编号报告115份，确保了信息披露的真实、准确、及时和有效。在投资者关系管理方面，电广传媒创新与投资者交流互动的方式，实现了与投资者的良好沟通和交流。2015年，公司共接待包括中信证券、国泰君安、银华基金等在内的机构股东48人次，投资者互动平台已成为公司与广大投资者沟通和交流的重要工具。在现金分红方面，电广传媒继续实施持续稳定的利润分配政策，兼顾投资者的合理回报与公司的可持续发展。2016年7月，电广传媒实施了2015年度利润分配方案，以公司现有总股本1 417 556 338股为基数，向全体股东每10股派发现金红利0.40元人民币（含税），现金分红总额56 702 253.52元人民币（含税）。在债权人合法权益保护方面，电广传媒严格遵守信贷合作的商业规则，努力降低公司经营风险和财务风险，充分保护债权人的合法权益。公司资信状况非常好，与多家商业银行建立了长期信贷合作关系，2016年度第一期中期票据信用评级报告显示，公司获得大公国际资信评估有限公司AA+信用评级，评级展望为稳定。

2. 注重员工合法权益保护

一方面，构建和谐稳定的劳工关系。电广传媒严格遵守《劳动法》《劳动合同法》《劳动合同法实施条例》等法律法规，在劳动合同签订、聘用、薪酬、培训、晋升等各个方面对全体员工一视同仁，及时足额缴纳"五险一金"，定期组织员工常规体检，采取切实可行措施提高员工生活品质、集体荣誉感和凝聚力。另一方面，健全完善人才培养体系。电广传媒非常重视人力资源的开发与管理，努力谋求为员工搭建职业发展平台。针对不同岗位、不同业务发展需求、员工的不同发展阶段，公司制定了健全完善的人才培养体系。2015年，电广传媒根据战略转型升级的需要，结合员工素质现状及其强烈的培训需求，选派总部员工和子公司高管人员参加《"互联网+"时代的组织转型》《赢在互联网思维》《打造移动互联时代的高效团队》等培训班学习，并且购买相关图书资料供其参阅和学习。同时，公司也加大了人才引进与优化配置工作。新聘子公司高管，增补子公司经营管理新鲜血液；调整子公司经营管理班子，优化其年龄结构和专业结构；加强公司总部与子公司之间的人才交流工作。

3. 保护供应商、客户和消费者权益

一是切实保护供应商权益，实现互利互惠。电广传媒与各供应商之间在诚实守信、互利互惠的原则上，谋求合作共赢、共同发展。公司非常重视维护供应商的产品利益，商标权、专利权、著作权等无形资产合法权益，并为所有供应商创造公平的竞争环境。二是重视客户和消费者利益，以客户满意为目标导向。电广传媒非常重视客户和消费者权益，始终秉承以客户需求为己任的发展理念，在服务顾客一般需求的同时，通过研发创新、超前布局，刺激和实现顾客的潜在需求。

4. 积极纳税和投身社会公益事业

依法纳税是企业履行社会责任、回馈社会的最基本要素。2015年，电广传媒上缴各项税金3.5亿元，获得"湖南服务企业20强""湖南省纳税50强"等光荣称号。电广传媒积极投身社会公益事业，传媒企业自觉承担社会责任。2015年，公司捐资424.42万元在慈利、新化、龙山等地区开展援助贫困学生、乡村道路建设和古民居修复改造等公益活动。公司还被省慈善基金会和省青少年发展基金会授予"湖南慈善20强单位"，广受社会各界的赞赏。

5. 注重环境保护与可持续发展

文化传媒产业是"两型产业",作为文化传媒类企业,电广传媒在经营发展过程中本身对环境污染不大。尽管如此,电广传媒还是高度重视节能环保工作,将节能减排、环境保护等工作融入日常经营管理过程中,形成了人人保护环境,建立节约型企业理念。公司各个部门积极推广节能习惯,尽量减少水、电、气等资源的消耗。

三、中南出版传媒

作为我国第一支全产业链整体上市的出版传媒类上市公司,中南出版传媒集团股份有限公司(简称"中南传媒",证券代码601098)严格按照《上市公司社会责任指引》的要求,尽职尽责地履行了出版传媒类上市公司应担负的社会责任。主要体现在把握正确的舆论导向,保护股东与债权人权益,维护员工合法权益,保障供应商、客户和消费者权益以及热心社会公益事业等五大方面。

1. 把握正确的舆论导向

作为国有文化企业,中南传媒切实履行社会责任,强化导向管理和意识形态工作,坚持党媒姓党,全面落实党管意识形态主体责任。将传承文化、传播文化、传输正能量的社会使命贯穿于出版、印刷、发行、新闻报道、信息传播等具体工作中;将社会担当转换为图书选题和主题报道,将社会主义核心价值观转换为精品内容和正面宣传,不断推出一批批精品文化力作。2015年,中南传媒围绕践行社会主义核心价值观、纪念中国人民抗日战争暨世界反法西斯战争胜利70周年,策划出版了一系列重点出版物,各种入选中宣部、新闻出版广电总局重点选题和主题出版重点出版物共有11种选题。《中国新型农村集体经济研究》等12个项目入选2015年国家出版基金项目;《兴国之魂》等3种出版物荣获第五届"中华优秀出版物奖";《中国发展道路》等6种出版物荣获第五届"中华优秀出版物奖提名奖"。各类入选数量在全国地方出版集团中名列前茅。中南传媒旗下各出版社以出版人的责任和担当,高水平、高质量完成一大批具有重大文化价值和学术价值的出版文化工程。红网则利用网络新媒体的优势,更直接、迅速地进行正面宣传和舆论引导。2015年先后推出建设富饶美丽幸福新湖南的重大时政报道《湖南向上》、大型全媒体报道《最后的胜利》、专栏《红辣椒评论》和《论道湖南》,并获得上级主管部门和广大网民的好评,位列"中国新闻网站传播力榜"第六位。2015年红网推出首个移动互联网产品"时刻"新闻客户端,用户数突破500万,被国信办列为全国五家重点客户端之一,同时被列入湖南媒体融合发展重点项目,红网也成功入选湖南省第一批互联网重点企业。

2. 充分保护股东和债权人权益

一是加强公司治理和内控建设。2015年,中南传媒共计召开5次董事会、6次监事会、2次股东大会,以及多次相关重要会议,累计审议通过38项议案。在努力完善公司治理结构的同时,公司进一步加强了内控建设,形成了具有出版企业特色和中南传媒实际的内控规范体系。正是基于此努力,公司市值在股市强烈波动下仍然表现强劲,总市值位居出版上市公司第一,荣获"2015中国最受投资者尊重的百家上市公司"。二是优化信息披露制度,做好信息披露工作。2015年,中南传媒完成年报、季报等4份定期报告,31份临时公告的编制和披露。全年共接待80余家机构的现场调研,主动加强与投资者的沟通,充分利用E互动平台、热线电话等联系方式与投资者、媒体保持即时联系与沟通。三是以实际行动回报全体股东。2015年度中南传媒利润分配方案已由2016年5月17日召开的股东大会审议通过,以总股本179 600万股为基数,向全体股东每10股派发现金红利2.9元(含税),合计派现52 084万元(含税)。四是严格遵守信用,确保债权人权益。中南传媒始终秉承诚信理念,在业界拥有良好的商业信用和道德形象,在各业务关联银行都有良好的信用记录。

3. 极力维护员工合法权益

一方面,在依法保障员工待遇的同时,重视员工培训和晋升。中南传媒严格遵守国家的《劳动法》《劳动合同法》等法律法规,通过签订劳动合同,明确员工的劳动报酬、工作时间、休假安排、五险一金、职业培训等诸多事项。不断完善薪酬管理制度和绩效考核体系,在五险一金、年金运营与管理、扶贫帮困基金等方面都有相应的制度安排,较好解决了员工的后顾之忧。对于员工的培训和晋升考量,中南传媒也做了诸多安排。2015年先后组织了首届新媒体创业人才训练营、第六期编培训班、新员工培训班等各项培训;在员工内部实行导师制,坚持以老带新,帮助新员工做好职业发展规划。另一方面,自上而下积极营造和谐企业文化，并不断健全完善民主管理机制。中南传媒倡导"因工作而快乐、因创造而富有、因团队而荣耀、因良善而崇高"的企业文化。通过文体俱乐部等载体，举办各类文体活动，形成团结和谐、积极进取的企业精神文化；通过困难员工帮扶机制，为困难家庭的员工送温暖，尽力解决员工生活困难问题。通过完善职工监事选任制度，维护员工合法权益；通过职工代表大会制度，重视员工正当诉求。

4. 有效保障供应商、客户和消费者权益

一方面，切实保障供应商权益。中南传媒认真落实《教材用纸供应商管理办法（试行）》等规章制度，以规范的合同为载体，与供应商进行合作，并努力保持良好的合作关系。另一方面，为读者供给优秀的文化产品。中南传媒严格遵守《著作权法》等知识产权法规，尊重著作权人的合法权利，坚决不出版印刷非法出版物，切实保障图书、报刊、电子出版物的质量。《活着之上》《国家为什么会失败》获评 2015 年"年度图书"；《快乐老人报》发行量排名位居全国邮发报纸前列，稳居中国老年第一纸媒。

5. 热心社会公益事业

中南传媒非常注重将社会责任与企业发展有机结合，热心参与社会公益事业。2015 年，公司多次向农村中小学校、农村图书室、贫困地区图书馆等单位捐赠资金和图书物资共计 6 246 万元，以实际行动支持农村教育事业和文化基础设施建设。作为"三湘读书月"唯一协办单位，中南传媒举办一系列公益阅读讲座和读书沙龙等活动，努力营造和构建全民阅读和学习的书香社会。

四、湖南日报报业集团

湖南日报报业集团是湖南省管国有文化企业，是以报业为核心的传媒集团。2015 年，在省委、省政府和省委宣传部的正确领导下，报社党组充分发挥坚强的政治堡垒作用，牢牢把握正确的舆论导向，坚定维护团结稳定的工作大局。在确保经营创收稳步前进的同时，尽职尽责地履行了一个作为报业传媒集团应担负的社会责任。主要体现在坚持正确的舆论导向、创新传播内容和方式、扩大传媒力和影响力、以制度建设强化媒体责任管理、积极投身社会公益事业等四个方面。

1. 坚持正确的舆论导向

2015年，中宣部对湖南日报的新闻报道做了5次肯定性阅评，湖南省领导20多次批示肯定，省委宣传部对湖南日报为主的集团媒体阅评肯定达168次。湖南日报、三湘都市报3件作品入选第二十五届"中国新闻奖"。

2. 创新传播内容和方式，扩大传媒力和影响力

《湖南日报》两次改版，越改越接地气，越改越有人气，越改越有生气。发行量连续两年创出近十年新高，印刷质量保持稳定，投递时效常抓不懈。集团各报刊网聚焦省委省政府的重大活动、重要决策、重点工作，讲"好故事"、演"连续剧"、打"组合拳"；时评言论敢于发声，善于亮剑；专刊副刊贴近生活，融合传播。2015年，新湖南客户端上线5个月，有效用户突破500万，快速跻身全国党报新媒体平台第一方阵。

3. 强化制度建设，加强媒体责任管理

一是强化业务管理制度。2015年，湖南日报报业集团党组审议通过了《湖南日报社进一步加强媒体导向管理责任的实施办法》，翻印了省新闻出版广电局、省新闻工作者协会制定的《湖南省新闻从业人员"十不准"》。二是完善经营管理制度，强调相关主体的职业道德和责任意识。集中审议广告管理、财务管理、招投标管理、审计监察管理、投融资管理等重要制度，并明确制度执行过程中相关主体的责任意识。三是修订行政管理制度。重点是从规范程序、维护公平等方面，对人力资源管理制度、公务接待管理办法等予以修订完善。

4. 积极投身社会公益事业

一是积极支持湖南百公里活动。2015年、2016年，湖南日报报业集团（包括旗下三湘都市报、华声在线、新湖南）积极主办和支持湖南百公里活动。这种通过主办和支持大型户外公益"毅行"活动，既可以弘扬正能量，又有助于社会公益事业的推动。二是驻村扶贫工作开局良好。在省扶贫办组织的年度考核中，湖南日报社的扶贫工作队被评为优秀，在省直机关名列前茅。社党组认真落实省委"一进二访"活动部署，带资支持驻村扶贫开发，处级以上干部结对帮扶贫困家庭。驻村扶贫队共争取到各种资金150万元，支持修建了村部，修筑了简易桥梁，修通了村道；成立了肉牛养殖专业合作社，贫困人口入社率达100%。

五、天舟文化

作为"中国民营出版传媒第一股",天舟文化股份有限公司(简称天舟文化,股票代码:300148)按照《上市公司社会责任指引》,严格履行了民营出版传媒类上市公司应担负的社会责任,在把握正确的舆论导向、保护股东与债权人权益、维护员工合法权益,保障供应商、客户和消费者权益以及支持教育和公益事业等五大方面发挥了重要的作用。

1. 把握正确的舆论导向

作为民营上市文化公司,天舟文化切实履行社会责任,深入学习党的十八大精神,贯彻落实科学发展观,全面提升员工幸福指数,为实现中华民族伟大复兴,为推动社会主义文化大发展大繁荣,提高国家文化软实力,在发挥文化引领风尚、教育人民、服务社会等方面起到了一定的推动作用。公司的使命是"传播优秀文化、服务教育发展",2015年天舟文化正是沿着其使命,践行着其社会责任。

2. 充分保护股东权益

一是加强内部管理。2015年,天舟文化进一步加强了内控建设,规范内部管理。从内控制度梳理和完善、内部专项审计检查、企业文化建设等方面进行了工作推进,从而为股东权益的保护提供了条件。二是重视信息披露。为了强化公司信息披露工作,增加公司透明度,天舟文化指定董事会秘书负责信息披露工作。三是以实际行动回报全体股东。2015年度天舟文化利润分配方案已由第二届董事会第四十五次会议审议通过,以总股本 422 351 509 股为基数,向全体股东每 10 股派发现金股利 0.40 元(含税),合计派发现金 16 894 060.36元(含税)。

3. 维护员工合法权益

天舟文化在依法保障员工待遇的同时,重视员工各项福利。按照国家《劳动法》《劳动合同法》等法律法规要求,公司与每位员工签订劳动合同,明确员工基本工资待遇的同时,还按国家规定比例缴纳五险一金。对于节假日福利、工作餐补贴、加班交通费和餐补、高温补贴、困难职工补贴、健康体检、学历职称司龄津贴、教育培训福利等公司都有明确规定。2015年,天舟文化开始启动员工持股计划,拟参与认购公司发行股份购买资产配套融资中的非公开发行股份。通过"员工持股计划"这一员工激励机制,实现股东、公司和核心员工利益的长期一致,推进公司步入可持续发展轨道。

4. 支持教育和公益事业

天舟文化积极开展"爱心助学""爱心助医""爱心助残""爱心救灾"等系列爱心活动,以多种形式资助了上千名寒门学子。2015年,天舟文化与省妇联签订农村留守儿童项目合同,并对14个地州市中30所农村留守儿童学校的软件、培训等项目进行捐赠。通过心理健康项目的专业实力,天舟文化为心理健康教育水平落后和执行力较弱的偏远地区的公益事业献出了一份爱心。2015年9月19日,天舟文化校园心理健康活动在湘西州教育局及妇女联合会的支持下,如期在荣众留守儿童学校举行。2015年12月3日下午,由天舟文化股份有限公司主办的"天舟心育进校园"系列公益校园活动走进了位于长沙县的华润小学,活动主题为"与孩子在一起",意在加强留守儿童与父母的沟通,这也是天舟心育团队第一次策划由留守儿童家长陪孩子共同参加的心理健康教育活动。

第二节 湖南传媒执行社会责任现状

在前面个案分析的基础上,表1给出了湖南文化传媒领域其他10个代表性企业,关于它们的业务范围、社会责任执行的具体情况如表1所示。本部分对湖南省传媒(企业)社会责任执行情况的分析,主要是基于这些相关资料分析来给出评判。

表1 湖南文化传媒领域十个代表性企业社会责任执行情况

序号	公司名称	业务范围	社会责任执行情况
1	湖南湘教出版传媒股份有限公司,简称湘教出版	出版传媒、在线教育、教育类产品研发销售	良好
2	湖南快乐深度传媒有限公司	数字电影拍摄制作、媒介资源整合、品牌整合推广、城市营销推广、广告投放	良好

续表

序号	公司名称	业务范围	社会责任执行情况
3	湖南众益文化传媒股份有限公司	楼宇广告、电梯广告、机场广告、户外和电台广告	良好
4	湖南方可文化传媒有限公司	新媒体业务、影视制作、文化创意、视觉设计、品牌运营、广告代理、党建创新、信息工程	良好
5	湖南启尚文化传播有限公司	主要从事动漫卡通品牌授权，代理湖南广电金鹰卡通《麦咭》《爸爸去哪儿》及公司自主研发品牌《地球家庭》	良好
6	长沙新娱鼎点文化传媒有限公司	商业演出、活动展会、影视音乐制作、尖端艺术生培训	良好
7	湖南新活动传媒有限公司	品牌全案策划、高端商务游学、活动传播、视效传播	良好
8	中广天择传媒有限公司，简称中广天择	电视、互联网和移动互联网视频等内容的制作、发行和营销以及电视剧版本运营	优秀
9	湖南（中国）天狐文化传媒有限公司	影视剧、微电影、影视创意、宣传策划、拍摄和制作	良好
10	湖南快乐力量文化传媒有限公司，简称"快乐力量"	内容制作、视频广告代理、媒介资讯、媒介购买与执行、节目植入、品牌策划	良好

1. 对党和政府的责任

2015年湖南传媒（企业）都较好地坚持了对党和政府的责任，这是所有传媒（企业）履行社会责任最起码的要求。一方面，以湖南广播电视台、电广传媒、中南传媒、湖南日报报业集团和中广天择等为代表的国有文化企事业单位在遵守国家法律法规责任的基础上，充分发挥了舆论导向作用。另一方面，以民营上市公司天舟文化以及湘教出版和快乐力量为代表的传媒企业，在遵守国家相关法律法规的基础上，也较好地坚持了正确舆论导向，充分发挥了各自在传媒产业领域的比较优势，为满足和丰富广大民众的精神文化生活需求，弘扬社会正能量发挥了积极作用。

2. 对出资人的责任

如前所述，电广传媒、中南传媒、天舟文化是湖南文化传媒类上市公司，其中前两者是国有企业，而天舟文化是"中国民营出版传媒第一股"。根据《公司法》《证券法》《上市公司治理准则》《上市公司信息披露管理办法》等国家法律法规要求，无论是电广传媒、中南传媒，还是天舟文化都非常强调维护股东权益，通过召开股东大会、及时披露信息、保持与股东沟通和互动、确保股东资产的保值增值、按时实施现金分红等利润分配，完全履行了对出资者的责任。而湖南广播电视台、湖南日报报业集团则在履行国有资产保值增值责任的同时，更好地从舆论导向、服务国计民生、繁荣社会主义文化、践行公益慈善、构建和谐生态等方面履行国有企事业单位应尽的社会责任。表1所示湖南文化传媒产业领域10个代表性企业，除了中广天择是国有文化企业，应履行国有资产保值增值责任，其他类型的传媒企业也在履行着对股东的责任，但具体执行效果或多或少存在一定的不足。

3. 对读者的责任

对读者的责任主要是确保传媒产品（读物内容）的质量，通过为消费者提供高质量的读物来实现传媒企业的社会责任。作为传媒产品的最终消费者，读者不仅需要传媒产品的物质载体的质量有保障，更重要的是传媒产品本身提供的精神内容要有品味。因而，传媒企业应对传媒产品的内容质量把关，同时重视其传播载体的质量和传播效果。湖南广播电视台的品牌价值从2005年25.54亿元提升到2015年的348.57亿元，综合排名、传媒行业排名分别于2005年的第507位、第29位提高到2015年的第80位、第4位，说明湖南广播电视台旗下各个频道确实在为读者（观众）打造精品节目，并不断地创新其产品的传播载体。湖南日报报业集团也是如此，并在确保传统纸媒稳步发展的基础上，新媒体突飞猛进，不断扩大了传播力和影响力，当然还需要在读物内容上寻求突破。作为传媒类上市公司，电广传媒、中南传媒、天舟文化都在读物内容上下足了功夫，同时也都很重视新媒体的发展。表1所示湖南文化传媒产业领域10个代表性企业，更是要面对文化传媒市场的激烈竞争，它们提供的读物内容主要是以市场需求为导向，同时还需要适应互联网、移动互联网等新媒体的冲击和洗礼，这些传媒企业基本上都履行了对读者的责任。

4. 对作者的责任

企业对作者的责任主要体现在保护作者版权，使作者获得最大化的精神利益和财产利益。对于传媒企业来说，如果对知识产权保护力度不够，就有可能会影响作者进行新闻创作、文学创作、创意创新等活动的积极性，从而不利于传媒产业的持续健康发展。2015年，湖南传媒（企业）对作者责任的履行方面总体表现不错，绝大部分传媒企业很重视作者版权保护，尊重作者的精神劳动成果，较少存在作者版权之争等法律问题。究其原因，主要在于包括湖南广播电视台、湖南日报报业集团、电广传媒、中南传媒、天舟文化等文化传媒类企事业单位非常重视对作者版权的保护。然而，随着国内电视综艺节目对国外节目模式的引进，以及新兴媒体和商业模式的层出不穷，各种版权之争和创意撞车也开始出现，这就需要湖南传媒（企业）加强对作者版权及其部分版权要素的保护。当然，表1所示湖南文化传媒产业领域10个代表性企业在追求自身经济利益最大化的同时，个别传媒企业难免会出现履行对作者版权保护的职责存在疏忽的现象，需要提高认识并予以重视。

5. 对社会的责任

传媒企业对社会的责任主要体现在积极开展公益慈善活动，披露企业履责信息，而不是故意炒作。如前所述，2015年无论是属于国有文化传媒上市公司的电广传媒、中南传媒，还是属于民营文化传媒上市公司的天舟文化，都完全按照国家相关法律法规要求披露了企业履责信息。与此同时，电广传媒、中南传媒、天舟文化都积极投身公益慈善活动。湖南广播电视台、湖南日报报业集团更是积极投身公益慈善事业，对口支持扶贫村，开展助学捐赠活动，引领湖南传媒事业沿着社会主义方向正确前行。然而，表1所示湖南文化传媒产业领域10个代表性企业中，除了中广天择这一国有传媒企业以及少数其他非国有传媒企业外，不少传媒企业对社会公益慈善事业并不是很上心，很少披露企业履责信息。

6. 对环境的责任

传媒企业对环境的责任主要体现在绿色出版，减少水、电、燃气的消耗量，降低新媒体硬件设施及耗材的浪费量，加强环保意识和生态文明建设。如前所述，2015年湖南广播电视台和电广传媒都很重视履行对环境的责任，注重生态和谐、环境保护和可持续发展。同年，湖南日报报业集团在确保传统纸质媒体稳步发展基础上，不断发展"新湖南"等新媒体报业，同时加快推进"互联网＋文化＋金融"等融合发展战略，这种报业结构的转型升级、融合发展本身就是对环境责任履行的最好体现。同属于出版传媒的中南传媒和天舟文化，更是在努力履行对环境的责任，它们都在努力提高纸张的使用率、环保油墨使用率，加大无污染或少污染原材料的使用比例，提高胶水废浆排放量，提高能源节约量。比如，中南传媒旗下的印刷企业湖南天闻新华印务有限公司，正在不断加大技术升级改造力度，积极发展绿色环保印刷、数码快速印刷等新兴业态，目前已被确定为全国首批绿色印刷企业。

第三节 湖南传媒执行社会责任存在的问题

1. 应更加注重社会效益

无论是湖南广播电视台、湖南日报报业集团，还是电广传媒、中南传媒、天舟文化，抑或是表1提到的10家文化传媒公司，都应该更加重视社会效益。比如，湖南广播电视台的个别频道、个别时段、个别栏目的节目，存在着"唯收视率""唯市场"的倾向，而在某种程度上减弱了其在价值观引导上的力量。湖南省内众多中小文化传媒公司，更是偏重于经济利益的追求，对企业社会责任重视不够，甚至缺乏这种意识。

2. 缺乏专业领域内的优秀人才

众所周知，地处内陆中部的湖南省在诸多行业领域都缺乏优秀人才，传媒产业领域更是如此。即使是湖南省传媒行业为数极少的文化传媒上市公司，如中南传媒、电广传媒也缺乏专业领域内的优秀人才，中南传媒的独立董事需要经济学专家、文化产业管理专家，但省内很少有满足其条件的，因而只能去北京、上海聘请。湖南省内高校培养的新闻传播类、文化产业管理类人才流失得比较严重。目前，湖南传媒企业缺乏的专业领域优秀人才主要包括新媒体专业人才、媒介经营与管理人才、文化经济学人才等。

3. 传媒（企业）社会责任管理不明确

不管是什么媒体，如果想要推进社会责任建设，没有专门的机构、专门的领导来负责推进，传媒（企业）社会责任建设就不可能做得很好。总体而言，湖南文化传媒类上市公司、湖南广播电视台、湖南日报报业集团在媒体社会责任管理方面比其他媒体做得更好些，但也存在传媒社会责任管理不明确问题。尽管这些主体已经都认识到了媒体社会责任建设的重要性，但是在由"谁来管、管什么、怎样管"等具体问题上还不是很明确。而表1所示的

10家中小传媒企业，除了中广天择等传媒企业外，其他中小传媒企业对媒体社会责任既缺认识又缺意识，更不用说有专业部门和专门人员来负责社会责任管理了。

4. 媒体融合发展路径模糊

尽管湖南省传媒企业几乎都意识到媒体融合发展或努力推进新媒体发展的重要性，但包括湖南广播电视台、湖南日报报业集团、电广传媒、中南传媒、天舟文化等都在媒体融合发展的路径选择上模糊不清。从媒体融合角度讲，到底是在传统媒体基础上打造新媒体，即"传统媒体"+"新媒体"，还是走轻"传统媒体"重"新媒体"之路。湖南省内很多传媒企业在路径选择上缺乏明显的战略，倒是有不少中小传媒企业追求时髦，直接切入新媒体领域，或者是在全媒全产业链上某一个环节寻求突破口，这当然也是一种可行之策。从要素融合角度讲，到底是选择"文化+"，还是"互联网+"，还是选择"互联网+文化"，或者选择"互联网+文化+金融"，甚至是选择"互联网+文化+创意+金融"。客观上讲，不同传媒企业应根据自身的实际情况进行合理的选择，比如湖南日报报业集团在"十三五期间"就选择了以深度融入"互联网+文化+金融"为主攻方向。

第四节 湖南传媒社会责任执行力提升的路径与方法

本报告从媒体社会责任视角，初步探讨了湖南省传媒（企业）社会责任问题，认为湖南省传媒（企业）社会责任建设相对全国来讲还算不错，像湖南广播电视台早在2014年3月在没有广电行业发布社会责任报告的情况下，首次向社会公开发布《湖南广播电视台社会责任发展报告（2010—2013）》，说明从企业自身发布社会责任报告来讲，湖南传媒产业领域在媒体社会责任报告编制和发布方面在国内仍处于领先行列。然而，从湖南省媒体社会责任执行力角度来讲，还存在诸多不足，提升其执行力的具体建议如下。

1. 需要强化导向管理，做好社会正能量宣传、接力工作

深入贯彻落实习近平总书记在党的新闻舆论工作座谈会上重要讲话精神，更好履行媒体政治使命和社会责任。将导向管理作为领导班子和企业管理者目

标管理的重点内容，严格落实到位；在内容导向管理上，坚持将社会责任作为目标考核和评价的重要标准，将导向管理全面覆盖所有媒体领域。同时，湖南广播电视台和湖南日报报业集团可通过《湖南新闻联播》《湖南日报》等重要播放和宣传平台做好社会正能量宣传，传媒类上市公司和非上市中小传媒企业也应更重视社会效益，以各种形式和渠道传播、接力工作。

2. 在抓好精品创作的同时，注重版权保护

湖南省传媒（企业）要想在全国文化产业加快发展的大环境下继续力争上游，应把握当前"内容为王"的文化经济时代背景，努力抓好文化传媒精品创作，同时注重版权保护，特别要注意网络新媒体下对部分版权要素的保护。通过策划生产一批聚焦中国梦、弘扬优秀传统文化的重点项目，推出更多有思想、有温度、有品质的精品力作，然后通过各种媒体渠道向消费者送达，在实现传媒产品供给与需求均衡的同时，实现双赢。

3. 加强人才队伍建设

总体而言，湖南省应加强传媒产业人才的培养、引进工作，同时要留住人才。对于湖南广播电视台、湖南日报报业集团这类性质的文化企事业单位，一方面要引进高水平的传媒专业类人才，另一方面可弹性引进潜力较大的优秀青年人才，并通过入职后的教育培训等形式帮助其成长。对于电广传媒、中南传媒这类国有文化传媒类上市公司，在人才的引进方面要有国际化视野，为以后国内外传媒产业的融合发展、跨界发展、兼并重组等做好人才储备。

4. 推动媒体融合发展，甚至是跨界多元化发展

湖南省传媒（企业）走媒体融合发展之路，应根据自身特色和行业地位进行合理选择。湖南日报报业集团"十三五"期间以深度融入"互联网＋文化＋金融"为主攻方向是适应文化产业迅猛发展需求的可行路径选择。中南传媒也在积极推进融合发展：一是传统出版与互联网的融合；二是文化产业与金融产业的融合。甚至是传统出版、互联网平台、金融投资"三驾马车"融合。湖南广播电视台旗下的芒果TV在积极策划酝酿"芒果新闻"客户端，积极布局新媒体，同时继续借力资本力量，不断将新媒体做大做强，其发展演变实质上就是"传统电视媒体＋网络新媒体＋资本"的融合过程。可以预见，在不久的未来，媒体融合发展到一定程度，跨媒体融合、跨界融合，甚至是多元化发展、混业经营将成为时尚。

第6章 吉林省传媒社会责任报告

吴文汐[①]

吉林省主流媒体牢牢把握正确舆论导向,为吉林省新一轮振兴发展营造良好的舆论氛围,与此同时,根据当前市场环境的变化,调整经营策略,满足受众多元的精神文化需求,加快媒介融合步伐,积极参与公益慈善活动,在社会责任执行上有较好表现,但仍需指出的是缺乏相应的指导文件以及考核监督机制制约着吉林省媒体社会责任的履行。

第一节 吉林传媒概况

吉林省拥有长影集团、吉林出版集团、吉林日报报业集团、吉林电视台、吉视传媒等一批在省内,甚至是在国内具有影响力的传媒机构,近几年在媒介融合的环境下,吉林省传媒产业正在实现结构转型,转变经营理念,创新经营管理方式,引进新技术,推进报网融合、台网融合、传统出版和数字出版的并行发展,并以主营业务为核心实现多元发展,提升产业竞争力。

根据吉林省统计局的数据,2015年吉林省全年出版图书2.69万种(套),其中,新出1.35万种,定价总金额41.88亿元。报纸全年总印数8.35亿份,定价总金额9.20亿元。期刊全年总印数0.92亿册,定价总金额5.54亿元。年末广播人口综合覆盖率达到98.64%;电视人口综合覆盖率达到98.76%。有线广播电视用户数为595.06万户,其中,数字电视用户数达到541.56万户。互联网络宽带接入用户426.4万户,增长2.8%。移动互联网用户1 793.3万户,

---

[①] 吴文汐,东北师范大学传媒科学学院副教授,中国人民大学传媒经济学博士;研究方向:受众与传播效果、网络舆情、传媒经济。

其中手机上网用户 1 720.3 万户。①

第二节 吉林传媒执行社会责任现状

一、对党和政府的责任

吉林省主流媒体坚持党性原则，坚持马克思主义新闻观，牢牢把握正确舆论导向，全面贯彻落实习近平总书记重要讲话精神，做好党的理论政策宣传，策划系列报道，为吉林省新一轮振兴发展宣传造势，营造良好的舆论氛围，充分发挥媒体的社会效益。

1. 主抓重大主题报道以及重大活动报道，精心策划，全方位立体宣传，力争出彩出新，扩大报道的影响力

以吉林电视台、吉林日报为代表的省级主流媒体圆满完成了习近平总书记和李克强总理视察吉林、贯彻落实习近平总书记系列重要讲话精神、全国和全省"两会"、纪念抗战胜利 70 周年、全省重大项目巡检"三严三实"专题教育活动、"吉林好人"等一系列重大主题宣传报道任务。吉林省主流媒体高度重视习近平总书记和李克强总理视察吉林这一全省政治生活中的头等大事。以吉林日报为例，总编辑挂帅，制定周密的报道方案，派出骨干记者组成报道组，结合集团内部传统媒体和新媒体的优势，及时推出一批生动、鲜活的报道。在习总书记视察吉林的报道中，吉林日报更是连续拿出多块整版，推出视察调研活动报道、回访报道、解读报道、反响报道，以及贯彻落实情况报道；特辟套红通栏和醒目专栏，配发评论、图片配发评论、图片专版，宣传方式多样化、立体化，深度报道、延伸报道密集厚重，得到社会各界人士的充分肯定。② 在纪念抗战胜利 70 周年等重大主题报道上，吉林省媒体也做得有声有色，取得了良好的社会反响。吉林日报在"7.7""8.15""9.18"等重大抗战纪念时间节点上，推出多次通版报道，壮大报道声势，尤其是其中的"弘扬老兵精神"

---

① 吉林省统计局：《吉林省 2015 年国民经济和社会发展统计公报》，2016 年 07 月 21 日，http://tjj.jl.gov.cn/tjgb/ndgb/201603/t20160321_2179875.html。
② 吉林日报：《吉林日报社会责任报告（2015 年度）》，2016 年 6 月 30 日，http://news.xinhuanet.com/zgjx/2016-05/26/c_135369023.htm。

系列报道，于人物报道中彰显精神气节，感人至深。此外，对于"吉林一号"卫星成功发射、"最美高铁"开通运营、东北亚博览会、长春农博会等省内重大活动，吉林省媒体也不断探索新的报道模式，力争进一步提升活动的影响力。在对长春农博会、东北亚博览会的报道中，吉林日报报业集团整合了旗下各媒体终端，进行融媒体报道，吉林日报、中国吉林网、吉林手机报、吉林日报微博、微信、客户端同步推出专栏，形成立体传播网络，一线记者即采即发，极大增强了新闻的时效性和丰富性。

2. 凝心聚力，澄清谬误，发出吉林好声音，弘扬吉林正能量

面对此前社会上流传的"唱衰东北"的言论，吉林省媒体以事实为基准，充分、客观地报道了吉林省发展振兴所取得的成效，明辨是非，澄清谬误，凝聚人心，为吉林省产业新一轮振兴注入强心剂。

吉林日报先后推出了大项目巡检及回访、县域经济发展、聚焦产业集群、科技创新等系列报道，综合运用多种报道形式，对吉林省稳增长、调结构、大力推进各类重大项目所取得的成就进行了深度报道，在省内外产生广泛影响。此外，自主策划的15篇"聚焦产业集群"系列报道集合了思想性、政策性和指导性，为加快产业集群发展提供了信心与动力。

吉林电视台在对吉林的宣传报道中，坚持以正面宣传为主，抢抓关键节点，推动精准传播，提升传播层次与辐射力。2015年度在央视《新闻联播》播发吉林相关报道133条，其中，头条12条、提要41条、单条27条；《焦点访谈》播发正面报道5期；央视其他频道播发吉林相关报道共772条。这一年，吉林电视台还与美国环球东方卫视、俄罗斯滨海边疆区公共电视台及五洲传播中心进一步拓展了合作关系，提升对外传播水平。

3. 加强理论政策宣传，做好党的政策主张的传播者

吉林省主流媒体坚持用马克思主义新闻观作为理论宣传的基点，直面热点、重点问题，深入浅出，将理论与实践相结合，阐明理论及其指导意义，帮助受众开阔视野，增进知识，答疑解惑。以吉林日报为例，在理论版"推进'四项工程'""与学者（大师）对话""吉林时评"等栏目，邀请专家学者以对话方式对当前重点热点问题进行深入阐释。理论评论也做到了旗帜鲜明，有理有据，面对"唱衰东北"的声音，吉林日报推出了《"唱衰东北"值得商榷》等多篇评论员文章和理论文章，发出权威声音，引导舆论走向，此外还推

出了14篇特约评论员文章，全面阐释"四个全面"战略布局和吉林省"五大发展"战略。

2016年，吉林日报、吉林电视台、吉林人民广播电台联合推出了"有理讲理"理论专栏，三家主流媒体对该专栏的相关内容进行了全媒体传播，合力提升理论宣传力度，是一项科学理论大众化传播的全新实践。通过小人物说大道理、大手笔写小文章的方式，将专业性强、理论色彩浓厚的学术语言和文件语言转变为通俗易懂、富有感情色彩的口语化表达，让理论贴近百姓，在人民群众当中扎根。

在出版方面，吉林省也十分注重理论阐释工作，围绕深化中国特色社会主义、社会主义核心价值观、中国梦、"一带一路"等战略选题，以及经济发展新常态和结构性改革等选题，加强优质选题的规划，为理论阐释服务。

4. 强化意识形态属性，严把社会效益关

吉林省主流媒体采取了一系列措施严把社会效益关，强化媒体的意识形态属性。以吉林出版集团为例，集团坚决实施社会效益"一票否决制"，履行主管主办监管职责，逐级落实签订的社会效益责任书的责任；加强对电子出版物的导向把关，牢固坚守国家文化安全和意识形态安全，公司董事会还设立了董事会编辑出版委员会，对公司编辑出版业务的社会效益进行严格把关，以保证公司出版导向的正确性；强化社会效益指标，把入选国家级奖项和重大项目的数量纳入各出版单位社会效益的年度考核指标中，并将主流出版作为集团的"核心项目"，由集团给予资助，股份公司从2013年年底创立至今，已有21类94个项目荣获国家级奖项和入选国家重大项目，在同类出版集团中处于前列，2015年，集团继续加强对国家重大项目、重点选题的开发与出版，经过反复策划论证，组织申报了"十三五"规划项目46种。

5. 严格遵守法律法规，坚持合法合规经营

以吉林日报为例，坚持采编经营两分开原则，采编和经营人员专岗专职，采编人员不得参与广告、发行、赞助等经营活动，经营人员也不得干涉采编活动，杜绝有偿报道，建立违规违法行为举报制度，加强对采编经营活动的监督；严格遵守《中华人民共和国广告法》相关规定，认真审核准备刊发的广告相关资料，严格把关，防止违法违规，违背社会道德的广告见报；严格遵守税法相关规定，按时足额缴纳税款，杜绝偷税漏税现象的出现。

二、对出资人的责任

吉林省媒体在发挥社会效益的同时,根据当前市场环境的变化,调整经营策略,提升品牌影响力,加快媒介融合步伐,巩固提升经济效益。

1. 把握市场需求,内容定位鲜明,品牌影响力不断提升

以吉林电视台为例,各频道针对不同的细分市场,形成了差异化定位,特色突出,呈现出齐头并进的局面。2015年,吉林电视台7个频道无论全天时段还是黄金时段总体收视份额在省网、市网都有所提升,其中,长春地区黄金时段市场份额32.84%,比上一年增幅16.8%,处于第一名位置。卫视频道加大精品栏目建设和优质电视剧采购编排,全国覆盖人口8.97亿,收视表现良好。都市、生活、乡村频道收视分列长春地区前三甲。都市频道"快乐周末"系列活动受到中宣部领导表扬;生活频道以本土化、贴近性和互动性为特征,收视收入不断攀升;乡村频道打造区域强势媒体品牌,坚持双屏互动,对媒体融合、产业创收进行了有效探索;影视频道全力打造影视剧播出平台形象特色,市网黄金时段比2014年提升4位;公共·新闻频道定位日趋准确,实现了收视提升、影响扩大、创收增加的新跨越。综艺·文化频道优化节目资源、积极进行改版,观众认知度和影响力不断提高。东北戏曲频道、篮球频道和合作的家有购物频道进一步打造专业内容特色。

吉林出版集团也坚持走专业化、集约化、规模化、差异化道路,要求旗下各出版单位明确出版定位,将出版资源集中于专业化产品线中,形成在细分市场领先的出版产品集群优势,以保持集团在全国图书市场整体占有率排名的领先。在大力发展主流出版的同时,精准把握市场需求,出版了一系列热销书、畅销书。集团正在实施核心项目拉动与重大奖项扶持工程,并已初见成效,近两年集团有几十种图书进入全国年度分类前100名畅销书榜,吉版图书品牌在全国读者群中已形成影响力。目前集团正在实施核心项目拉动与重大奖项扶持工程,通过这两个工程,将进一步打造原创图书精品群与畅销书、热销书系统,增强市场号召力。

2. 加强内容产品的品牌化建设,集中力量打造具有核心竞争力的精品

过去的一年多时间中,吉林省媒体致力于内容产品的品牌化建设,在品牌培育上取得了显著成效,打造出一系列具有竞争力的精品。

以吉林电视台为例，2015年，吉林电视台全年共获得国家级重要奖项31项，其中，吉林纪录片表现抢眼，获得国际国内十余项重要荣誉，纪录片《过年》《人参》《青春1930》《铁蹄下的东北》陆续登陆央视，吉林特色文化品牌在全国进一步做亮。全台各个节目生产部门在抓收视、保创收的同时，积极培植品牌性的精品栏目，以点带面，实现了频道影响力的提升。全台构建起以《吉林新闻联播》《守望都市》《第一播报》为代表的新闻报道品牌栏目组群，以《身边发现》《"吉林好人"发布厅》《儿女情长》为代表的主旋律品牌栏目组群，以《回家》《天地长白》《家事》为代表的纪录片常态化播出栏目组群，以《二人转总动员》《我爱淘电影》为代表的地域文化精品栏目组群，以《全城热恋》《娱乐样样红》为代表的地方娱乐热门栏目组群。各频道自办的一些新节目也锋芒初现，表现出了强劲的竞争潜力。2016年，吉林电视台将进一步开拓国际视野，深耕本土，合作共赢，努力打造现象级原创节目。考虑以中国原创歌曲为切入点，以校园文化、青年歌手为依托，着力打造新时代的"青春之歌"。筹划推出具有鲜明东北特色、幽默智慧、文化益智类大型季播脱口秀栏目。借鉴、引进韩国节目，探索在生活服务类节目和室内情景剧等低成本工业化节目上有所突破。同时积极探索既好看又有较大收益的新型商务节目。

3. 加强技术升级创新，推进媒体融合，构建全媒体平台

在传统媒体和新兴媒体融合发展的大形势下，吉林省媒体积极寻求技术和机制上的突破，推进媒体融合，构建全媒体传播平台。

2015年3月吉林电视台实现了吉林卫视高清频道正式开播，并在省有线网内传送，成为吉林电视台发展史上的一个里程碑。全年完成40多个技术改造项目，确保了对全台新闻宣传、节目生产提供有力的技术支撑和保障。积极进行云计算、大数据技术的探索，为实现媒体融合生产进行积极准备。2015年，隶属于吉林电视台的吉视网第一次参加了全国和省两会报道，实现了历史性的突破；手机客户端吉视宝、吉视通和吉视达全面上线；IPTV目前用户数量突破34万。全台各频道也积极利用品牌栏目、品牌活动汇聚线上线下互动人气，全台微博粉丝量近80万，微信粉丝量80万。2016年，吉林电视台搭建采用云计算、虚拟化、大数据技术的"私有云"基础支撑平台，依托该平台开展"全媒体内容汇聚生产平台"建设，力争9月建设完成并投入试运行。项目建成后，将为吉林电视台的"中央厨房"生产模式提供技术支撑，实现全媒体新闻素材

的海量存储、智能检索、资源共享和新闻热点、新闻热度分析呈现；实现新闻类节目在办公电脑端和传统生产端对全媒体内容资源的浏览、查询、选题、报题、文字编辑、视频编辑等融合生产能力；制作完成的节目，经审查后，通过该平台实现面向传统播出、网台、微博、微信、微视频、移动客户端等多渠道快速发布。2016年还将启动新闻智能舆情分析系统、全媒体新闻指挥中心、综合类节目融合生产系统项目建设。同时，推动吉林卫视高清频道上星传输项目进展；确保全台节目生产网、播出网的网络安全和信息安全，为全台创新发展做好技术支持和服务。此外，2016年，还将建立"公有云"多屏发布平台。2016年将依托吉林省电视新闻联盟，打造全省新闻汇聚发布系统项目，实现全省范围内的新闻资源整合和共享，形成新闻宣传报道的大媒体融合。为促进媒介融合的顺利推进，吉林电视台在技术保障的同时，机制上也进行了调整，要求所有频道都要强化新媒体工作，充分发挥协调联动作用，全台记者都要进一步明确自身的全媒体记者身份，各部门密切配合，切实形成全台推动媒体融合发展的工作合力。

4. 在巩固既有经营模式基础上，多方合作创新经营模式，适应市场环境变化

受到新媒体的挤压，传统媒体广告份额面临缩水的困境，吉林省主流媒体通过开发广告新模式，销售内容产品，探索新媒体及其他产业经营方式不断拓展赢利空间。

以吉林电视台为例，在传统广告经营上，调整和优化经营结构，加大开发品牌广告力度，建立一套全面科学的目标管理体系，同时，进行电视产业化突围，放眼全国市场，探索公司化运营，创立创新电视+电商（T2O）模式，跨越省际界限，联合新疆、海南等电视台，以吉林省资源特色为优势，实行跨省多台联合，搭建一个集电视、电商和门店于一体的优质农产品全国生产销售平台，并逐步推进北上广分公司，在重庆、哈尔滨、山东等地寻求合作公司。此外，成立TV电商公司，打造新的营利模式集群。以乡村频道微信平台为依托，逐步拓展有影响力的活动和项目品牌。待公司化运营一段时间后，吸纳社会资本，共同投资组建乡村频道新媒体公司。吉林电视台还根据整体发展战略，成立专门职能部门，组建专家团队，研究符合当前实际的投融资平台，确保国有文化资产保质增值。

与吉林电视台相类似，吉视传媒也在通过内外的合纵连横谋求更广阔的发展空间。2014年底，公司与歌华有线签署了电视院线项目合作协议与视频点播业务合作合同，扩大了两家地方广电企业的服务范围，拓展了产品生命周期。2015年6月，吉视传媒宣布参股中国电视院线控股有限公司，同月，与杭州华数智屏科技有限公司就"电视淘宝"业务签订合作协议，在吉视传媒提供的平台上开展业务合作。该业务为基于电视屏的购物业务，其商品、交易、物流及数据系统与淘宝全部打通，在淘宝品牌助力下，现有用户的ARPU值及用户黏度将得到提升。与此同时，吉视传媒还与支付宝深度合作，力图全面打造增值业务产品的支付通道，全面开启电视终端的电子商务运营模式。

三、对受众的责任

1. 为受众提供丰富的内容产品，满足不同层面的精神文化需求

在过去的一年多中，吉林省媒体为受众提供了丰富多样的内容产品，以满足受众群体不同层次、不同方面的精神文化需求。

吉林出版集团精心策划，推出了一系列涉及不同领域、面向不同年龄群体、广受读者好评的畅销书，比如《罗马帝国衰亡史》《马基雅维利全集》等学术文化类热销书，《中国大趋势》《大变革》《销售圣经》等经济管理类畅销书，《庞中华硬笔书法系列》《意林青春励志系列》等文学艺术类畅销书，《养肾就是养命》《孕产胎教育儿百科》等生活类畅销书，《赛尔号系列》《洛克王国系列》《龙与猫之国系列》等少儿动漫类热销书。

吉林电视台各频道的差异化、特色化运营、精品栏目的打造也满足了观众的多元需求，尤其是乡村频道、生活频道、东北戏曲频道等频道以及《二人转总动员》等节目深耕地方文化，很好地满足了省内观众对本土内容产品的需求。

吉林日报把专刊作为满足读者多元信息需求的重要载体，比如《法治》专刊主要普及法律知识，提供法律服务；《财经》专刊关注与百姓息息相关的经济活动、金融生活、企业融资、大众理财等方面，重点提供银行、保险、证券、理财等方面的服务信息；《健康》专刊，侧重普及健康知识，传播科学的健康理念和健康消费观，此外，还有《三农》《产经》《旅游》《教育》《文

化》《体育》《摄影》等专刊，提供各个领域的信息服务。①

2. 牢固树立服务受众的意识，提供资讯服务，搭建社会性服务平台，帮助受众解决实际困难

服务受众是媒体的基本责任。以吉林日报为例，该报把发布政策信息作为服务群众的重要内容，从各重要会议中提取群众关心的信息进行报道解读；及时提供生活服务资讯，开设"为您服务"专栏，常年提供天气预报，出行参考的信息；搭建社会性服务平台，通过读者来信和新媒体渠道，了解受众的实际困难和需求，与政府相关部门进行沟通协调，推动问题的尽快解决。

四、对作者的责任

吉林省主流媒体在保障作者权益，保护知识产权，为作者尽可能争取精神利益和财产利益方面也有着较好的表现。比如吉林日报十分注重知识产权的保护，强化版权意识，未发生侵犯知识产权的事故或争议。吉林出版集团直属的专业出版社时代文艺出版社积极为全省艺术家、作家的原创作品搭建展示传播平台，其编撰出版的长篇小说《石光荣和他的儿女们》《女子中队》和《尊严》获国家和省级"五个一工程"奖，每年编撰出版《吉林文学作品年选》和《吉林文评》，积极为作家作品提供出版发行机会，成为吉林省打造北方文学高地的重要载体。

五、对社会的责任

吉林省媒体不仅在内容生产传播上注重社会责任的担当，还积极参与公益志愿活动，回馈社会，彰显社会价值。

1. 精准扶贫，变"输血"为"造血"，帮助贫困地区早日脱贫致富

长影集团与延边州和龙市东城镇东城村进行扶贫对接，结合东城村的文化和资源优势，制定了全面、系统的扶贫攻坚工作规划，将以打造具有延边民俗风情的生态优美村庄为立足点，基于其现有的资源和区委优势，从产业扶贫、技术扶贫、社会扶贫、文化扶贫等方面出发，推进当地产业升级，提升资源开

---

① 吉林日报：《吉林日报社会责任报告（2015 年度）》，2016 年 6 月 30 日，http：//news.xinhuanet.com/zgjx/2016-05/26/c_135369023.htm。

发效益,加强对有劳动能力的贫困人口进行技能培训,拓宽增收渠道,帮助贫困地区早日脱贫致富。①

2. 保护弘扬地方传统文化,履行社会遗产传承功能

吉林省在抓好散失海外古籍回归出版工程的同时,启动了全省古籍整理重大项目,统筹推进省内古籍整理出版数字平台建设。其中,时代文艺出版社编辑出版的《二人转集成》《吉剧集成》以及《长白山文化书库》等系列丛书,为长白山文化建设工程和吉剧振兴工程奠定了资料基础,成为吉林文化艺术发展的见证者。

长影集团则是通过长影老区改造工程,将原来长影的文化完整保留下来,深入挖掘内涵,为吉林省传统文化的弘扬和继承留下宝贵文化遗产。

3. 积极举办、参与公益慈善活动,弘扬社会正能量

吉林省各级各类媒体在公益慈善活动上都有不同程度的参与和投入,慈善活动类型广泛,涉及困难群体慈善捐助,图书置换、公益助学等。比如吉林日报发起"'吉聚温暖、与爱同行'冬日送温暖活动",得到了省内众多单位及个人的热情支持,为乡村小学送去社会各界捐赠的棉衣裤、学习用品、体育用品;长春晚报举办图书置换大型公益活动,让知识低成本地在孩子之间传递,唤醒公众的阅读意识;长影启动"书送希望"与"圆梦大学"公益助学活动,为即将步入大学的贫困学子发放了助学金每人 4 000 元,并为特教学校的孩子们捐赠了百余本课外读物;吉林电视台都市频道《都市惠生活》依托"吉林网姐"电子商务培训基地,与省女子职业教育指导中心共同推出微商公益培训课程,为省内有意愿在电子商务领域创业的女性进行免费培训;长春电视台市民频道和长春市慈善会等机构合作举办大型慈善活动,"速度与公益"爱心储蓄罐微捐活动,将慈善微捐理念和大众电视节目融合到一起。

六、对环境的责任

吉林省媒体有关环境保护方面的公开信息披露得较少,在此以吉视传媒为例,对吉林省媒体在环境方面的履责情况进行简要介绍。

---

① 长影集团:《长影集团领导赴和龙市完成脱贫攻坚战对接工作》,2016 年 6 月 15 日,http://www.cfs-cn.com/jtzx/ldhd/2016-01-20/292.html。

2015年，吉视传媒与吉林省林业厅签署了《吉林省林业厅与吉视传媒股份有限公司战略合作框架协议》，这标志着吉林省林业厅与吉视传媒的战略合作迈出了实质性步伐，将共同努力把吉林林业打造成"互联网+林业建设"的示范基地和尖端技术应用先导区。吉视传媒将充分发挥公司拥有覆盖全省网络基础资源、超大型数据中心和物联网建设等方面的优势，通过物联网、云计算与大数据分析、智能传感、无线通信、航天卫星应用、图像识别、无人机等先进技术产品和手段，为吉林省林业构建"天（空）网、地网、人网、林网"一体化感知网络和生态保护物联网应用云平台，这一合作将有效促进吉林省林业资源的动态监管与保护，促进吉林省生态文明建设，打造现代林业建设的新典范。[1]

此外，吉视传媒还进一步加强物资管理，在保证工程质量的前提下，厉行节约，降低工程造价，以节水、节电、节油、节约办公用品为重点，降低办公消耗，使工作人员自觉养成良好节约习惯。[2]

第三节　吉林传媒执行社会责任存在的问题

一、履责信息披露不足

从目前可公开查询到的资料来看，在吉林省各级各类媒体中，只有吉林日报公开发布了社会责任报告，但也仅发布了2015年报告，其他媒体既未发布社会责任报告，也未在其官网上设有社会责任一栏，相关的履责信息零散分布于各种新闻报道中，由此可见吉林省媒体对于社会责任的履责信息披露工作重视不足。

二、缺乏明确的媒体社会责任的履责框架、规定等指导性文件

有关媒体社会责任的范畴、履行细则、披露细则尚未有指导性文件出台，

---

[1] 常亦殊：《吉视传媒与吉林省林业厅达成"智慧林业"建设战略合作》，2016年7月5日，http://www.jishimedia.com/tplt/xl2011063011314194.jsp?infoid=16833&cid=947。

[2] 张春玲：《东丰分公司加强经营管理提高经济效益》，2016年7月5日，http://www.jishimedia.com/tplt/xl2011063011314194.jsp?infoid=16754&cid=947。

以至于媒体对于哪些属于媒体社会责任，应该如何履责，应该如何披露相关信息，缺乏明确一致的认识。作为党和人民的喉舌，媒体在坚持正确的政治立场，发挥舆论引导作用以及满足受众需求方面较为重视，而在保障作者权益，保护环境、履责信息披露等方面重视程度还不够，说明媒体对于社会责任的认识还不够全面，这在很大程度上是由于媒体社会责任的履行尚未有一个统一明确的规定。

三、缺乏相应的考核监督及奖惩机制

完善的考核监督机制是督促媒体依法依规履行社会责任的保障。然而目前尚未建立系统完善的媒体社会责任考核监督机制，无法对省内各媒体的社会责任履行情况进行全面评估，对于一个特定的媒体，在过去的一年中与同行相比哪些方面做得比较好，哪些方面还有待改进，缺乏指标性的对照。对于表现优秀和表现欠佳的媒体没有相应的奖惩，这不利于媒体增强社会责任意识，有针对性地采取措施，提高社会责任执行水平。

第四节 吉林传媒社会责任执行力提升路径

要进一步提升吉林省媒体社会责任执行力，需要多方面的合力，相关政府部门制定相应规定，将媒体社会责任的执行规范化，媒体行业内部形成自律意识，社会各界，尤其是公众增强对媒体社会责任执行情况的监督，这都是提升媒体社会责任执行力的可行路径。

一、制定媒体社会责任执行与信息披露细则

在调研基础上，相关政府部门可制定媒体社会责任执行与信息披露规定，对各级各类媒体的社会责任范畴、执行方式、信息披露方式进行明确的规定。由于不同类型媒体的介质属性、功能定位有所差异，因此在通行框架下，对于不同类型的媒体可制定针对性、可操作性的细则，让各类媒体在社会责任执行中有规可依。

二、建立多方参与的媒体社会责任考核监督体系

由于媒体社会责任涉及的利益相关主体是多方面的，媒体社会责任的考核监督不应当仅由政府或者行业协会来执行，而应当纳入包括政府、行业协会、公众、高校学者、法律人士等多个主体参与考核监督。尤其是公众，媒体作为社会公器，其社会责任的履行应当得到公众的监督。为此，可以广开渠道，通过电话调查、网络调查、开通监督电话及网上平台推动公众参与到对媒体社会责任履责情况的监督中来。而在考核体系的建立上，需要充分征询业内人士、专家及公众的意见，形成系统明晰、指向明确、层次分明、科学合理的考核指标体系，从而引导媒体有方向性地不断提升社会责任的执行水平。

三、加大宣传，推出媒体社会责任榜单，对于排名前列的媒体予以褒奖

近几年来，企业社会责任已经成为一个颇受关注的话题，相关部门对于上市公司、国企的社会责任履行做出了相应的规定，但是专门针对媒体社会责任的政策规定尚未出台，媒体社会责任议题也并未得到社会各界的充分重视。要增强媒体社会责任意识，就外界环境而言，除了制定相关规定以外，还需要加大宣传，营造重视媒体社会责任的氛围。为此，可以由政府部门牵头，行业协会或其他第三方组织推动，在考核评估基础上，推出媒体社会责任榜单，在设置总榜单的同时，推出分媒介、分区域的榜单，表彰在各榜单中排名前列的媒体，并广为宣传，这一举措有助于提升媒体的公信力和品牌影响力，可引起媒体的重视，进而增强媒体的社会责任意识。

第7章 河南省传媒社会责任报告

闫伊默[①]

2015年,面临经济新常态和舆论格局深刻调整,河南传媒坚持正确政治方向和宣传导向,坚持政治家办报,坚持"围绕中心,服务大局",积极主动唱响社会主旋律,弘扬社会主义核心价值观,努力传播河南好声音,讲述河南好故事,为河南经济社会发展履职尽责,营造了良好的舆论氛围。在促进河南振兴、中原崛起的伟大进程中,河南传媒业自身也获得了长足发展,保持了强劲的发展势头,媒体融合改革持续深化,传播能力进一步增强,传播效果得到有效提升。

第一节 河南传媒概况

2015年,河南省共有报纸122种,其中党委机关报20种,都市报、晚报13种,专业行业报18种,企业报10种,广播电视报9种,学生辅导类报纸8种,高校校报44种;期刊242种,其中社会科学类期刊79种,自然类期刊85种,高校学报78种;形成以党报为主体,包括各种行业报、晚报、都市报、企业报、高校报等涵盖各门类、各层次的报业结构,依托省级、地市级党报,成立报业集团8家。

2015年,河南省共开设地市级以上播出机构36座,其中电台18座、电视台18座,开设县级广播电视台116座。地市级以上播出机构共开办广播节目152套、电视节目167套。有中短波发射台30座,广播综合人口覆盖率98.21%,全年广播节目播出时间将近70万小时,全年广播制作时间30多万小

[①] 闫伊默,河南日报社主任记者,中国人民大学传播学博士。

时。电视转播发射台153座，电视综合人口覆盖率98.26%，全年电视节目播出时间90多万小时，全年电视节目制作时间约15万小时。

2015年，在新媒体传播背景下，传统媒体与新媒体融合力度加大，基本形成网站、手机报、"两微一端"与传统媒体互融互动的新型传播格局。

为叙述方便，2015年河南传媒社会责任报告选取以《河南日报》为主体的河南日报报业集团和以河南广播、电视台为主体的大象融媒集团为例（含新媒体传播），展开论述。

一、河南日报报业集团简介

河南日报报业集团成立于2000年7月28日，是以《河南日报》为旗帜和核心组建的现代化传媒集团，是河南省最大的传媒集团之一。

截至2015年，集团以十一报两刊三网站为主体，初步形成了涵盖纸质媒体、网络媒体、移动媒体、户外媒体的现代传播体系，主要包括《河南日报》《河南日报（农村版）》《大河报》《大河文摘报》《大河健康报》《大河美术》《河南商报》《河南法制报》《期货日报》《今日消费》《河南手机报》、《漫画》月刊、《新闻爱好者》杂志、大河网、大豫网、河南一百度，以及多家自办或合办的报刊附属网站、电子商务网站等。

作为省委机关报，《河南日报》坚持"时代高度、中原向导"的办报方针，紧密围绕省委省政府中心工作，密切关注全省发展大事要事，全面覆盖全省各级党政机关和主要企事业单位，日发行量五十多万份，居于省级党报前列。在"中国报刊广告投放价值排行榜"中，《河南日报》连续多年跻身"省级日报十强"。

集团大力积极推进媒体融合，有一定影响力的新媒体产品四十余种。《河南日报》努力打造"三微一网一端"新媒体平台，全天候、全媒体、全覆盖的新媒体服务体系粗具雏形，官方微博影响力在全国党报中位居前列；加快发展"两端"，即"移动互联网上的党报"——以河南日报为主导的"党端"金水河客户端、"1100万用户再出发"——在大河报客户端基础上升级建设的"省端"大河客户端，用户覆盖面不断扩大，影响力不断提高；大河网作为省级重点新闻网站，全面提高内容整合和技术创新能力，自主研发4G手机版大河网、"眼遇"客户端等重点产品，不断提升与网民交流的深度和广度；新版河南手机报整合全省 277 家手机报，覆盖全省、辐射周边的传播体系运转良好，用户数突破 1 100 万。

二、河南大象融媒体集团简介

大象融媒体集团成立于 2014 年 10 月 29 日，以河南省新闻出版广电局所属的河南省广播电视信息网络中心事转企改制为主体，在广播、电视、报纸、杂志等四大传统媒体基础上，融入映象网、手机广播、手机电视、移动多媒体广播电视、网络电视台等新媒体业务，形成广播、电视、报纸、杂志、图书、新闻门户网站、音视频网站、手机广播、手机电视、移动多媒体广播电视、手机报、手机台、官方微博微信、客户端等形态丰富、品种齐全的全媒体布局。

第二节　河南传媒执行社会责任现状

2015 年，在中共河南省委领导下，河南传媒坚持唱响主旋律，积极服务大局，正确引导舆论，在社会责任执行上，履职尽责，呈现出良好态势。

一、对党和政府的责任

传媒履行社会责任的首要内涵，就是履行对党和政府的责任，具体要求上就是要坚守党性，围绕中心、服务大局，弘扬正能量，宣传社会主义核心价值观，进行正确的舆论引导，为经济社会发展凝心聚力，谋求共识，营造良好的舆论氛围。

1. 站位高远，强化主流宣传

坚定不移宣传党和国家的大政方针。2015 年，河南日报以"全会新词热词""五个发展"为脉络，推出十八届五中全会公报图解版；推出"深入学习贯彻十八届五中全会精神""回眸十二五、展望十三五""五大理念引领发展"等专栏；推出《紧抓重大发展问题不放松》系列评论及理论专版"党的十八届五中全会精神解读"理论专版；运用多种形式对十八届五中全会进行了深入、全面的解读和呈现，有效宣传了党和国家的方针政策。河南电台新闻广播、河南电视台新闻中心、东方今报，会前精心刊播辉煌十二五成就报道，会中编播央媒重要文章，会后开设"深入学习贯彻党的十八届五中全会精神"专栏，报道河南学习贯彻的具体行动。

在2015年全国"两会"报道中，河南日报报业集团首次组建全媒体报道中心，进行信息共享、立体传播。河南日报在及时展现大会全景盛况的同时，搭建读者与前方代表委员沟通对话窗口。河南日报官方微信公众号在全国首创语音版微信播报，成为报道的亮点。河南电台以讲故事的方式，做活、做实会议报道。河南电视台在北京设立演播室，《"微"观两会》等特色化栏目生动活泼。大象融媒"飞象队"第一次参加全国"两会"报道，通过新媒体平台，首次创造性地中英文双语图文直播。

浓墨重彩做好重大事件报道。2015年9月23日至25日，李克强总理来河南考察，河南日报及早策划、统筹安排，前后方配合、多兵种作战，纸媒刊发的《大国总理握手大工匠》、官方微信推出的《10张最"强"笑容》等独家策划，阅读量、点击量和评论量都创下新高。广电全媒体，尤其是两微一端等新媒体平台在准守纪律的前提下，创新报道形式，以"回家"为主题，展示总理与河南的深厚情谊。

上海合作组织成员国政府首脑（总理）理事会第十四次会议于2015年12月14日、15日在郑州举行，这是河南政治生活中的一件大事。河南广电全媒体遵循传播规律，直通"上合总理会"，为大会的召开营造了"共赢、热烈、友好"的浓厚氛围。

2. 围绕中心，做大主题报道

围绕中心工作，营造良好舆论环境。结合河南中心工作，河南传媒创新思路和传播手段，有力服务大局，效果显著。

2015年，河南日报把"稳增长、保态势"作为贯穿全年的报道重点，特别是8月底以来，迅速响应并套红处理"省委号召"，先后刊发60多期，准确传达省委的坚定决心和工作部署，在全省上下激发起克难攻坚、团结奋进的强大力量，得到省委领导的充分肯定。

2015年，河南日报持续推出"四个全面大家谈"系列报道，全年共刊发28期。每期节目由我们的记者担纲主持，基层干部群众天为幕、地做席，围绕基层党建、医疗保障、司法改革、创业创新等大家关心的话题，畅所欲言，倾情而谈。每期节目都精心策划，把重大国家战略和基层工作、百姓生活结合起来，切口小、接地气，受到广泛关注和欢迎。所到之处，从书记市长、省市相关部门负责人到工人、农民、基层公务员都积极参与话题讨论。除在报纸刊发外，集团所属微博、微信、网站、客户端等平台都对节目置顶力推。当地报社、电视台、电台及其新媒体平台也都紧密配合，对报道进行转载转发。省、市、县媒体三级联动，同频共振，产生了巨大反响。

河南日报持续推出"一带一路　河南使命""航空港这两年""航空港观察""聚焦郑欧班列特别报道"等特刊、专栏，推出系列新闻摄影专版，彰显了党报的品格气质，全面、准确传达了习近平总书记对河南的要求与期望，叫响了"河南为丝绸之路经济带多作贡献""让中原在实现中国梦的进程中更加出彩"的指示精神，受到省委省政府领导多次表扬。

2015年上半年，省电台、省电视台在主要新闻栏目《河南新闻》《河南新闻联播》开辟"全面深化改革一年来"专栏，对我省全面深化改革重点事项进行解读，跟踪改革亮点，发掘生动的典型；搞好自身专题教育的同时，广电媒体发挥自身优势，宣传好全省专题教育的进展成效，为践行"三严三实"营造良好舆论氛围。

"新丝路　新动力"郑欧班列专题报道，河南电台、河南电视台、河南大象融媒体集团抽调精干记者，组成国内、国际两个采访组，对郑欧班列进行了全面深入的细致采访，从不同角度反映了郑欧班列运行带来的大物流、大产业和大发展的丝路新征程。

河南电视台先后推出《自觉践行"三严三实"做焦裕禄式好干部》《践行三严三实　力戒十不十欠》系列电视述评。制作播出了《践行三严三实　问责为官不为》《以"三查"促"三保"》专题；河南电台新闻广播推出系列述评《根治"十不十欠"践行"三严三实"》。映象网开设"三严三实"教育网站，充分利用三微一端、映象社区等自媒体平台，全方位、立体化报道。

3. 典型引路，弘扬正能量

榜样的力量是无穷的，2015年河南传媒积极发掘传统精神资源，强调优秀精神的传承和当代价值。同时，河南传媒着力在生活中发现凡人善举和身边感动，弘扬社会正能量和社会主义核心价值观。

2015年，河南日报发挥典型带动作用，推出长篇通讯《他走了，但从未离开——追记长葛市坡胡镇水磨河村党委原书记燕振昌》《他活在百姓的心坎上——记鞠躬尽瘁造福乡梓的乡镇干部马海明》等，亲切生动，以情感人，为践行"三严三实"提供精神标杆。围绕纪念中国人民抗日战争暨世界反法西斯战争胜利70周年、红旗渠通水50周年，河南日报刊发系列专版和长篇通讯《永远屹立的精神丰碑》，抓住关键节点，进行生动吸引人的主流价值观宣传。

河南日报积极配合省委宣传部、省文明办等组织的"践行价值观、文明我先行""文明河南、暖暖新年"等主题系列活动；常年开设"大写河南人""做文明人、办文明事""践行核心价值观""百姓身边人和事""平凡劳动者"等专栏，推出一大批先进典型和普通河南好人，在全国引起巨大反响；本着"大事大处理"原则，报道先进典型不惜版面、不惜头版、浓墨重彩、重磅力推。

河南日报刊发的通讯《"感动中国"的陇海大院》，生动讲述了发生在陇海大院里一个个温馨感人的故事，用鲜活的事例凸显"互敬互爱、互帮互助、扶残助残、扶危济困"的陇海大院精神。

《爱的奏鸣曲——关于全国先进工作者郭春鹏事迹的口述实录》，通过主人公自述、主人公妻子的诉说、学生的回忆、校长的感叹等，塑造了一个爱事业、爱学生胜过一切的基层教师形象，郭春鹏用自己的一言一行诠释了什么是责任、什么是坚强、什么是爱、什么是善良。文章用朴实无华的语言把郭春鹏的事迹娓娓道来，带给读者极大的心灵震撼。

《绚丽的青春静静绽放——探寻孟瑞鹏舍己救人的精神密码》，通过孟瑞鹏大学同学及家乡父老的讲述和回顾，重温孟瑞鹏见义勇为、舍己救人的英雄事迹，盛赞他用生命谱写的青春之歌，让人们深切感受这位心中有理想、有大爱的90后青年充满正能量的精神世界。

据不完全统计，仅2015年，河南日报及集团所属媒体先后报道的"河南好人"就有70多人，刊发相关报道200余篇。很多先进典型入选了"感动中国"人物、全国道德模范、河南省道德模范、"感动中原"人物等。

二、对读者的责任

受众是传播的重要环节，对传播致效起着决定性作用。在新媒体传播背景下，伴随着受众理念向用户理念的转变，受众之于传媒的意义更加凸显。2015

年，河南传媒继承优秀传统，面向新的传播环境，积极履行对读者的责任，彰显了较强的服务意识。

1. 提供信息服务

政务信息是党报重要信源。及时准确发布政务信息，能够体现党报的权威性，也有助于更好地履行公众服务责任。2015 年全年，河南日报共发布政务信息上千条。@河南日报微博的"政经专栏"，从省政府常务会议以及各组成部门召开的专项工作会议中选择读者需要的信息，精心编辑后奉献给广大受众。与河南省纪委联合打造的"清风中原"微信公众号，发布纪检监察工作信息、解读党纪法规、开展反腐倡廉教育、弘扬廉政文化，让全省广大党员干部接受廉政教育，增强全社会的廉洁意识，推动良好的政治生态建设。在报纸上，河南日报对有关房产、教育、社会保障等群众特别关心的政务信息，密切关注、及时发布，把更多的有用信息呈现给读者。

2. 回应社会关切

河南日报民声民情版持续通过"现场目击""眼见为实""社会视点"等栏目关注百姓诉求。河南新闻版的"记者调查"栏目，以民生政策热点或民生细节为焦点，选题关注群众日常生活中的方方面面，切合实际、切准需求。如《多方援助，盲人能否畅游网络》一稿将视角投向盲人群体，反映他们使用互联网的种种困难，呼吁社会各界更多地关心这一群体，为他们提供更多实用价廉的互联网产品。

河南日报还运用热线电话、电子信箱、热线 QQ 等多途径征集民生热点话题，并在"来函照登""基层传真"等栏目中展示读者的观点与建言，为百姓提供"发声"渠道，为群众答疑解惑。据统计，河南日报全年处理群众来信、接待群众来访 1 000 多次。批转读者来信、发河南日报舆论征询函 400 多封，对一些敏感信件及时上交有关部门，有效化解了社会矛盾，较好地回应了读者诉求，促进了一些问题的解决。

河南广电全媒体主动设置议题，相继推出《广电全媒体关注出租车遇上互联网》《广电全媒体聚焦"郑州蓝"》《广电全媒体聚焦电动车怎么了》一系列报道，互联、互推、互融、互粉，成为广电报道新常态。9 月 9 日，省政府召开省长办公会，专题研究防范和打击非法集资工作。9 月 12 日起，河南广电全媒体陆续推出《打击非法集资护航融资创新》系列宣传：公益宣传"铺天盖地"，省长点名的《双升英雄会》，率先在节目片头播出公益片花；新闻报道"解疑释惑"，各媒体，包括新媒体平台通过 H5 页面等形式传播；联合省政府金融服务办公室，共同举行"防范打击非法集资护航融资投资创新"新闻发布会。一系列回应社会关切的宣传活动卓有成效，有力促进了河南省防范金融风险工作。

3. 开展建设性监督

通过舆论监督进行守望社会，是传媒的重要功能。强调"以正面宣传为主"，并不是要回避舆论监督。在一定意义上讲，舆论监督也是"正面宣传"。

2015 年，河南日报严把导向关，坚持科学监督、依法监督和建设性监督，勇于发声，加强舆论监督报道的议题设置，提高了舆论监督报道的针对性和实效性，推出了一系列有影响的舆论监督报道，起到了发现问题、解决问题、改进工作的良好作用。在"舆论监督""民声民情"版刊发稿件近百篇，相继推出"关注法治进程维护合法权益""聚焦不作为、乱作为现象""关注农村基层医疗""土地流转中如何保障农民权益"等系列报道。许多报道如：《三门峡南站出租车管理混乱》，促进了省交通厅对各地高铁站出租车秩序的整治；《为啥治不了超载车》，推动了禹州市对超载超限车辆的整顿；《叶县老农驾车栽沟里相关各方很冷漠》，刊发后受伤老农获得 32 万元的赔偿；《流动摊贩令人忧卫生监管需加强》，刊发后郑州新区对龙子湖高校园区的周边环境和卫生秩序进行了综合整治；《请为城市美容师撑起保护伞》，刊发后新安县年老环卫工领到了生活费，改善了养老保障。

三、对社会的责任

传媒是社会结构的重要组成部门，其存在基础即社会性，通过新闻宣传承担社会责任是其应有之义。

1. 关注弱势群体

用新闻报道倡导人文关怀。2015 年 2 月 18 日，正值除夕，百余名志愿者带着 5 000 份"爱心水饺"来到郑州火车站、郑州长途汽车中心站及其站前广场，将饺子免费送给除夕仍然不能回家坚守岗位的环卫工们。河南日报于 2 月 19 日的头版，大篇幅地报道了这一关爱环卫工的善举，同时也呼吁大家关爱春节期间不能回家过年的环卫工们。

2015年6月,有一条突发新闻引人注目:来自通许县的菜农卖菜款被盗,郑州热心市民伸援手相助。河南日报反应迅速,6月25日在一版突出位置对事件的来龙去脉详细报道并配发今日社评,同日十三版焦点网谈版及时跟进归纳整理网友声音,倡导了正能量,起到了党报正确引导舆论的作用。

2. 开展社会公益活动

公益广告。2015年,河南日报报业集团和河南广电全媒体结合不同主题,刊发、刊播了一大批公益广告,有力配合了工作,带来了良好的社会效益。

爱心助学。2015年5月,河南日报的青年志愿者们与河南日报"豫米观察团"网友、多家公益组织爱心人士一起,分别来到郑州师范学院附属外语中学和平顶山市郏县薛店镇吕沟小学,面向农民工子女和农村留守儿童,开展"送安全进校园""爱心助学到基层"系列公益活动,彰显了党报的社会责任。

文明帮扶。2015年10月,组织帮扶队到文明单位结对帮扶村——巩义市小关镇张庄村开展文明帮扶工作。帮扶队一行为张庄村小学7个班级的150余名小学生发放了爱心书包和1 500多册图书。所捐实物价值折合人民币5万元。

四、对作者的责任

加强职业培训。为提升从业人员业务素养、规范从业行为,围绕集团转型发展重大课题,领导班子成员分别率团赴广东、浙江、上海、山东、四川等地十余家报业集团考察调研。在浙江大学举办两期处级干部培训班。先后邀请文化名家二月河、人民日报社高级编辑曹焕荣、省纪委研究室主任杨蕾等人到集团做专题教育辅导报告和马克思主义新闻观培训等。通过一系列学习和培训,广大编采人员进一步坚定了马克思主义新闻观,提高了业务素质水平,增加了干事创业的积极性。

保护职工权益。河南日报坚持以人为本,营造团结和谐的工作氛围和浓厚人文关怀,鼓励员工全面发展。在做好新闻采编工作的同时,大力加强精神文明建设,开设道德讲堂,提升员工精神修养与文化素养;举办经典诵读比赛,以文化人、用文育人。丰富业余文化生活,举办乒乓球赛、羽毛球赛、元宵喜乐会、摄影、书法比赛等活动,形成了领导带头参与,员工积极互动的良好氛围。

五、对出资人的责任

面对新媒体挑战，2015年河南日报报业集团和河南广电全媒体在经营上，立足自身传统优势，积极拓展多元经营，主动进行媒体融合，探求新媒体盈利模式，确保国有资产保值增值，呈现稳中趋好态势。

六、对环境的责任

2015年，河南传媒在履行环境责任方面，主要通过一系列新闻策划和报道，对环境问题进行聚焦和关注。河南广电实施的新闻策划《广电全媒体聚焦郑州蓝》，以2015年上半年郑州空气质量连续排名全国重点监控城市倒数第二为新闻由头，局属广播、电视、报纸、网站、两微一端在内的20多家媒体，分析成因、舆论监督、市民互动，相关音频、视频、文字、图片，新媒体平台总点击量超过2亿次，被监督单位、相关职能部门积极回应，部分环境问题得到比较彻底的解决。

第三节 河南传媒执行社会责任存在的问题

媒体转型力度不够。新媒体传播背景下，传统传媒面临挑战和冲击。河南传媒认识到与新媒体进行融合发展的重要性，但是在转型步伐和力度上，囿于观念、资金、机制等多种因素，媒体转型尽管轰轰烈烈，但力度不够，并没有触及深层次制约性问题，成效有限。

媒体经营能力需要提升。传统媒体盈利模式遭遇危机，亟须寻求新的赢利点和盈利模式。多元化经营是传统媒体普遍选择的有效路径，但对多元化经营的风险认识不够，传统媒体所涉产业距传媒业这一核心产业较为边缘。

新闻从业人员素养亟须提升。新闻从业人员面临能力不足的风险，面临新媒体传播环境，从业人员知识结构需要尽快完善。"走转改"作风亟须深化，受众意识需要增强。

第四节　河南传媒社会责任执行力提升路径与方法

一、坚定方向

保持正确的政治方向，是传媒立身之本。要坚守党性，自觉服从大局，在关键时候保持定力，站稳立场。要强化马克思主义新闻观教育，用马克思主义武装头脑。要发扬我国传媒的优良传统和为民情怀，全心全意为人民服务。要站位高远，胸怀全局，履行职责和使命，用传媒推动社会发展。

二、深化改革

媒体融合发展是大势所趋，传统媒体要勇于面对，勇于创新，破除机制束缚，推动媒体融合改革。要转变理念，树立互联网思维，强化用户意识。要重塑传播流程，建立适应新媒体融合传播的传播结构。要积极谋求新的传媒盈利模式，为传媒发展、履行社会责任提供经济保障。要建立起适应新媒体发展的管理机制，有效维护传媒发展的活力。

三、效果评估

效果是传播的初衷和目的，遗憾的是传播效果并没有得到重视，传媒普遍没有建立效果评估机制。传统媒体仍存在"自说自话""自娱自乐"现象，凭着感觉和想象做新闻。在新媒体传播普遍要求"用户思维"现实背景下，无视效果的传播理念和做法亟须改变。要建立传播效果评估机制，开展针对性传播，有的放矢，传媒才能更好地承担其应有的社会责任。

四、加大培训

要加大对新闻从业人员的培训力度，尽快用互联网思维武装头脑，具备融合传播能力。要强化职业素养培训，提升新闻从业人员新闻职业规范和新闻伦理水平。要引进新媒体技术人才，使传统媒体技术偏弱状况尽快得到改善，为媒体融合提供有力技术支撑。

五、践行"走转改"

新闻是跑出来的,这是规律。记者要践行"走转改",向生活学习、向实践学习、向人民学习,在实践中发现真知,在实践中考察党和政府的政策在施行过程中存在哪些问题,做好党和人民的桥梁和纽带。传播环境在变,但新闻的本质不变,就是要去生活的海洋中捕捉映射时代的浪花,做时代的引领者。

2015年,面对复杂形势,河南传媒坚守立场,履职尽责,铿锵前行。尽管成绩喜人,但问题也不容乐观。只有把握时代趋势,顺应传播规律,传媒履行社会责任才能更加游刃有余。

第8章 四川省传媒社会责任报告

唐凤英[①]

美国学者丹尼·埃利奥特说:"无论大众媒介置身于怎样的社会中,他们都对社会负有责任,而且每种媒介都要对依赖他们而获知信息的公众、团体负责任,不管是私有制媒介,还是政府所有制媒介,不管有无新闻控制存在,也不管这种控制是来自新闻机构本身,还是来自外部力量,责任都是存在的。"[②] 本研究中,主要从媒体满足公众的新闻需要、维护社会公共利益、促进社会稳定、维护公众合法权益、发挥社会监督作用,做社会的监督者等角度来探讨四川媒体履行社会责任的情况。

一、四川媒体概况

四川传媒业经过多次整合合并,目前主要由四川广播电视集团、四川日报报业集团、四川新闻网传媒集团、四川出版集团、峨眉电影集团、四川新华发行集团、四川党建期刊集团等传媒集团及辖区内其他媒体组成。在媒介融合的大背景下,四川媒体以不断提高舆论传播力、影响力、引导力为目标,在推动传统媒体转型、构建新型传播体系上进行了不懈探索,不断向传统媒体和新兴媒体互动融合方向发展。

出于对媒体资源的可接近性,和研究的可操作性考虑,本文中对四川媒体履行社会责任的探讨,主要选取四川日报、四川广播电视台作为研究对象。

二、四川媒体履行社会责任现状

近年来,四川媒体牢牢把握正确舆论导向,把提升舆论引导能力放在突出

[①] 唐凤英:四川省内江广播电视台记者。
[②] 张宏权,刘昊:《新闻媒体社会责任初探》,《新闻知识》,2012年第2期。

位置，充分发挥媒体的喉舌作用，大力宣传党的路线、方针、政策，围绕"四个全面"战略布局和全省改革发展的工作要求，努力把党和政府的声音传播好，把当代社会的主流展示好，把人民群众的心声反映好，增强传播力、公信力、影响力，以主流舆论引领和汇聚改革发展的正能量，不断提高舆论引导能力，落实服务责任，深化人文关怀，繁荣文化发展，保障新闻从业人员权益。

媒体的社会责任涵盖多个维度，涉及多个层面。本研究首先选取脱贫攻坚专题报道作为案例，通过对四川主要媒体在脱贫攻坚工程的实施过程中的责任担当情况进行分析，尽量还原媒体所扮演的角色和履行的责任。

（一）脱贫攻坚中四川媒体的责任担当

十八大以来，党中央把扶贫开发作为关乎党和国家政治方向、根本制度和发展道路的大事。四川是全国6个重点扶贫省份之一，2013年年底，每14个四川人就有1人生活在贫困线下。[①] 那么，在脱贫攻坚的特定领域和特殊时期，四川媒体是如何担当的？在发挥好传统的舆论宣传功能的同时，又是如何创新角色，拓展领域，将媒体的社会责任落到实处的？通过查阅相关文献、资料，笔者发现，在四川大力实施脱贫攻坚工程以来，四川媒体在进行常规新闻报道的基础上，不断创新思路，主动融入脱贫攻坚的系统工程中，成功实现从旁观者到参与者、组织者的转化，赋予媒体责任新的意义。

脱贫攻坚不仅是第一民生工程，更是重大的政治责任。四川媒体在相关新闻报道中均设置了专题或者专栏报道，如四川日报开设"脱贫攻坚"专栏，四川新闻网开设"四川省脱贫攻坚专题报道"，四川广播电视台除了在四川新闻中开设特别报道，也在其官网上转载了四川日报的相关报道。四川其他媒体和各市州相关媒体也都开设了相关专题，进行了大量报道。

基于媒体的不同性质和自身平台特点，传统媒体和新兴媒体的报道各有特色，在脱贫攻坚工程实施的不同阶段，其报道呈现出不同特点。按照时间的先后顺序，可以分为四个阶段。

1. 第一阶段：政策的扩音器，决策的解释者

2016年，四川计划实现5个贫困县"摘帽"、2 350个贫困村退出、105万

[①] 范英，梁现瑞，李淼：《脱贫攻坚中的媒体担当——〈四川日报〉在脱贫报道中做好四种角色的探索与实践》，《中国记者》，2016年第4期。

贫困人口脱贫。围绕这一中心任务，四川各大媒体充分运用媒体的议程设置和框架功能，展开新闻报道，进行信息传播。

2015年12月20日起，四川广播电视台在《四川新闻》推出五集政论片《使命·决战脱贫攻坚》（详见图1），从扶贫有多难，决心有多大，难题怎么接，创新有多大，如何更精准五个方面阐释四川坚决打赢脱贫攻坚战的信心与决心。

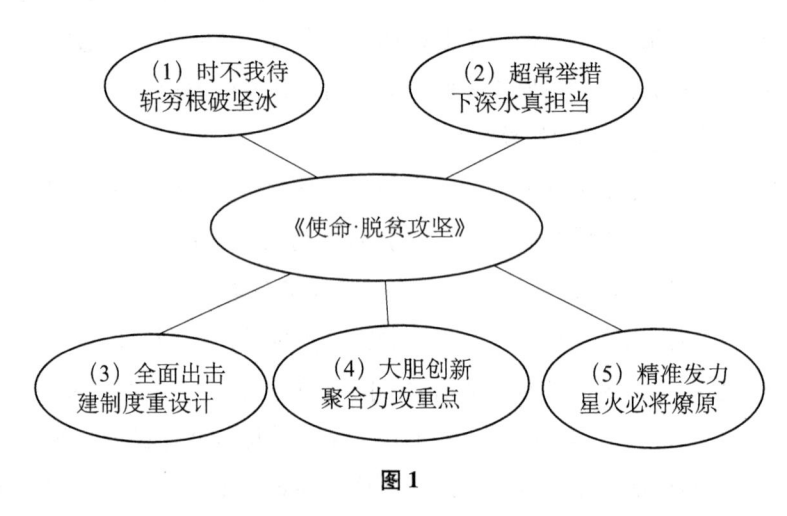

```
        (1) 时不我待           (2) 超常举措
        斩穷根破坚冰           下深水真担当

                  《使命·脱贫攻坚》

    (3) 全面出击      (4) 大胆创新      (5) 精准发力
    建制度重设计      聚合力攻重点      星火必将燎原
```

图1

2016年1月4日起，四川日报推出"决战全面小康全力精准脱贫"专栏，展现脱贫攻坚典型经验做法，关注各地各部门的务实推进举措，助推省委脱贫攻坚的决策部署落地生根。专栏开设初期，《以决战决胜的勇气打赢脱贫攻坚战》《2016四川脱贫攻坚八颗棋子落定》《脱贫攻坚成败在于精准》等报道的推出与全省脱贫攻坚工程的实施形成呼应，为相关政策的传播和解读起到了重要作用。

2. 第二阶段：凝聚群众向心力，激发社会力量

美国传播学者詹姆斯·凯瑞提出传播的仪式观，强调传播本身就是仪式和神话，是共同信仰的表征，不是空间上的信息传递，而是时间上对社会的维系，是创造、修改和转变一个共享文化的过程。[1] 四川媒体在对脱贫攻坚进行报道的过程中，表面上是对相关事实进行报道传播，这些报道本身也是一种仪

---

[1] 刘胜枝：《仪式观视野下的情感调解类节目——〈谁在说〉栏目的文化传播学分析》，《现代传播》，2014年第2期。

式。通过这些仪式,四川人民的心紧紧凝聚在一起,越来越多的社会力量也被激发出来。

有研究认为,当前,社会力量对脱贫攻坚积极性不高的原因包括以下几个方面:一是对贫困的情况了解不够,不愿做;二是担心慈善资金被滥用,不敢做;三是缺乏进入渠道,不能做(范英,梁现瑞,李淼,2016)。针对这种情况,四川媒体坚持用事实说话、以真情打动人、以平台吸引人,全方位多角度地搭架社会信任的桥梁,激发社会力量参与到脱贫攻坚中来。

例如在实施精准扶贫的过程中,不少地方将它与"众筹"结合起来。对这种创新做法的实时报道不仅有助于方式方法的推广,对活动本身的开展也能起到很好的促进作用。四川日报推出《广元创新开展党员精准扶贫"众筹"活动 739个贫困村获注资逾2000万元》报道后,省内不少市州的贫困村都开始将"众筹"应用到精准脱贫中。

四川日报推出的《解读四川社会扶贫专项方案:变"独角戏"为"大合唱"》《脱贫攻坚的四川合力》《我省全面启动"十三五"脱贫攻坚规划编制》等报道也对群众向心力的凝聚起到了很好的作用。

3. 第三阶段:推广攻坚路径,引导精准发力

当前,脱贫攻坚已进入啃"硬骨头"、攻坚拔寨的冲刺时期,要攻克农村贫困"面宽、量大、程度深"这一难题,扭住精准是关键。那么,媒体如何才能实现精准报道,做到媒体责任不缺位?

作为社会公器,媒体拥有强大的话语权。借助平台和资源优势,四川媒体一方面将外部精准扶贫的成熟经验引进来,为省内脱贫攻坚提供借鉴和参考;同时深入基层,挖掘基层的经验做法,从下而上推广脱贫攻坚路径。

如眉山市"七到户四托管三转移"精准扶持模式、屏山县"三比三看九不评"精准识别法、利州区"三千干部包万户"干部驻村帮扶机制等有推广价值的做法,很多都是经过《四川日报》发现总结、引导传播,成为全省推广的成功经验。达州召回241名不合格"第一书记"的做法经报道后,在全国也引起很大影响。2014年,"扶贫四川"新闻版曾报道过《通江探索整村扶贫:一个企业"托"起一个穷村》,较早总结出"企业包村"模式,不久后,万达"包县扶贫"、企业包村等概念火遍全国。

4. 第四阶段：完成角色转换，参与脱贫攻坚

脱贫攻坚是一场没有硝烟的战争，媒体作为一支重要的社会力量，自然不能置身事外。近年来，四川媒体从之前对公益事业的一些常规报道，焦点关注到进行社会监督，转变到直接参与、组织甚至主办扶贫公益活动。

2015年10月，四川日报社携手四川省农业厅、四川博览事务局、四川省扶贫移民局等举办第二届西部电子商务发展高峰论坛，以"农村电商打开想象"为主题，聚焦电商如何精准助力扶贫。论坛为贫困地区与知名电商企业的对接搭建了一个良好平台。四川9个贫困县入选全国电商扶贫试点县，试点项目由苏宁云商携手国务院扶贫办共同打造推进。四川本土电商龙头企业天虎云商也在论坛后入驻多个贫困县开展电商扶贫探索。

四川"十大扶贫好人"评选表彰活动，也是四川媒体参与脱贫攻坚的一次积极探索。该活动由四川省脱贫攻坚领导小组办公室指导，四川日报牵头组织。

作为四川省"扶贫日"一项特色亮点活动，通过评选寻找在四川定点扶贫、东西扶贫协作和社会公益扶贫中作出突出贡献的个人，该活动在全省范围内成功营造出了扶贫济困人人皆愿为、人人皆可为、人人皆能为的良好氛围。截至目前，该活动已经成功举办两届，在线上投票、线下评审的过程中，活动深受广大市民欢迎，也在其他媒体中引起强烈反响，首届活动就有近百家主流媒体关注、转载，百度搜索词条近百万，受到四川省脱贫攻坚领导小组办公室的大力赞扬，也获得国务院府扶贫办肯定，成为四川建立探索扶贫荣誉激励制度的成功尝试。2016年，第二届"四川十大扶贫好人"暨首届"四川十大扶贫爱心组织"评选表彰活动的顺利举行，使这一活动有望成为四川社会扶贫一个长期的公益品牌。

除了川报，其他媒体也在这方面进行了尝试。2016年9月，由四川省纪委、省委宣传部、省监察厅、省新闻出版广电局主办，四川广播电视台、省纠风办联合承办的"阳光政务凉山行"活动在西昌举行。州级相关部门负责同志值守该期《阳光政务》政风行风热线，与广大听众在线交流凉山脱贫攻坚工作开展情况。

在一个小时的节目直播过程中，共有来自凉山州德昌、喜德、布拖、西昌等县市的六位听众打进热线电话，了解脱贫攻坚工作相关情况，反映自身困难

问题，咨询相关政策咨询。相关领导认真倾听、仔细记录听众的诉求，并与州级相关部门负责人耐心解答相关问题，对拉近政府与人民的距离起到了积极作用。

（二）四川媒体其他方面责任执行情况

上述分析主要是从媒体作为社会公器，如何发挥党、政府、人民喉舌作用的视角进行解读。随着媒介融合的深入推进，传媒集团化成为四川媒体发展的一大趋势，媒体的产业属性日益凸显，对媒体其他方面责任履行情况的探讨就变得十分必要和重要。

利益相关者理论认为，任何企业生存和发展都是利益相关者共同治理的结果。企业社会责任作为公司治理的重要内容，其实现机制的建立也理应与利益相关者密不可分，应发挥利益相关者在其中的作用，构成利益相关者共同治理模式。

从这个意义上讲，传媒集团若想要获得良好的可持续发展，应当将其利益相关者纳入考虑，充分履行对各相关者的责任。笔者认为，传媒产业的利益相关者除了政府、受众，还有股东、新闻从业人员（员工）、社区、环境等。

1. 遵守职业规范责任

抓好行业自律，是完成新闻宣传任务、履行社会责任的重要保障。四川媒体始终要求新闻从业人员严格遵守职业规范，不断提高法律意识、纪律意识和职业道德素养。

始终坚守新闻真实的生命线，教育引导新闻从业人员树立正确的新闻价值观，增强社会责任意识，提升职业道德水平，维护新闻工作的崇高社会声誉和新闻工作者的良好社会形象。2014年，省内媒体结合实际持续深入开展"三项学习教育"和"走转改"活动等，进一步严格制度流程，规范采编人员行为。

严格规范互联网信息使用，严禁记者将网络线索直接当作新闻素材，严禁直接抄袭、引用网络稿件，严禁使用低级庸俗的网络信息，要求对网络热点问题进行理性分析和积极引导。

同时，省内各级电视台还深入开展绿色频道（频率）创建活动，对播出的电视剧、综艺类节目进行严格审查、把关，坚决避免为了追求收视率、收听率而播出宣扬色情、暴力和荒诞情节的节目。并认真贯彻执行新的《广告法》，主动清理各种违规广告，特别是违规药品广告，广告播出日益规范。

2. 保障新闻从业人员的权益

传媒事业要发展，人才队伍是关键。为加强新闻从业人员的权益保障工作，强化新闻从业人员责任意识，四川各大媒体多管齐下，在人才培养、培训，保障新闻记者采访权监督权，畅通新闻从业人员沟通渠道等多个方面落实政策、强化举措，取得实效。

近年来，四川日报全面推进人才"双通道"建设，在原有单一的行政管理岗位之外，设置与其待遇相当的业务岗位，逐步在专业技术领域形成梯级上升的通道。据统计，截至2014年年底，四川日报重要业务岗位序列共有首席记者、首席编辑、首席评论员、主编共28人，其中获得"集团突出贡献专家"3人、"集团业务拔尖人才"10人、"集团青年拔尖人才"9人。越来越多的新闻业务骨干在重要业务岗位上发挥作用，充分实现了自我价值。为发挥新闻从业人员先锋带头作用，报社还每月评选先锋记者、明星编辑，设立了每周、月度、年度新闻奖。据不完全统计，2014年度共计评选出400多篇优秀新闻作品，极大地鼓舞了新闻采编人员的创作热情。同时，四川日报还通过完善人才培养方式，搭建业务交流平台，激发新闻从业人员工作的积极性，多方面保障他们的合法权益。

3. 履行对环境的责任

随着雾霾等环境问题的日益凸显，环境新闻无论在质量和数量上都有提升。四川媒体通过各种手段加大环保传播力度，积极倡导构建和谐社会、营造美好地球环境，全面报道省内各级政府所采取的各种环保措施及取得的成效，揭露和抨击各种严重污染环境、浪费和破坏资源的行为，密切关注、充分报道省内环保动态，促使了一些环境资源问题有效解决，极大地推动了全省环保事业的发展。

4. 履行公益责任

公益是媒体社会责任的重要内容。近年来，四川各大媒体都在探索不同的公益路径。以笔者供职的内江广播电视台为例，一是加强公益宣传，开展公益活动。全年共播出公益广告3 600余条（次），内容涉及公民道德建设、廉政建设、创文明城市、消费者权益保护、环境保护等诸多方面；我台与市残联联合开办的公益栏目《共拥蓝天》成为名牌栏目，深受残疾人欢迎；建立了志愿者队伍，经常参加社区公益活动。承办了内江市首届"美德少年"主题评选活动，并组织职工自发为"自强美德少年"潘鑫捐款近万元；我台新媒体中心联合团市委主办的"内江爱心志愿者协会"发起为烧伤患儿吴杉杉捐款活动，得到网友踊跃响应，共为患儿筹集捐款18万元。与市城管局共同承办德耀城管大型活动，彰显了美化城市的城管人的良好形象，得到现场观看的市委杨松柏书记的高度肯定。二是开展惠民服务活动。现台里播出的寻人、寻物及失物招领启事一律免费，共播出各类免费启事165条，为许多市民提供了有效帮助。新闻广播开设了"主播帮帮忙"节目，为市民提供免费咨询服务，受益群众354人次。

与此同时，我台还与内江市交通局、运管处、交警支队联合主办了"1027爱心送考"大型公益活动，2014年至2016年，共组织2 000多辆爱心送考车，在高考期间，免费接送考生3万多人次。爱心送考活动得到相关部门的充分肯定和社会各界的普遍赞誉，2016年被内江市委宣传部、市精神文明建设办公室评为"内江市优秀志愿服务品牌"。

三、改进措施和努力方向

进一步增强政治意识。要继续牢牢坚守媒体社会责任，牢固树立政治意识，坚持正确的舆论导向，围绕中心，加大主题宣传，加重民生报道，遵守国家法律法规，发挥社会效益，不断提升内容品质，不断巩固壮大积极健康向上的主流舆论。

进一步提升引导力。不仅要肩负起主流媒体的舆论引导使命，同时又要广泛采用新颖、活泼的形式，通过精心的新闻策划和灵活的议程设置，使得报道既具严肃性和权威性，又不失可读性，在践行社会责任的同时，在社会公众心中形成负责任的媒体形象。

进一步提升融合力。要加快推进传统媒体与新兴媒体融合发展，提升采编全流程全媒体的专业化水平，传统媒体与新媒体在社会责任建设过程中取长补短，互相配合，共同推进我国媒体社会责任发展的进程。传统媒体利用其舆论引导方面的能力和作用，捕捉热点，筛选新闻资源进行报道分析，旗帜鲜明地表彰先进，鞭策落后，通过多角度进行深层次的全景描述，强调报道的权威与深度，引发社会理性思考判断。新媒体则通过其时效性与交互性的特点，更多地与公众沟通，在多元化的基础上实现了参与式互动交流。

进一步提高服务力。坚持以人为本，继续在服务大局、服务群众上下功夫。通过生动而有技巧的讲述，寓教于乐、潜移默化地推广社会价值观和积极的生活方式，确保提供内容精良丰富多样的传媒产品，满足读者的消费需求，为群众提供更及时、更全面的服务。

进一步增强凝聚力。结合传媒格局新变化与媒体发展新要求，进一步修订完善新闻宣传管理工作流程和规定，理顺采编运营管理，并针对岗位类型制定较合理的绩效考核体系，不断完善员工特别是采编部门员工的激励机制，切实维护员工权益，增强创新活力，从而提高队伍凝聚力，形成科学规范的制度体系和工作机制。

第9章 云南省传媒社会责任报告

刘 敏[①]

云南省作为西部边陲省份，与沿海发达地区相比较，并不具有较多全国影响力的大众媒体。但是从1999年到2009年，昆明作为中国报业十大战场之一，昆明都市类报纸的品牌混战至今留存于媒体人的记忆中。应该说，云南省传媒总体起步稳健，发展迅速，现已趋于稳定。一方面云南各家媒体在世事变幻的传媒市场中迎风破浪，追求经济利益和社会效益的双赢；另一方面云南媒体依托云南民族文化大省的资源优势，突出优势，亮出特色，为展现云南的全面发展加油助威。

云南媒体大体以云南日报报业集团、云南广电传媒集团、云南出版集团形成了传统媒介——报纸、广播电视、图书出版的全方面覆盖。云南日报报业集团拥有"11报4刊2网站"的规模最大、覆盖面最广、影响力最强的云南新闻媒体集群，是党的舆论阵地和主流媒体。2009年12月18日，在此基础上成立了云南报业传媒（集团）有限责任公司，标志着云南文化体制改革又迈出了重要的一步。云南广电传媒集团下辖广告事业部以及十八家公司，形成了以全媒体广告经营、以电视购物业务为主的销售业务、以影视剧制作为重点的内容制作业务、地面无线数字电视业务、以IPTV为代表的新媒体业务、房地产业务六大业务板块为核心的战略方向。云南出版集团现有子公司19家，其中有五家图书出版社，四家音像电子出版社，一家教材出版中心、三家网络出版机构。大中型书城50个，发行网点430多个，覆盖全省16个州市129个县区。在出版图书、广播电视发展方面，以2014年为例，出版图书6 958种，15 307万册；杂志127种，4 000万册；报纸63种，6.14万份。2014年广播电视业发

[①] 刘敏，东北财经大学管理学博士生，云南警官学院学报编辑部副教授；研究方向：公安舆情、旅游体验、新媒体研究。

展情况为：广播电视台电台 10 座，职工人数 1.91 万人，广播人口覆盖率为 96.5%，电视人口覆盖率 97.48%。"十二五"期间，中国电影事业进入了全面高速发展的时期，云南电影也跟上全国步伐，所有县级城市实现数字影院建设全覆盖，2015 年年底全省影院达到 205 家，票房收入达到 6.64 亿元。同时，2015 年 3 月，经我局批准成立了云南本土的电影发行公司——云南千众电影院线有限公司，弥补了我省电影产业链上"发行"这个环节。云南省媒体在产业转型与体制改革进程中迎接着新媒体的融合发展①，期待着蓄势待发。本文将选取不同媒介形态的媒体，分析云南省媒体在社会责任方面的现状、问题及改进路径。

第一节　发挥舆论导向培育主流价值观

《云南日报》是中共云南省委机关报，属于党报范畴。创刊 66 年以来，始终遵循"权威资讯、主流思想、大众心声"的办报宗旨，坚持按照党的新闻宣传工作路线方针政策办报，坚持把握正确的舆论导向，为云南省的经济社会稳定营造舆论氛围。2013 年 1 月，云南日报实施了新一轮改版改革，在报纸的内容建设、形式创新、流程管理、媒介融合等方面实现了新的突破，报纸的影响力和传播力进一步增强。本节以 2015 年云南日报的刊载内容进行总结归纳如下②：

一、做好中央精神讲话等的主旨宣传工作

高举旗帜，引领导向，全面宣传贯彻落实习近平总书记系列重要讲话精神和考察云南重要讲话精神为主线，着力做好重大主题宣传。先后开设"闯出跨越式发展路子""建设民族团结进步示范区""争当生态文明建设排头兵""建设面向南亚东南亚辐射中心"等近 30 个相关子专栏。围绕各个重点主题，先

---

① 云南千众电影院线有限公司 http://www.topmov2015.com/。
② 《云南日报社会责任报告（2015 年度）》http://news.xinhuanet.com/zgjx/2016-05/26/c_135375390.htm。

后策划采写了一大批重点稿件,如《"辐射中心"引领云南双向大开放》《云南迅速掀起"五网"建设高潮》《"天路"让藏乡不再遥远》《云南白药:创新出彩的老字号》等。配合主题报道推出系列重要评论,如"纵论闯出一条跨越式发展的路子来"系列"南耀平"署名文章、"十论认真学习贯彻习近平总书记考察云南重要讲话精神"系列评论员文章等,切实将这项重大主题宣传推向深入。

二、重点策划强化主流舆论引领工作

2015年是抗日战争70周年纪念日,云南日报开展了一系列跟滇西抗战相关的主题报道,突出云南特色,强化全媒体融合报道方式。在强化主流舆论引领的同时,持续做好评论言论、理论宣传工作。云南日报进一步加强评论言论工作,高扬党报言论旗帜,在重大问题、关键节点、热点事件上及时发声,拓展主流舆论空间,抢占舆论引导制高点。先后采写刊发了"三严三实"和"忠诚干净担当"专题教育系列谈、"奋发有为实现云南经济跨越发展"系列述评等大量重要的评论文章,配合重大主题宣传,旗帜鲜明发出主流声音,有力有效引导舆论。

三、策划人物宣传报道,弘扬社会主义正气

发挥纸质媒体深度报道的优势特点,云南日报延续做好典型人物宣传报道的经验,继续做好重大典型人物的发掘、报道工作。同时抓好"最美人物""云岭楷模"等不同层次的人物报道,以深入"走转改"为基础,以弘扬社会主义核心价值观为取向,在典型人物的宣传报道上不断探索新的思路、新的方法,努力把典型人物报道做成云南日报新闻产品的一个响亮品牌,成为加强主流媒体舆论引导能力建设的重要载体。继续深入做好高德荣精神和事迹的宣传报道,先后刊发高德荣系列小故事近40篇,再次以生动故事的形式,让高德荣的精神进一步深入人心。同时,深入挖掘推出了促进民族团结进步的好干部、西双版纳州原州长召存信等重大典型人物报道,在全省乃至全国引起关注,大力弘扬社会主义核心价值观。

本文截取《云南日报》2016年5月16日至5月22日的头版新闻标题进行内容分析,不包括标题新闻和新闻导读。

时间节点	标题内容
2016.5.16	坚持开展"两学一做"坚决打赢脱贫攻坚战（专题新闻） 奔涌的红河河流（通讯） 工业经济稳步增长（经济新闻） 双江县抓实教育精准扶贫（文教新闻）
2016.5.17	在沿边开发开放中奋勇争先当好表率（经济新闻） 做强优势产业助推脱贫攻坚（经济新闻） 坚定不移推进供给侧结构性改革在发展中不断扩大中等收入群体（专题新闻） 全省烤烟移栽全面完成（经济新闻） 李纪恒会见国防大学校长张仕波（政治新闻） 李纪恒陈豪会见司法部部长吴爱英（政治新闻） 全面深化改革是党中央治国理政重大战略抉择（政治新闻）
2016.5.18	结合中国特色社会主义伟大实践加快构建中国特色哲学社会科学（专题新闻） 我省召开第四轮禁毒防艾人民战争动员大会（社会新闻） 因边而谋因边而兴（通讯） 买买提江·托乎尼牙孜同志先进事迹报告会在滇举行（文教新闻） 为沪企入滇发展营造优质高效营商环境（经济新闻）
2016.5.19	发挥功勋荣誉精神引领典型示范作用推动全社会见贤思齐崇尚英雄争做先锋（专题新闻） 扎扎实实做好重要信访案件化解工作（社会新闻） 建设具有优势竞争力的跨国集团（经济新闻） 共推云南信息化和信息产业发展（经济新闻） 聚焦云南沿边开放报道广受关注（社会新闻） 大理州全力做好抗震救灾工作（社会新闻）
2016.5.20	推进国际合作共享美丽云南——旅游高峰会（经济新闻） 写好七彩云南精彩故事（经济新闻） 省政府召开第86次常务会议（政治新闻） 全省"两学一做"学习教育扎实开展（专题新闻） 闯出一条国企转型升级的新路子（经济新闻） 陈豪会见绿地集团董事长张玉良（政治新闻） 陈豪会见上海市政协副主席方惠萍（政治新闻）
2016.5.21	坚定改革信心注重精准施策提高改革效应放大制度优势（专题新闻） 为企业松绑减负为双创清障搭台（经济新闻） 我省与华中科技大学签署战略合作协议（文教新闻） 努力实现"瘦身健体"提质增效（经济新闻） 南亚东南亚国际传播人才培训中心成立（文教新闻） 上海28家三级医院对口帮扶我省28家贫困县级医院（文教新闻） 泰国顶尖品牌展将亮相南博会（专题新闻）

续表

时间节点	标题内容
2016.5.22	首列高铁动车抵达昆明（社会新闻） 齐心闯出致富路（通讯） 我省全面推进农田水利基本建设（经济新闻） 云南能投集团获颁首张配网牌照（经济新闻） 稳增长优者奖不力者惩（经济新闻） 钟勉访问孟加拉国和印度（政治新闻） 云南省经济社会大数据研究院挂牌成立（经济新闻） 滇缅媒体共话合作发展（经济新闻）

以上截取内容我们可以看出作为一家党报，《云南日报》始终坚持把握正确的舆论导向，坚持以团结稳定鼓劲、正面宣传为主的原则，围绕中心、服务大局，勇于担当、履职尽责，全力做好新闻宣传工作。一是与中央各项政策保持高度一致。以专题形式开展对习近平总书记若干讲话精神和"两学一做""南博会"等相关内容进行报道，发挥意识形态与社会主义主流价值观的导向作用。二是反映全省经济政治发展现状。围绕云南省经济和产业结构发展，以及全省时事政治重点工作进行报道，为全省经济平稳健康发展和社会和谐稳定营造良好的舆论氛围。三是社会新闻和文教新闻成为政经新闻的补充和亮点，全面反映了全省各项社会发展的综合面貌，同时也彰显了遵守国家法律法规，发挥社会效益的主旨。四是让事件通讯发挥深度报道的延伸功能。通过通讯体裁这种报道形式，全面勾勒某个地区的经济政治，或者白描某个人以求得"以小见大"，从而包含一个有深度的调查，形象生动的描述，为事件的预期关系进行探求和追寻。例如"齐心闯出致富路""因边而谋因边而兴""奔涌的红河河流"三篇通讯勾勒了云南边疆城市的经济现状和发展策略。

第二节 共抓质量效益和经济效益

云南出版集团成立于2005年1月，是经省委、省政府和原国家新闻出版总署批准组建的省属大型国有独资文化企业集团，归口中共云南省委宣传部领导，云南省财政厅代行出资人职责，并实行财务关系单列，云南省新闻出版行政部门实行行业管理，经云南省人民政府授权对其所属成员单位的经营性国有资产（含国有股权）行使出资人权利，并相应承担保值增值责任。2009年12月23日，经云南省文化体制改革领导小组批准，集团公司总部及所属9家单位进行了经营性文化事业单位转企改制。集团现有子公司19家，其中全资子公司13家，控股子公司3家，参股子公司3家，三级及以下公司82家，大中型书城50个，发行网点430多个，覆盖全省16个州市129个县区，在北京等地建立了出版发行机构，并积极向新加坡、马来西亚和缅甸等东南亚国家拓展市场。有报纸2种、期刊10种，其中，《云南信息报》《漫画派对》已成为年收入上亿元的品牌报刊。①

一是确保国有资产保值增值实现效益最大化。云南出版集团现今从出版、印刷、发行、传媒、文化地产五大方面进行发展，而出版业始终为其根基，做精做强印刷产业，全面改善经营管理，提升国有经济竞争力和经济效益，确保国有资产保值增值。根据国家新闻出版总署的通报，在全国146家出版产业集团总体经济规模综合评价排名中，云南出版集团由2011年的12位跃居到2014年的全国第3位，总收入、利润、资产总量均取得了历史性的突破。二是提升出版图书的思想价值和学术水准。2015年第22届北京国际图书博览会（BIBF）上，云南出版集团所属单位云南人民出版社继2013年后再次进入2014中国图书世界馆藏影响力出版100强行列，在全国近600家出版社中位居第59位，比2013年提升了12位。中国图书世界馆藏影响力调查由中国出版传媒商报、中国文化走出去协同创新中心、中国文化走出去效果评估中心、中国图书进出口（集团）总公司联合组织，每年公布《中国图书世界馆藏影响力调查报告》及出版社排名，已连续开展4年。该调查基于世界图书馆收藏中文图书的书目数据，对中国图书的世界影响力进行研究和分析，是对中文出版物所具有的思想价值、学术水平的检验，是中国大陆出版机构知识生产水平高低的体现，也是中国出版国际影响力的核心指标之一。因此，"中国图书世界馆藏影响力"被业界视为评价中国图书"走出去"核心指标之一。评选是根据对中国大陆近600家出版社2014年全年出版的新品种（含2014年再版）的46 359种中文图书进行监测和分析，选出2014中国图书世界馆藏影响力百强排名。此次云南人民出版社再次进入百强，体现了世界图书馆系统对云南人民出版社图书的思想价值、学术水平、文学水

---

① 云南出版集团有限责任公司简介 http://www.ynpublish.com/Company/Intro。

准及作者知名度、出版社品牌等的认定和肯定。近年来，云南人民出版社加大力度贯彻由数量规模型向质量效益型转变的发展思路，加强了优势板块的建设力度和重点项目的打造，确立了基础板块、战略板块、创新板块齐头并进的突出出版主业发展格局，进一步凸显了发展势头，综合实力进一步得到提升。同时，加大了自主策划力度，策划推出了《中国反腐倡廉历史文化丛书》《云南廉政文化丛书》《中国彝族大百科全书》《中国边疆跨境民族》《云南少数民族古籍珍本集成》《新编剑桥印度史丛书》《云南文学丛书》《滇云八年书系》《旧版书系》等拳头产品，在业内引起广泛关注。

迄今，数字化时代下的出版环节中，出版商、著作权人、网络运营商之间的授权过程缺乏法律法规的保护，在知识产权战略中面临着巨大的挑战。在保护作者知识产权的同时，要更加重视数字版权的问题对出版行业带来的挑战。此外，对于传统媒体的态度，不是摒弃，而是创新和另辟蹊径。借鉴国外经验，从媒体平台化、媒体社交化、媒体数据化等进行创新，发掘出版行业的新兴产业链。这对于编校人员也提出了巨大的挑战，新媒体化时代要成为分析家、智者、战略家，而不只是新闻或图书采编者。

第三节　加速技术更新满足用户需求

云南广电网络集团有限公司是经云南省委、省政府批准于2009年12月挂牌成立的省属国有重要骨干企业，是云南省唯一经营、管理、建设全省有线电视网络的多媒体综合信息服务运营商，是全省数字电视产业的市场运营主体。目前，云南广电网络集团公司下辖15个州市分（子）公司及100个县级支公司，网络服务覆盖全省城乡4 000多万人口，有线无线在网用户700多万户。在传统的广播电视网络的投入和运营方面，集团公司紧紧抓住国家加快推进三网融合和云南民族文化强省建设的机遇，加快推进我省有线电视数字化进程，加快大容量双向交互改造力度。[1]

---

[1] 云南广电网络集团有限公司简介 http://special.yunnan.cn/feature13/html/2016-03/16/content_4231592.htm。

一、加快有线电视为数字化改造工作

根据国家有线电视数字化改造进度的总体安排，2015 年全国将基本完成有线电视的数字化改造。从 2006 年起，云南广电网络围绕这一目标，在不断扩大基础用户规模的同时，稳步推进全省有线电视数字整转工作。截至 2014 年年底，全省用户规模达到 700 多万户，其中有线电视用户 540 万户，直播卫星户户通用户 166 万户；同时，数字电视整转快速推进，数字化改造率由 2009 年的 46% 提升到 2014 年年底的 97%，云南广电网络集团将在 2015 年按照国家的目标要求，全面完成全省有线电视数字化改造。

在乡村执行政府实施的广播电视"户户通"工程，认真研究扩大有线数字电视覆盖、做好"户户通"维修网点建设管理和走出国门发展广播电视的问题。充分解决农村群众看电视、看好电视的问题，让广电网络真正成为连通千家万户的最普及的信息工具和最经济便捷的文化传播载体，成为传递信息、传播文化、传载文明的主渠道、主平台，成为党和政府联系广大人民群众的互通网、连心桥；为培育云南战略性新兴产业、促进云南经济发展方式的转变做出努力。云南省 1~7 月份农村公益电影放映场次经放映监管平台 GPS、GPRS 系统统计并审核确认，共计放映 100 191 场次，完成目标任务 65.74%，观众人数 1 289 万人次。

二、媒体信息服务呈现多元化趋势

在互联网快速发展的今天，媒体信息服务业总体呈现出渠道多元化、终端多样化、业务融合化等特征，用户需求多元、多样、多变。面对新的发展形势，集团在基本完成"模拟转数字"的基础上，正朝着"标清变高清""单向变双向""一屏变多屏""看电视变用电视"的业态和服务提升，使集团的视频服务能够面向更广泛的用户和终端，提供更丰富的内容和业态，形成更高的覆盖率、更强的传播力和影响力。一方面为用户提供无缓冲和马赛克的真高清视频和音效，另一方面提供海量容量的电影大片和最新电视剧、同步课堂、家庭实感游戏等各类节目内容。按照互联网未来发展趋势，集团通过积极构建下一代广播电视网（NGB），推动高清互动电视、宽带互联网接入、智慧家庭、智慧酒店、智慧城市等各个业务板块的协同发展，将为云南文化产业的腾飞注入新的活力。

第四节 担当社会责任，倡导和谐社会

云南网是云南省唯一重点新闻网站，是云南互联网新闻宣传的总平台，对外宣传的总窗口。其拥有云南日报报业集团十一报四刊三份手机报的媒体资源，与云南日报、云南人民广播电台、云南电视台形成传统媒体与新兴媒体结合的"一报两台一网站"的云南省级四大主流媒体格局。网站通过自身强大的复合传播力，以迅速、灵活和高效的信息发布机制，第一时间内满足公众知情权，确立了云南网作为云南省突发事件新闻信息的第一发布者的媒体地位。云南网始终关注公益事件的报道，不仅为爱心救助提供捐助平台，而且还对关于公益慈善的政策法规等进行普及和宣传。近期由新闻网记者报道的公益新闻《爱心涌动云南林业职业技术学院学生患白血病获爱心捐款》（2016.8.31 记者彭锡），一经刊登在云南网主页上，各大媒体随即进行了转载，例如，凤凰财经、网易新闻、今日头条、华龙网、搜狐、昆明信息港等媒体发布了患病学生的近况以及获得捐款的好消息。本文以关键词"新闻网讯 + 慈善"在"云南网"主页上进行搜索，得出783条由云南网记者撰写的与慈善活动相关的新闻。由于内容繁杂，时间跨度较长，现截取近三个月（2016年6~8月）的内容进行分析，并过滤重复和题文不符的新闻，共计15条。其中，捐款救助6条，公益企业软文2条，慈善活动7条。大多数内容归类于"社会热点"子栏目。

题目	时间	栏目
做有社会责任感的企业——访爱尔眼科云南区CEO 龚永祥	2016-06-08 20：27：32	财经频道/省内新闻
幸福也许来得晚 但是我们等得到"看照片讲故事"点赞身边的感动	2016-06-13 09：50：26	网站专题/看照片讲故事
云南网情牵寻甸贫困小学筹集近2万元物资献爱心	2016-06-30 17：41：42	社会频道/社会热点
"奔跑的天使"慈善基金启动以来共93名贫困患儿得到救助	2016-07-07 22：09：23	社会频道/社会热点

续表

题目	时间	栏目
"飞越彩虹民族文化传承周"在昆启幕300孩子献童声合唱	2016-07-18 09:13:49	教育频道/中小学
昆明索菲特大酒店联手公益机构举办慈善手绘午宴	2016-07-19 11:49:54	社会频道/社会热点
云南失独家庭志愿团队到临沧贫困山区献爱心	2016-07-19 13:46:58	社会频道/社会热点
云南保山9名贫困先心病患儿获免费手术救助成功	2016-07-21 16:41:01	社会频道/社会热点
云南青基会先心病生命救助计划项目启动	2016-07-23 12:03:11	社会频道/社会热点
云南140名希望小学师生走进"三星梦想课堂"	2016-07-26 09:12:27	教育频道/中小学
一路阳光助飞翔	2016-08-17 16:29:52	财经频道/保险/阳光人寿
云南省慈善会系统学习贯彻《慈善法》培训会在昆举行	2016-08-18 23:13:25	云南频道/经济民生
中国狮子联会云南会员管理委员九支新队今日在昆成立	2016-08-20 22:34:47	社会频道/社会热点
助力慈善"品质会友"传统月饼手工艺品鉴之旅启航	2016-08-21 14:16:48	社会频道/社会热点
爱心涌动云南林业职业技术学院学生患白血病获爱心捐款	2016-08-31 22:13:33	社会频道/社会热点

从贫困地区捐款，到个人患病受助；从突发事件伸手相助，到日常生活中的扶危济困，云南网致力于吸纳云南省相关职能部门、公益机构、民间组织入驻，聚集全省公益力量，调配公益资源，广泛开展慈善捐助、扶贫帮困等爱心活动。云南网作为云南知名的网络媒体，发挥其动态展示和快速传播的优势，汇聚公益力量，吸纳更多社会资源参与慈善和践行公益事业，承担媒体的社会责任，不仅惠及广大弱势群体，并且助力倡导全民公益的社会新风尚。

第五节 借民族文化东风打造民族出版物

云南文化产业改革力度加大，文化事业蓬勃发展，在西部地区位列前茅。

积极有力的文化产业为云南少数民族出版物的蓄势待发提供了政策保障,云南民族文化在公共文化服务建设、少数民族语言出版物、少数民族题材影视剧等方面得到体现。

一、立足省情加强国际合作

云南省委宣传部下发《关于促进云南影视发展若干政策规定的通知》(云宣通〔2016〕7号)中规定了加大云南影视发展的财政扶持力度。其中主要用于每年扶持2~3部云南少数民族题材、历史文化题材、重大现实题材的重点电影电视剧。云南广电传媒集团下属影视公司联合摄制不同题材的电视剧近二十部,获得了良好的经济效益和社会效益。其中,《中国远征军》荣获中国电视剧"飞天奖"三项大奖,《杨善洲》获得飞天奖长篇电视剧二等奖,《血战长空》市场热销,《刀影》获得上海SMG新闻综合频道全年收视贡献奖第二名,《护国大将军》获得"云南广播电视奖2011年度优秀影视剧奖",中缅合拍电视剧《舞乐传奇》(原名《骠国舞姬》)更是书写了建设云南文化"桥头堡"和云南影视走向国际合作的第一页,受到国务院新闻办、国家广电总局、省委省政府和中国驻缅大使馆的高度关注。

二、讲自己的故事传播民族文化

云南省少数民族众多,民族文化多样,因此云南省新闻出版广电局和省内各图书、音像、电子出版单位充分利用云南省的边疆、民族资源优势,打造了一批滇版精品出版物,在国家出版层面绽放异彩。2015年国家出版基金资助项目考评结果显示,云南人民出版社《中国西部民族文化通志》和《岭南民族源流史》、云南音像出版社《声动云南——云南二十五个世居少数民族音乐传承与保护项目》(第一阶段),三个项目获评"优秀项目及承担单位"。我省4种优秀音像制品《救亡之旅——怒江各民族群众援救中国远征军人员纪实》《云南少数民族民间传统民族医药系列——傣医药、彝医药、藏医药》《云南少数民族民间戏剧》《怒江之声》入选"十三五"国家重点图书、音像、电子出版物出版规划。此外,为了照顾偏远地区少数民族的收看习惯,丰富当地人民的业余生活,云南省新闻出版广电局成立云南省民族语电影译制中心,编译少数民族影片。以 2016 年 7 月份为例，文山、红河、版纳、临沧、德宏、怒江、省中心等地分别完成了壮、瑶、哈尼、傣、佤、拉祜、景颇、载瓦、傈僳等语种 30 部少数民族语影片译制（其中故事片 13 部、科教片 17 部）。

第六节 云南传媒执行社会责任存在的问题

一、纸媒的休刊与传统出版业的未来困境

2015 年 6 月 29 日，在昆明生存了 16 年之久的都市类报纸《生活新报》正式休刊。这次休刊事件不但以记者编辑讨薪为如此不堪的结局，并且在某种程度上为纸媒消亡的论调再次佐证了一个真实案例。《生活新报》历经了昆明都市报黄金十年后的大洗牌，然而在 2010 年前后，财务紧张始终伴随着新报，欠员工工资也时有发生。在入不敷出的状况下，原本是单纯的新闻媒体却开始尝试卖土货、搞婚恋俱乐部、儿童艺术培训，新闻越来越少，记者都忙于跑广告、写广告软文。作为守望社会、传承文化、信息传播的媒介传播者，此时的《生活新报》显然与其承担的社会责任是不相符的。不少内部人士认为，受新媒体冲击，传统报业面对巨大的印刷成本、高额的人力成本、有限的信息载体，却普遍面临读者流失、广告下滑、盈利降低、渠道衰减等挑战。如果仍然沿袭"传播+项目"的传统经营模式，同质化的竞争下纸媒的消亡只是一个时间的问题。在新媒体时代，纸媒如何运用新媒体平台获得重生和后续发展，不是简单的、想当然的凭借微信公众平台的内容推送。如何在众多的新闻类 APP 的竞争中，保有新时代读者群并取得一定比重的社会消费，这需要时间来检验。有学者认为，尽管纸媒的黄金时代已经过去，但这并不意味着纸媒会在短期内消失。未来将是复合媒体的时代。如何让"复合"变得更为"符合"时代要求，是媒体人都需要直面的问题。那么，也只有媒体自身周转顺畅，其肩负的社会责任才能够得到完好的执行。

二、娱乐方言节目难以创新

云南电视娱乐节目的传播很大程度上得益于云南政治经济、民族文化、自

然风光等资源,但从全国范围而看,云南的娱乐节目或品牌栏目没有较高的知名度,因此大多走本土化发展道路,曾几何时方言类节目成为地方电视台获得收视率的利器。如今脱口秀节目《大口马牙》为了维系收视率,也生产了一系列产品,如《小电影》《大马戏》,但是观众依然停留在本土小众一部分。这在一定程度上说明,昆明正在变为一个外来"移民"越来越多的城市,一方面新昆明人的群体成分变得更为复杂和多元,受众的需求更难以满足;另一方面昆明话的规范性也遭受质疑,时间变迁下的语言变化让老昆明人无法适应新生代方言主持人的语言表达和组织方式。

三、民生新闻缺乏新意

云南电视台的《都市条形码》《8099999》《街头巷尾》等民生新闻栏目,其轻松的风格,与百姓贴近的内容吸引了一定的受众。但是发展至今,这些反映百姓欲求的内容和表达百姓情感的方式,缺乏创新,让观众产生了审美疲劳。从内容上看,琐碎、狭隘的家长里短成为民生新闻的主要呈现内容,这势必造成新闻的肤浅化和表层化。而在栏目策划导向方面,为了更接地气,难免走上哗众取宠、庸俗媚俗的新闻的道路,主观臆断、疏于取证的新闻往往会带来不良影响,导致整个栏目品牌的定位受到影响。

第七节　云南传媒社会责任执行力提升的路径和方法

要进一步提高媒体社会责任执行力,需要多方面形成合力。当前,在《新闻法》等法律法规缺位的大背景下,建构新闻媒体社会责任评价体系是当务之急。一方面依靠媒体行业内部形成自律意识,对自身日常行为进行规范和制约。另一方面鼓励社会力量参与其中,尤其是增加公众对媒体社会责任执行情况的监督,这些都是提升媒体社会责任执行力的方法。

一、把握媒介融合契机合力建设媒体社会责任环境

为加强社会监督和新闻媒体的自律,2014年9月在北京成立了新闻道德委

员会，这是一个不同于新闻管理部门的较为独立的社会公共力量。这种试点已经扩大到全国 10 省市，在目前云南省的媒介环境之下，新闻道德委员会的促成也是当务之急。应该说，新闻道德委员会的尝试，疏通了一条依靠社会资源力量共同监督、共同治理的道路。在现如今多媒体融合、多行业合作、多产业跨界对话的多元媒介和舆论环境中，传统媒体要向新媒体学习盈利模式。正视媒体转型期显现的规范缺乏，主管部门、行业协会、咨询机构等要帮助媒体寻找盈利模式，帮助媒体人建立自信，重塑新闻工作者的情怀和品格。从实质上形成有利于媒体自觉、全面履行社会责任的条件。

二、让政府掷地有声社会责任是政务媒体的本色

自媒体时代下的政务新媒体异军突起，代表着政府部门发声的积极产物。一方面新媒体的信息传播方式一改政府正统说教的面孔，容易被受众接受。另一方面政务媒体的信息始终代表着政府的权威性，对于第一时间澄清谣言，消减惶恐情绪起到巨大作用。2015 年 2 月，我国政务微博账号已经达到 24 万，政务微信账号达到 10 万，政务客户端的迅猛发展成为政务新媒体的发展新模式。云南省的政务新媒体走在全国前列，其中公安、共青团、旅游等系统在账号数量、粉丝数量、发布量、发布质量等方面较为突出。政务新媒体是集新闻发布、政务信息公开、网民沟通、便民服务、文化传播、舆论引导等多功能合一身的政府社会化媒体综合传播形态。树立了政府服务、时效的亲民形象的同时，也在澄清事实、击碎谣言的具体行动上践行着社会责任。

类型传媒报告

第10章 中国广电媒体社会责任报告

于秀娟[①]

社会责任是一个组织对社会发展应负的责任,而媒体的社会责任是指新闻媒介和新闻从业人员在新闻活动中对社会、国家和公众所承担的法律、道德责任和社会义务。[②] 媒体作为社会公器,为社会共同所有、共同使用,也应该为国家和社会谋取公共利益,因此,履行社会责任,是所有媒体都应当秉持的基本准则和共识。同时,作为社会主义国家的新闻媒体,我国强调媒体必须服从服务于国家现代化建设的发展,为国家的中心工作而服务,必须宣传社会的主流价值观等等。[③] 当前,在我国经济社会发展进入转型变革的关键时期,信息传播格局发生深刻变化,广电媒体坚持社会责任更是对时代要求的呼应,具有更为重要的意义。

第一节 中国广电媒体执行社会责任现状

一、对党和政府的责任:我国广播电视媒体充分发挥舆论导向作用,引导和提升主流价值观

我国广播电视媒体是党和政府的"耳目喉舌",在社会主义新闻事业中坚持正确的舆论导向,从时政报道、新闻宣传等各方面大力宣传社会主义核心价值体系,弘扬主旋律,传播正能量。2015年,全国广电系统全面贯彻党的十八

---

① 于秀娟,国家新闻出版广电总局广电研究中心副研究员、博士后。
② 王佳乐:《批判唯收视率现象:论当前媒体社会责任的缺失与完善》,《东南传播》,2013年第6期。
③ 石晓峰:《传播环境演变与媒体社会责任》,《现代视听》,2008年第10期。

大和十八届三中、四中、五中全会精神，深入学习习近平总书记在全国宣传思想工作会议、文艺工作座谈会、新闻舆论工作座谈会上的系列重要讲话精神，牢记"48字"职责使命，紧紧围绕"四个全面"战略布局开展新闻宣传，重大主题、重大活动、重大会议报道浓墨重彩，日常新闻报道导向正确，时政报道锐意创新，国际报道影响力扩大，为推动社会主义文化大发展大繁荣、推动经济社会又好又快发展提供了有力舆论支持。全国广播电视新闻类节目影响进一步提升，各级电视新闻类节目尤其得到加强，全年播出比重达到11%，同比增长0.7%；同"十一五"末的2010年比，播出比重增长了1.2%，收视份额上升了0.8%。

二、对出资人的责任：确保媒体的盈利能力与经济效益

中国的广播电视媒体本身就是社会主义市场经济不可或缺的组成部分，作为信息产业，广播电视媒体必须赢得市场收益，确保盈利能力，才能肩负起创造经济效益的社会责任。目前，我国广播电视产业总体上处于结构调整期、升级换代期和全球化竞争初期三期叠加的新阶段。2015年广播电视行业总收入4 634.56亿元，同比增长9.66%；其中创收收入3 952.27亿元，同比增长6.75%。广播电视产业结构不断调整优化，传统业务收入增长放缓，占比渐降，而基于融合业务的新兴产业快速发展，比重渐增。如，在广播电视行业广告收入中，以新媒体广告为主的其他广告收入增幅高达63.81%，有线网络收入中三网融合业务（包括互联网接入、付费点播、基于广电网络提供的综合服务等）和以新兴业务为主的其他网络业务收入同比增幅高达15.96%，成为拉动广电创收收入增长的新兴力量。

三、对公众的责任：确保提供内容精良丰富的传媒产品，满足群众多样的精神文化需求

遵循习近平总书记在文艺工作座谈会上发表的重要讲话，我国广播电视媒体坚持以人民为中心的创作导向，弘扬主旋律，传播正能量，通过丰富多彩、喜闻乐见的内容，引导人们培育和践行社会主义核心价值观。在强化新闻节目的同时，进一步办好经济、文艺、体育、生活以及少儿、农村等其他各类节

目，满足了广大人民群众多样化的精神需求和消费需求。

2015年，广电行业围绕纪念抗战胜利和世界反法西斯胜利70周年，强化创作引导、重点扶持和跟踪管理，推出了一大批优秀电影电视剧。全年共生产故事影片686部，获准发行国产电视剧395部16 560集，全年生产电视动画片138 272分钟，电视纪录片总产量超过10 000小时。网络剧、微电影等网络原创视听节目数量质量均创新高，动画片、纪录片取得新突破。

公益节目业已成为各级广电媒体的标配节目，受到广泛好评。中央电视台公益寻人服务节目《等着我》开播以来，已累计成功帮助数千位求助者，寻人成功率达60%，被网民誉为"最具公益价值的节目"。湖南卫视慈善节目《帮助微力量》、江苏卫视公益节目《人间》、山东卫视大型公益节目《惊喜！惊喜》等地方台公益类节目都紧紧围绕社会主义核心价值体系建设、传播先进文化、倡导良好道德风尚。公益广告的播出也在各级广播电视播出机构成为常态。中央人民广播电台各频率播出"公益报时"，通过汉语和蒙、藏、维、哈、朝等少数民族语种系列公益广告等形式，宣传社会主义核心价值观。《辽宁好人》发布了7批近百人的事迹、百集系列公益广告宣传片，弘扬社会正气，宣传效果良好。

四、对社会的责任：巩固基础设施，确保安全播出，保障少数民族群众听广播看电视的权益

广电行业坚持把社会效益放在首位，把满足人民群众的精神文化需求作为出发点和落脚点，大力加强广播影视公共服务体系建设，取得了重要成就。广播电视基础设施建设进一步完善，重点工程扎实推进。村村通向户户通优质通升级，农村电影放映工程拓展提升，电影公共服务不断创新。截至2015年年底，全国广播、电视综合人口覆盖率分别达到98.17%和98.77%。全国共有广播电视播出机构2 564座，全国有线广播电视用户2.36亿，家庭渗透率达54.63%。有线数字电视用户1.98亿户，有线数字化渗透率达83.9%。有线网宽带用户0.17亿。全国共有农村数字电影院线252条，放映队5万余支，全年完成影片订购900多万场。直播卫星用户数量快速增长达到6 678万户，成为全球最大、用户最多的直播卫星平台。

全国广播电视安全播出总体运行稳定。2015年全国各级播出单位总结完善

安全播出保障方案，强化各项保障措施，充分做好技术保障、维护运行、监测监管和指挥调度等各项工作，圆满完成了"春节""两会""9·3纪念活动""西藏50周年""新疆60周年""十一""世界互联网大会""习近平总书记2016年新年贺词"等重要保障期的安全播出保障任务，有效确保了广播电视重大活动、重点时段、重要节目的安全优质播出。

边疆少数民族地区民族语言节目自制能力不断增强，保障了少数民族群众听好看好广播电视的权益，提升了各族群众的精神文化生活品质。西藏人民广播电台藏语科教广播正式开播，成功接入西藏广电有线网络。青海省市州和县级自办节目覆盖率分别达到79.49%和52.52%，安多地区的藏族群众可以看到3套母语节目。广西27个市、县开设了80多档民族语节目，使用壮语、瑶语、苗语、侗语和仫佬语等语言播出。民族语影视译制坚持"为民族群众而译、为农村放映而译"工作原则，目前全国已建成11个少数民族语电影译制中心，分工负责38个语种和方言的电影译制，共完成译制影片3 800多部次。

五、对国家的责任：加快走出去步伐，展示正面国家形象

广电行业服务国家对外开放大局和外交工作大局，贯彻落实国家关于加快发展对外文化贸易的政策，紧密配合中央领导高访，积极推动广播影视国际交流工作。形成了以重点项目为抓手，以内容为核心，全方位、多主体、多层次、多渠道走出去的新格局，向世界展示了中国良好的大国形象。

以中央电视台、中国国际广播电台、中央人民广播电台为首的主流媒体，通过整频道落地、本土化制作、立体化传播等方式，加快构建全球覆盖、技术先进的国际传播体系。围绕"一带一路"战略构想，扎实推进丝绸之路影视桥工程、中非影视合作工程等重点工程。落实"中国影视剧本土化语言译配项目"，将一批优秀影视国产作品译制成丝路国家语言。举办丝绸之路国际电影节等活动，宣传推广"一带一路"战略规划。截至2015年年底，中国已与13个国家签署了电影合拍协议，与日韩、东南亚地区的电影合作，已经从初级的外景拍摄、演员加盟等，发展到制作、发行产业链一体化布局。影视机构踊跃参加国际影视节展，拓展走出去营销平台和渠道。2015年，共有295部次国产影片（含合拍影片）参加了22个国家和港澳台地区的60个国际电影节，其中共有74部次影片获得111个奖项，树立了中国影视品牌整体形象。

第二节 中国广电媒体执行社会责任中存在的问题

长期以来我国广电媒体的运行依托的是"事业性质,产业化营运"策略:一方面要承担社会责任,搞好舆论导向,做好公共文化服务;另一方面要走向市场,解决经济来源问题。因此,大部分广电媒体面临着在社会责任与经济利益之间寻找平衡点的问题,生存压力之下,社会责任往往让步于经济利益。加上管理体制不顺畅、广电法律法规不健全等各种因素共同作用,导致我国广电媒体在执行社会责任过程中仍存在一些问题。

一、媒体融合环境下,舆论引导力减弱

一是对重大突发事件的反应不及时,舆论引导力不够。一些广播电视媒体遇到重大突发事件时,不能对其进行多角度、全方位的报道,很难让观众了解事件的前因后果,[1] 导致谣言满天飞现象频发。此外,有些媒体在事发之初采取压制性宣传,或只侧重于从"领导如何重视"等角度进行报道,一定程度上掩盖了公众内心对于安全的真实诉求,引发公众的强烈不满。[2]

二是对新媒体阵地舆论引导力不够。目前网络媒体与传统媒体已形成互相渗透的传播格局,由此产生的互动舆论场对传统媒体在突发事件报道中的舆论引导能力提出了新的挑战。由于部分广电媒体舆情风险防范意识和沟通意识淡薄,对于可能成为舆情引爆点的新闻防范意识不足,缺乏有效的组织和沟通。突发事件来临时,容易形成主流媒体失语,网络舆论抢先占领舆论主导权的态势。

三是宣传方式对公众缺乏吸引力。虽然广播电视媒体都在精办节目,但仍存在忽视舆论引导规律的问题,新闻报道模式僵化,尤其是时政新闻、会议新闻面孔生硬,亲和力不足,难以吸引受众。有些媒体误将新闻舆论引导等同于宣传,将舆论引导的主体片面化为政府或媒体而忽略了广大受众。

---

[1] 王锦尧:《国内电视媒体突发事件报道存在的问题》,《西部广播电视》,2016年第1期。
[2] http://media.people.com.cn/n/2015/0917/c192370-27600370.html。

二、影视节目有待提高，有数量缺质量、有高原缺高峰

近年来，大投资大制作涌入业界，给电视剧创作提供了一定的经济实力，但同时也带来了一定的负面作用——很多国产剧质量下降，盲目追求数量，内涵苍白，文化含量不高。① 主要表现为以下几种形式：一是无思想深度，主题浅显，价值观混乱模糊，故事情节不合逻辑，题材跟风、重复，抗日剧、宫斗戏、谍战剧互相抄袭，缺乏新意。虽然2015年现实题材剧共有202部、占比52.3%②，然而几部现象级大剧却集中出现在古装题材，如《武媚娘传奇》《芈月传》和《花千骨》等。③ 二是人物塑造虚假、扁平化，且故事情节热衷于表现人与人之间的钩心斗角，不懂得展示人自身的内在矛盾，缺少对人性中善恶交织的真实表现，偏重于人性恶而不懂得在细节中展示人性善。

在广播电视节目方面，由于广播电视的评价指标比较偏重于收听、收视份额、广告创收总量，导致部分媒体对其社会效益和公益性重视程度不够，漠视弱势群体及大众的精神文化需求，声频、荧屏出现节目低俗化、娱乐化倾向。为赢得较高的收视率、收听率，获得更多广告客户的青睐，一些广播电视媒体不惜一再降低节目的文化水准甚至道德水准，博取受众的关注。有的娱乐节目场面宏大、舞美效果炫目，内容却缺乏吸引力；有的真人秀节目消费明星吸引观众眼球，缺乏积极向上的能量，无害也无益；有的选秀类节目形式同质化严重，以模仿为主，原创太少。总之，部分综艺节目变成了"广告吸金器"，区分度不高，创新性不足，没有展现积极向上的精神引导力量。

三、广播影视公共服务精准化、社会化水平不高，效率效益较低

1. 公共服务投入机制单一，社会化程度不高

目前，政府是基本公共文化服务中的重要供给者，某些领域甚至是唯一的供给者，市场化运作缺乏，融资渠道单一，加上行政审批项目烦琐，很少有社

---

① 《2015全国电视剧行业年会召开揭秘电视剧发展趋势》，http://dianshiju.cntv.cn/2016/02/28/ARTIJoPrjwmNYkG9yIH0eq2r160228.shtml。
② 《2015年电视剧行业回顾：剧作由量转质资本涌入》，http://www.askci.com/news/chanye/20160415/1641451300.shtml。
③ 王晓东、孙翼飞：《影视产业链：每一个环节都是热钱集散地版权费比片酬涨得更猛》，http://www.entgroup.cn/news/Markets/0536297.shtml。

会力量能够参与公共文化建设。① 此外,由于政府没有建立健全公开透明的社会捐赠管理制度,社会力量通过投资或捐助设施设备、兴办实体等方式参与公共文化服务体系建设的渠道不畅通。

2. 广播影视公共服务精准化程度不高

村村通、户户通和农村电影放映工程亟待进一步加强完善和创新,服务供给模式供需矛盾和"结构性短缺"情况较突出,对农村和农牧民群众需求了解和贴近程度不够,如一些在农村放映的影片老旧过时,政府"送服务"与群众"要服务"不相匹配。

3. 应急广播体系不健全

目前,我国尚未全面建成四级上下贯通,可管可控,有线、卫星、调频、中短波、地面数字电视和农村大喇叭等多种手段综合覆盖的应急广播系统。应急广播体系与气象、水利、海洋、地震、林业、消防、民政等部门的日常应急信息传递机制建设不完善,相关技术标准规范和应急广播法制体系不健全,共享信息的种类、数量、质量还有待进一步提升。

4. 基层公共服务主体弱化

随着文化体制改革的不断深化,广电职能进一步加强,但是各级广电管理部门在机构、编制、财力和物力分配上却没有跟上。地方市级文广新局中普遍只有1~3个广电科室,每个科室2~3名编制,县级数量更少,乡镇级则一般被并入文化站,人员混岗,没有专人从事广电工作。基层广播影视公共服务工作"小马拉大车",存在较多困难。从资金投入方面来看,大部分地方财政资金困难,导致村村通等重点工程后续维护服务工作缺失。对此,虽然部分省市广电部门进行了一些有益的探索,但由于体制机制制约,并没有从根本上解决农村广播电视公共服务长效维护的问题。

四、广电产业整体实力弱,产业结构不够优化,发展不均衡

1. 我国广电产业规模仍然较小

2015年,全国新闻出版产业营业收入突破2.1万亿元②,占国民生产总值

---

① http://ah.anhuinews.com/qmt/system/2015/01/04/006644672.shtml.
② 《2015年我国新闻出版营业收入突破2.1万亿元数字出版成主要增长极》,http://news.xinhuanet.com/politics/2016-08/09/c_129214248.htm。

的3.1%；中国移动营运收入6 683亿元①，占GDP的0.99%。而广电影视行业总收入为4 634.56亿元，仅占全国GDP的0.684 9%②，远落后于前两者。

2. 广电产业层级和地区之间发展不平衡

广播电视行业正处于结构调整的关键时期，中央、省及市县级之间，地区之间的收入差距拉大：中央级广电机构收入保持稳定，省级广电机构发展势头平稳，市县级广电机构收入下滑加剧。此外，地区之间创收收入差距拉大，马太效应明显。经济较发达地区、城镇化率较高的地区和率先开展广电体制机制改革的地区，广电创收能力明显高于其他地区。全国广电产业区域发展不平衡，排名前十位的省市广播电视创收收入占全国广电创收总收入的64.07%，但中西部地区和城镇化率较低的省区创收能力较弱，收入较低，有的省区年创收收入只有几亿元。

3. 广电产业盈利模式单一，产业结构有待优化

首先，广告占总利润比重大。2015年，广告收入占总创收收入的38.7%，有线电视网络收入占总收入约21.9%，节目销售收入约占7.1%，其他收入占32.3%。与2014年相比，广告收入占比虽然降低了1.5个百分点，但仍然占据最大的比重。其次，依靠内容版权盈利意识不足。影视行业是典型的版权产业。多年来，我国电视节目的生产一直以内容播出为主要目的，节目播完就存入片库作为资料保管，其价值没有得到充分发挥。而香港TVB积累数十年创作而形成的片库资源，如今仍在内地和海外市场不断播出，其新老剧集销往全世界，版权收益和广告收益各占一半。③ 美国大型传媒集团的版权交易一般都在其总体营业额中占据重要份额，一部电影的票房仅占全部投资回报的25%，甚至曾经只占到16%左右，相当多的利润来自于对原创内容产品的二次开发和二次销售。④ 此外，多元化经营、资本运作等经营方式对于大部分广电媒体来讲还没有得到应有的发展。

---

① 《中国移动发布2015年财报数据收入首超语音》，http：//news.xinhuanet.com/2016-03/17/c_135197368.htm。
② 2015年GDP核算结果为676 708亿元。
③ 王天霜：《内容资产版权的多重盈利空间》，http：//media.people.com.cn/n/2014/0521/c384707-25047110.html。
④ 罗锋：《电视版权交易——可供深度开发的厚利润区》，《现代传播》，2009年第1期。

五、国际传播能力较弱，国际话语权有待加强

广播影视的国际传播能力是国家文化软实力的重要组成部分，关系到国家形象、国家安全和国际地位。近年来，广播影视重点媒体的国际传播能力建设取得重大进展，国际传播体系初步形成，国际舆论影响力明显增强，但同时也要看到，国际一流媒体通过强大的议程设置能力，把全世界发生的新闻置于西方思维和价值观的评判之下，形成了话语垄断的局面，对国际主流人群产生极大的影响。与之相比，我国尚未形成具有国际竞争力的跨国传媒集团，我国媒体在国际传播格局中仍处于弱势地位，主要表现为：在国际热点问题和突发事件报道中原创率和首发率低，在重大舆论斗争中争夺话语权的能力不足，对国际主流社会的影响力偏弱，没有掌握"中国形象"的主导权。这些均与我国的国际地位和经济社会发展水平不匹配，无法满足国家总体对外战略的要求。

第三节 中国广电媒体社会责任执行力提升的路径与方法

美国著名报人普利策曾说过，一个愤世嫉俗、唯利是图、蛊惑民心的媒体，最终会制造出像自己一样卑劣的民众。[①] 对社会责任的担当，是媒体的生存之道，也是媒体长远发展之道，要正确认识和把握广播影视工作的意识形态属性和产业属性之间的关系，正确处理社会效益和经济效益的关系，坚持两个效益并重的前提下提升社会责任的执行力。

一、加强媒体融合，提升主流媒体舆论宣传引导能力

1. 把握舆论导向，坚持主流价值观

广电媒体要进一步加强电台电视台主流媒体建设，提高传播力渗透力影响力。要始终坚持团结稳定鼓劲、正面宣传为主的方针，坚持正确的舆论导向，不断巩固壮大积极健康向上的主流思想舆论。从新闻宣传、文艺创作等各方面

---

① 高薇，何晏：《中国媒体——社会责任的守望者》，http://www.qstheory.cn/wz/shp/200910/t20091023_13647.htm。

大力宣传社会主义核心价值体系，宣传好凝聚人心、振奋人心的中国梦；弘扬社会正义、人间真情，讴歌真善美，鞭挞假恶丑；在国内外重大突发事件、社会热点焦点事件等报道中第一时间发出声音、传播观点、赢得话语权、掌握主动权。

2. 改进宣传方式，继续开展"走转改"活动

按照"三贴近"的原则深入推进宣传创新，把体现党的主张和反映人民心声统一起来，把坚持正确导向和通达社情民意统一起来，努力形成常态化的深入基层、深入群众新闻工作机制，正确引导社会舆论、有效回应社会关切、更好地服务百姓生活，切实增强新闻报道的亲和力、吸引力、感染力。大力推进广播影视自主创新，精心打造群众关注的好报道、好节目。充分发挥传统媒体和新兴媒体的优势特点，适应分众化特点，适应媒体格局和舆论生态的中国深刻变化的新形势，用事实说话、用典型说话、用数字说话。

3. 重视网络阵地，扩展传播渠道

扩大主流舆论影响力，阵地建设至关重要。在壮大广播电视传统媒体的同时，要适应互联网快速发展的形势，善于运用网络传播规律，高度重视和加强网络视听新媒体的建设和管理，努力形成广播电视传统媒体与网络视听新媒体统一、协调、高效开展宣传的局面。要做大做强重点新闻网站，发挥主要商业网站建设性作用，形成良好的网上舆论环境，集聚网上舆论引导合力。推动网络广播电视台加强基础建设、创新体制机制、强化内容服务，推动中华优秀传统文化和当代文化精品网络化传播，创作适于新兴媒体传播、格调健康的网络影视作品。

二、大力弘扬社会主义核心价值观，努力繁荣广播影视创作

精品力作是一个时代文艺繁荣发展的根本标志。我国已是广播影视内容生产大国，要实现由生产大国向生产强国的跨越，必须在确保数量稳定增长的同时，努力在提高质量上取得突破。

1. 加强影视创作的引导和扶持

切实加强广电内容创作生产的引导，努力多出三性统一的精品佳作。重点实施以下几项工程：一是电影电视剧质量提升工程。加强创作引导，综合运用教育培训、备案公示、审查管理、播映调控、文艺评论等方式，引导广大创作者牢

固树立以人民为中心的创作导向,把人民群众作为表现主体和服务主体,努力从生活中汲取营养、挖掘素材、提炼主题。坚持抓剧本、促原创,用好优秀电影剧本扶持基金、电影精品专项资金、优秀电视剧剧本扶持引导专项资金等,实施好中青年编剧等创作人员培训计划。重点扶持现实题材、重大革命和历史题材以及工业、农村、少儿、少数民族题材等创作生产。二是广播电视节目创新创优工程。以上星频道为重点,同时兼顾其他频道,以节目宏观调控为手段,以节目综合评价体系为引导,优化节目类型结构,打造精品节目栏目,完善奖优惩劣机制,推动电台电视台把发展的重点切实转到全面提高节目质量上来。三是大力实施网络视听新媒体内容建设工程。支持电台电视台和国有影视剧制作机构加强新型视听内容生产,以优秀作品、先进文化占领网络视听新阵地。加强扶持并不是政府包办一切,政府的扶持必须和市场机制有机结合起来,最大限度调动创作者积极性、主动性和创造性,最大限度整合利用各方面的资源,为优秀原创内容的创作生产提供有力保障。

2. 着力建立科学合理的评价体系

影视作品要走向群众、服务群众,必须要通过市场这个桥梁,但如果单纯追求票房、收视率会引发创作粗制滥造、模仿抄袭,甚至是打擦边球、制造噱头吸引观众等不良现象,因此要把群众评价、专家评价和市场检验统一起来,各影视制作机构、放映播出单位要坚持客观标准和主观评价相结合,统筹社会效益和经济效益、导向要求与利益指标、群众口碑与市场占有,制定科学的考评标准。同时,推动收视率调查机构将新媒体收视指标纳入影视剧收视调查体系,关注网络大数据评测和跨媒体收视测量情况,探索建立跨媒体收视评价体系。

3. 增强文化惠民,进一步推进少数民族译制语电视剧工作

从2005年开始,广电总局每年组织向西藏、新疆捐赠千集少数民族译制语电视剧活动,今后要号召和动员更多的电视台、制作机构、发行机构,以及创作人员、艺术家、译制人员共同参与这项活动,创新捐赠方式和宣传形式,解决少数民族语电视剧版权问题,缓解少数民族语电视节目源紧缺的状况。同时最大限度地发挥捐赠电视剧的特殊社会功效,扩大其规模和影响。

4. 加强影视节目版权保护

全面实施国家知识产权战略,以版权保护促进广播影视内容创新。完善版

权相关法律法规、行政执法体制和版权社会服务体系，推进国家版权监管平台建设，依法打击侵权盗版行为，保护版权权利人利益。推进原创影视节目内容的版权保护，规范网络使用。完善版权运用的市场机制，推动影视节目版权贸易规范化。大力发展广播影视版权产业，形成全产业链的版权开发经营模式。

三、实施公共服务体系升级战略，全面提升公共服务水平

在过去广覆盖、保基本的基础上，进一步统筹实施重点工程，坚持基础建设和运行维护并重、完善网络与丰富内容并重、传统方式与新兴方式并重、公共服务与市场服务并重，推动广播影视公共服务优化升级提高效能，努力实现城乡公共服务一体化、均等化。

1. 实施公共服务体系升级战略

加速村村通向户户通、优质通、长期通升级。一方面，大力推进村村通工程、西新工程、无线覆盖工程向纵深发展，全面启动实施应急广播工程、农村广播工程等，推动广播电视公共服务由提供一般广播电视公共服务向提供广播电视、电子政务、应急广播、文化信息资源共享、远程教育等多样化的公共文化服务发展；另一方面，实施农村电影放映提升工程，适应城镇化的发展，由单纯向农村群众提供免费电影向城镇外来流动人口、弱势群体等提供服务，将农村电影放映工程升级为公益放映工程。同时，因地制宜开展县级城市数字影院建设工程，坚持政府推动、市场运作，多措并举加快县级城市数字影院建设。

2. 建立健全广播电视网络应急机制

充分利用现有广播电视覆盖网，加快建立从中央到地方广播电台"四级联动"应急信息传输模式，提高应急信息发布能力。统筹规划各省村村响系统建设，实现与国家应急广播体系有效衔接。重点组织开展应急广播关键技术和设备的研发，制定相关标准和规范，统筹广播、电视、移动多媒体广播电视等多种媒体，统筹有线、无线、卫星等多种技术手段，积极开展应用试验，加快建成全国上下贯通、统一联动、手段多样、覆盖广泛、安全可控、快速高效的国家应急广播体系。

3. 创新广播影视公共服务运行机制

坚持政府主导的同时，引入市场机制，增强公共服务的实际效果，推动其

可持续发展。强化县、乡（镇）广播电视公共服务职能，建立健全以县为中心、乡（镇）为基础、面向农户的广播电视公共服务维护体系。通过招标采购等方式，推动各级政府购买广播影视公共服务，吸引社会组织和企业参与公共服务设施的运营、参与基层公共文化产品的供给，促进公共服务社会化、专业化发展，避免出现养机构养人、不办事的现象，提高服务的效率和效益。探索推广"订单式"服务模式，增强服务的针对性和有效性。完善公共服务考核评价，探索建立第三方评价机制。

四、全面深化广播影视改革，加快产业发展

广播影视产业是知识密集型、创意密集型、技术密集型、资本密集型的重要文化产业，具有高投入、高回报、辐射强、带动强、反复收益、长期收益的特点。推动广播影视产业跨越式发展，要在深刻把握广播影视产业特性和规律的基础上，坚持一手抓公益性事业、一手抓经营性产业，重点突破、全面推进，着力点放在以下几个方面：

1. 做强市场主体

加快推进广电产业组织结构调整，实现市场主体由"小散弱"向"大中小"协调发展转变。巩固拓展国有经营性单位转企改制成果，将转企改制与资源整合、结构调整相结合，努力打造一批具有较强实力和竞争力的国有骨干广播影视企业（企业集团）。支持中小企业向"专精特新"方向发展，形成大中小企业分工协作、布局合理的产业组织结构。降低准入门槛，在政策许可范围内，引导社会资本以独资、合资、合作等多种形式进入广播影视产业，巩固公有制为主、多种所有制共同发展的产业格局。积极支持有条件的影视企业上市融资。指导推进影视产业实验区、影视动画产业基地、影视制作基地、网络视听产业基地等建设，促进集约化、规模化发展。

做大重点产业。要全力规划发展三大产业：一是加快发展电影、电视剧、影视动画、纪录片等重点内容产业，增强核心竞争力和影响力。二是加快发展广播电视传输网络产业，特别是要把有线电视网络建设成为以视频服务为主、提供多种综合服务、可管可控的信息化网络，全面提升网络综合效益。三是加快发展基于数字技术、网络技术的广播影视新媒体内容和服务产业，突出抓好网络广播影视、移动多媒体广播电视的内容和服务，努力培育新的增长点。

2. 完善市场体系

继续深化电影院线制改革，大力推进国有院线规模化、集约化发展，鼓励支持中小城市院线和社区、农村数字院线发展。完善广播影视传播播映市场，拓展影视产品新媒体传播市场，积极开发影视衍生产品、后产品市场，健全产业链条，促进投入产出良性循环。加强影视节目流通交易市场建设，重点办好中国国际广播影视博览会、中国国际动漫节等重要节展，探索发展网络交易等新型节目交易方式。

五、增强海外传播力，构筑正面国家形象

传播力决定影响力。当今世界，一个国家文化的影响力，不仅取决于其思想内容，而且取决于其传播能力。谁的传播能力强大，谁的思想文化和价值观念就能更广泛地流传，谁就能更有力地影响世界。我国广电行业要加快构建多媒体、跨平台、面向全球、覆盖广泛、信息丰富、技术先进的现代广播影视国际传播体系，全面提高国际传播力、影响力，向世界展示积极向上、负责任的中国形象。

1. 以重点媒体为龙头，建设国际一流媒体

中国国际广播电台、中央电视台等为首的主流媒体要进一步完善国际采编播网络，强化信息采集、编辑制作、信号传输、节目推广等环节的本土化运作，提高新闻报道的原创率、首发率、落地率，加快打造语种多、受众广、信息量大、影响力强、覆盖全球的国际一流媒体，形成与我国经济社会发展水平和国际地位相称的国际传播能力。

2. 创新话语表达方式，精心构建对外话语体系

打造融通中外的新概念新范畴新表述，增强对外话语的创造力、感召力、公信力，讲好中国故事。要积极推进本土化传播，用本土化的方式展现中国价值的内核，尽可能减少"文化折扣"；要运用影视作品等艺术形式，有血有肉地表现中华文化，达到春风化雨、点滴入土的效果；通过合拍、合作、合资等形式，把更多优秀的国产影片推介到海外市场，使其成为讲述中国梦、传播当代中国价值观念的"铁盒里的大使"。

3. 以内容走出去为核心，促进影视作品的出口

坚持政府推动、注重发挥企业主体作用，加快影视产品和服务走出去。要

加强国际影视市场研究，加大国产影视作品海外营销和宣传推广力度，建设海外营销网络，推动重点企业和优秀国产电影、电视剧、影视动画、纪录片等重点产品走出去，打造国际品牌。加强广播影视国际交流与合作，坚持以进带出，进一步搞好中外合作合拍等，使之有利于我国影视产品提高质量、扩大出口。

第11章 中国图书媒体社会责任报告

闫伟华[①]

从中国图书媒体的履责现状来看,对党和政府、出资人、读者、作者、社会及环境主体的履责情况总体较好,但由于缺乏行业履责标准、履责信息披露不够、履责的主动意识不强等原因,图书媒体执行社会责任更翔实的行业数据难以呈现,因此,在制定行业履责标准的前提下,应鼓励图书媒体更好地履行其社会责任,并增强相关信息的披露意识。

第一节 中国图书媒体概况

根据新闻出版广电总局公布的最新行业数据,截至2015年12月,全国共出版纸质图书47.58万种,其中初版26.04万种,重版、重印21.54万种。与2014年相比,图书品种增长6.11%,其中初版增加0.45万种,增长1.76%,重版、重印增长2.29万种,增长11.9%。[②] 从上述数据来看,中国已经是图书出版大国。图书作为最古老的大众传媒,在传递信息与思想、传承文明与教化方面承担了重要的社会责任。2015年我国国民图书阅读率为58.4%,提高0.2个百分点,虽然增幅不是很明显,但是在媒介日益多元化的今日,特别是数字化阅读快速增长的情况下,图书阅读率能够保持增长,说明图书媒介稳定的社会地位。

面临数字技术的发展,传统纸质图书行业受到冲击,不断寻求数字化转型,图书行业从生产模式到最终产品形式都在发生变化。图书概念的外延也因

[①] 闫伟华,内蒙古大学文学与新闻传播学院讲师,中国人民大学传媒经济学博士;研究方向:数字出版、网络文学、出版经济。
[②]《2015年全国新闻出版业基本情况》,新闻出版广电总局官网,http://www.sapprft.gov.cn/。

技术变革不断拓展，电子图书等数字出版物也应纳入图书范畴，然而目前我国还缺少行业权威统计数据。但是，2015年数字出版和电子出版物出版分别实现30%和13.9%的增长，其中有部分出版物可归为电子图书范畴，所以，从侧面数据显示，电子图书等新兴图书品种增长迅速。

第二节 中国图书媒体执行社会责任现状

图书是一种外部性很强的媒体。外部性是个经济学概念，是指生产和消费双方给不相关的第三方带来的收益或损害。图书外部性体现在好书可以改善社会风气，坏书可以腐化社会文明。鉴于图书可能给社会带来的重要影响，图书媒体执行社会责任就是一种硬性要求。本文选取利益相关方角度对图书媒体社会责任进行界定。图书媒体社会责任的主要利益相关方包括公众（读者和社会大众）、政府、出资人、媒体从业人员等。由于图书行业整体履责数据较难获取，因此本文关于社会责任情况将摘取行业主要出版企业数据作为参考，以点带面展示图书行业履行社会责任的情况。

一、对党和政府的责任

作为传播文化的企业，图书媒体坚守正确导向是应尽之责。2015年中办、国办印发《关于推动国有文化企业把社会效益放在首位、实现社会效益和经济效益相统一的指导意见》进一步给国有图书文化企业发展指明了方向。经济效益是图书企业生存发展的基础，坚持导向正确，宣传社会主流价值观，扩大图书社会效益是图书媒体执行社会责任的更重要体现。

1. 发挥舆论导向作用，宣传主流核心价值观

2015年，在图书、报纸和期刊出版中，只有图书媒体出现增长，表明图书媒体的社会影响力没有减弱反而有增强趋势。虽然图书在引导舆论工作中所起的作用不如报刊媒介那般迅速、强烈，却起着潜移默化的深远作用。

把握正确的舆论导向，最根本的是坚持政治方向正确，这是我国出版工作的基本要求。时政图书是引导社会舆论走向的重点。对时政类图书而言，要坚

持党性原则，树立大局意识、责任意识、唱响主旋律，更加自觉主动地为人民服务、为社会主义服务、为党和国家工作大局服务。2015年时政类图书引领社会舆论导向作用突出，单品种累计印数排名前10位的图书，半数以上属于宣扬主旋律与主流价值观的时政类图书，社会引领与导向作用明显。

表1 2015年单品种累计印数排名前10位的书籍①

排名	书籍名称	出版单位	新出或重印
1	新华字典（第11版）	商务印书馆	重印
2	中国共产党廉洁自律准则中国共产党纪律处分条例	中国方正出版社	新出
3	走复兴路圆中国梦（初中生读本）	新世界出版社	重印
4	水与生命	浙江科学技术出版社	重印
5	习近平关于党风廉政建设和反腐败斗争论述摘编	中国方正出版社	新出
6	中国共产党廉洁自律准则中国共产党纪律处分条例（烫金版）	中国法制出版社	新出
7	贵州省道德讲堂读本	贵州人民出版社	重印
8	习近平谈治国理政（中文平装本）	外文出版社	重印
9	奋发向上崇德向善（初中生读本）	新世界出版社	重印
10	法治热点面对面	学习出版社	新出

正确的舆论导向不仅集中体现在时政类图书中，一般休闲类图书的出版也要严把导向关，在编辑过程中，更应注重舆论导向，要注意防暴力、防拜金、防低俗淫秽、防与国家有关政策相违背的选题出现②。近年来，图书行业出现一些唯经济利益马首是瞻的图书，还有一些跟风书，迎合低级趣味，炒作社会热点。2015年图书行业通过宏观调控图书品种等手段，有效抑制上述现象。同时，在引进版图书中也要注意导向原则，2015年引进版权降低1.4%，更注重引进国外优秀精神文化作品，盲目引进国外畅销图书情况有所改观。

2. 主题出版凸显，图书业服务大局意识提升

2015年中国图书出版服务大局能力持续提升，主题出版的影响力进一步彰显。在年度单品种累计印数排名前10的书籍中（见图1），主题出版书籍占据半壁江山。主题出版是指，围绕党和国家的工作大局，就一些重大活动、重大事件、重大题材、重大理论问题等主题而进行的出版活动。③ 近两年，主题出

---

① 《2015年新闻出版产业分析报告》，新闻出版广电总局官网，http://www.sapprft.gov.cn/。
② 潘杜鹃：《在出版工作中抓好舆论导向》，《中国新闻出版报》，2011年8月17日第4版。
③ 梁宝印：《主题出版物的策划与营销》，《中国新闻出版报》，2014年9月29日第6版。

版普遍受到各家出版社的高度重视。除了由国家有关部门专门发文组织开展的主题出版活动,如培育和践行社会主义核心价值观、深入学习宣传贯彻党的十八大精神、中国梦等主题,各出版单位针对当前国家和社会某一热点话题自行主动策划实施的主题出版活动也越来越多,如抗震救灾、抗洪抢险、学习先进等,并涌现出一批经济效益和社会效益双丰收的作品。2015年主题出版围绕抗战70周年、丝路书香、党风廉政建设、弘扬时代精神及其他相关重大问题开展出版活动。其中《习近平关于党风廉政建设和反腐败斗争论述摘编》销售超过550万册,《习近平谈治国理政》销售超过400万册,《习近平用典》半年时间发行量就已突破100万册。抗战主题图书销量也表现不俗,人民出版社的《中国抗日战争史简明读本》,上市三月销量就接近20万册,人民文学出版社的《抗日战争》第一卷,上市两个月就销售12万册[①]。这些主题图书既传播了社会主流思想,也彰显了图书出版业服务大局的理念。

3. 强化意识形态属性,严把社会效益关

图书行业既具有产业功能,又具有意识形态功能。我国图书市场化改革强化和凸显了其产业功能,但是并不能取代意识形态功能。图书通过系统化的内容和知识使社会的各种价值观念作用于读者,并进入社会公共生活领域。作用于人头脑中的各种观念和意识形态不仅是抽象的概念和系统的信仰,还会通过人的行为方式体现出来。所以图书产品为社会提供正确的文化导向和思想,构建民族精神,传承文明成果,教化育人提供智力支持,是其重要的意识形态功能,也是社会效益(正外部效应)的体现。2015年图书业严把社会效益观,保障产品内容导向正确,强化图书的社会效益原则。国有图书出版企业不断强化媒体是党的重要意识形态阵地的观念,如湖南出版投资控股集团坚定地在"政治上对表、产业上变轨、管理上重构"下功夫,从心态、状态、业态上全面转型和重塑,为意识形态和产业功能的协调做出表率。凤凰出版传媒集团主动降低经济指标,2015年起主动把历年12%的增长率降到3%。出版社经济增长率降下来,换来的是更为有效地引导、鼓励出版社把更多精力投放到内容生产上。对列入集团重点规划的项目,其亏损多少即视同完成多少经济指标,支持其加大力度出版好书,并出现了一批双效图书,如《凤凰文库》系列图书、《草房子》等。

---

① 刘蓓蓓:《百家书城联合展示展销优秀出版物》,《中国新闻出版报》,2015年8月14日第1版。

实践证明，那些社会效益好、文化影响力大的出版社，往往也是经营管理好、市场开拓能力强的出版社。社会效益优先，并不会拖经济效益的后腿。中南出版集团、凤凰出版集团等大型国有文化企业都是践行社会效益的表率，2015年全国出版集团的总体经济规模综合评价中，凤凰出版传媒名列第一，并与中南出版传媒跻身"三百亿"元行列。急功近利则是图书出版企业的大忌，凡是在导向、品位、格调上出偏差的图书，如跟风书、格调低下的图书，最终市场也不认可，反过来又伤害企业多年积累的品牌和声誉。所以，忽视图书出版的本质特征，忽视精神产品的生产规律，必定被市场所淘汰。

二、对出资人的责任

近年来，由于数字技术发展，传统纸质图书行业一直被唱衰，2015年图书行业发展数据再次打破这一言论。2015年中国图书出版实现822.55亿元营业收入，增长速度为3.96%，利润总额125.3亿元，增长了7.0%；同期，期刊出版和报纸出版却出现了5.21%和10.27%的负增长[1]。可以看出，数字技术并没有对图书出版造成实质性的冲击，纸书会死的言论为时过早。同时电子出版物出版营业收入实现12.41亿元，实现13.96%的增长，而数字出版营业收入则达4 403.85亿元，实现30%的增长[2]，这其中有一部分可归为电子图书范畴。由此，不管以何种介质何种形态下出版的图书，产业规模在不断增大，图书行业整体的经济增长率依然可观。

经济效益增长代表产业发展向好，也显示产业组织的经济数据情况。从行业代表出版传媒集团的经济数据来看，这一指标也是向好。全国共有16家新闻出版传媒集团资产总额超过百亿，其中以图书出版发行为主营业务的江苏凤凰出版传媒集团有限公司、江西出版集团公司、湖南出版投资控股集团有限公司和浙江出版联合集团有限公司4家集团的资产总额、主要营业收入和所有者权益均超过百亿元，率先跻身"三百亿"集团行列；安徽出版集团有限责任公司、湖北长江出版传媒集团有限公司、河北出版传媒集团有限责任公司和安徽新华发行（集团）控股有限公司4家集团资产总额、主营业务收入均超过百亿

---

[1] 《2015年新闻出版产业分析报告》，新闻出版广电总局官网，http：//www.sapprft.gov.cn/。
[2] 同上。

元，组成"双百亿"阵营。上述数据表明，随着我国图书出版企业的深化改革，市场主体地位进一步确定，市场竞争能力进一步增强，企业的盈利能力和经济效益都有所提升。回顾2009年改革之初，提出打造"双百亿"出版集团的目标早已实现，"三百亿"集团已经在改革发展中出现。2015年图书出版集团盈利能力也超过报刊集团，图书出版集团国有资产的保值增值，代表着国有出资人的权益不断得到提升。此外，出版传媒上市公司经营规模也不断扩大，产出和利润持续增长，截至2015年年底，出版公司股市总市值共计1 903.6亿元，增加800.4亿元，增长72.6%。出版公司资产总额和利润总额增长较快，平均净资产收益率高于行业平均水平，保持较高的盈利能力。

三、对读者的责任

2015年图书出版行业不断推进供给侧改革，重点从生产领域持续提高优质图书产品的供给，减少无效供给，扩大有效供给，改善了供给结构，使供给体系更好适应了读者需求变化。2015年重印品种大幅超过新版图书，书籍单品种平均印数有所增加，表明供给侧改革的成效开始出现。图书行业供给侧改革强调调整产品结构、解决供需错位、出版不够优化的问题。不顾市场需求，不考虑读者阅读实际，一味追求图书品种，结果是图书品种增长了，但单品种销量却持续降低，读者"用脚投票"否决了这一做法。因此，既要提供种类丰富的图书品种供读者选择，也要提供内容精良的图书产品，让读者"有的"选择。

除了供给侧产品结构改革，2015年图书管理部门、出版企业、行业组织还举办了多种为读者服务的活动。2015年"读者大会"上，王蒙、王树增、曹文轩等作家就文学创作、主题出版等不同话题，与现场读者互动交流，分享经验，了解读者阅读需求。开卷公司通过排行榜的方式展示读者的阅读偏好与走向。出版企业策划选题，"把脉"读者阅读口味，这些数据提供了重要支持。

四、对作者的责任

图书出版行业的发展离不开知识产权的保护，侵权盗版泛滥，将极大损害作者的权益，也将降低作者创作的积极性，最终优秀作品的缺失是整个社会的损失。2015年，我国政府继续加大知识产权的保护力度，打击盗版侵权行为，并把知识产权保护从实体出版拓展到数字出版领域。2015年世界版权日，全国共销毁侵权盗版音像制品、盗版图书、盗版电子出版物及非法报刊等共计1 644.69万件。2015年11月1日实施的《中华人民共和国刑法修正案（九）》增加了知识产权保护，尤其是对著作权保护的重要条款。

近两年，网络媒体非法转载他人作品现象日益突出，作者合法权益受到严重损害。侵权盗版案件出现新变化，一是传统纸质侵权盗版向网络转移，通过网络批销盗版图书；二是网络出版原创内容的侵权盗版，主要表现在盗链和未经授权复制传播，网络原创小说是重灾区。鉴于网络数字出版业务快速发展，网络侵权盗版成本更低、更容易也更难以预防的情况，2015年4月，国家版权局下发《关于规范网络转载版权秩序的通知》，主要包括四方面内容：一是明确了著作权法律法规中涉及网络版权转载的几个重要问题；二是引导报刊单位和传统媒体进一步改进内部版权管理工作；三是鼓励报刊单位和互联网媒体积极开展版权合作，营造健康有序的网络转载环境；四是要求各级版权行政管理部门加大版权监管力度。此外，"剑网2015"第十一次针对网络侵权盗版亮剑。通过剑网行动进一步规范网络转载版权秩序，加强数字出版内容的版权保护，强化对互联网媒体的版权监管力度，严厉查处未经许可非法转载、传播他人作品的侵权盗版行为。国家出重拳整治侵权盗版的违法行为，有效地维护了企业利益和作者权益，使作者的精神利益和财产利益得到提升。

五、对社会的责任

1. 书香中国，助力全民阅读

我国早已是出版大国，但国民图书阅读率却一直不高。第十三次全国国民阅读调查显示，2015年我国国民人均纸质图书阅读量为4.58本，电子书阅读量为3.26本。成年国民人均纸质图书和电子书合计阅读量为7.84本，较2014年纸质图书和电子书合计阅读量7.78本上升了0.06本[1]。这一数字显然与出版大国的现实极不协调。由此，从国家层面出台了多项措施，鼓励国民阅读。到2015年，国民阅读活动已有9年时间，"爱读书、读好书、善读书"的阅读

---

[1] 《第十三次国民阅读调查》，中国新闻出版研究院官，http：//cips.chuban.cc/yjsdt/201604/t20160419_173544.html。

氛围更加浓厚。此外，从2011年举办的"书香中国"延续至今，每年世界读书日前后开展。2015年书香中国暨北京阅读季在4月18日启动，在国家新闻出版广电总局组织指导下，全国各地在4月23日"世界读书日"前后启动了"江苏读书节""书香荆楚""书香八闽""书香岭南""三湘读书月""南国书香节""天山读书节""书香重庆""三秦书月""书香八桂""书香龙江""深圳读书月"等一系列全民阅读活动。在各种阅读活动助力下，国民阅读率有所提升，书香社会成为奋斗目标。

2. 农家书屋，保障弱势群体阅读权利

农家书屋是为满足农民文化需求，建在行政村且具有一定数量的图书、报刊、电子音像制品和相应阅读、播放条件，由农民自主管理、自我服务的公益性文化场所。2005年农家书屋工程试点，2015年农家书屋已经基本普及。相对于普通读者，农民群体阅读存在经济上、购买距离、购买内容及购买意识等多方面的弱势，农家书屋是实施公益助读，保障农民阅读权利的重要举措。此外，随着农家书屋工程推进，不仅为满足农民有书可读，更需要购买和推荐适合他们阅读的书目。近几年，国家新闻出版广电总局每年发布《农家书屋重点出版物推荐目录》，2015年共有490家图书出版单位选送图书3 054种入选目录。2015年暑假，还开展了"我的书屋，我的梦"农村少年儿童阅读活动征文比赛，给农村儿童特别是留守儿童带来了丰富的暑假生活。

3. 公益宣传，企业捐赠公益活动增多

除管理者层面的公益助读及公益宣传外，公益活动和捐赠也成为出版企业执行社会责任的共识。主要有以下几种形式：一是直接捐助。2015年9月，中国出版集团公司等单位以"读者之家"的名义向吕梁、晋中、长治、临汾、大同、太原等不同地区的农家书屋和大中学校捐赠了价值88万元的图书。2015年9月，凤凰传媒向西藏林芝捐献各类图书80万，其中向林芝市新华书店捐赠图书20万元，向工布江达县小学捐赠图书30万元，向日喀则市上海实验学校捐赠图书30万元。二是通过赞助形式进行环保宣传。2015年，中国环境出版集团参与公益宣传活动——"环保微炬汇"，通过赞助现金及图书的方式宣传环保理念。三是开展各种读书、创作活动。2015年湖南少年儿童出版社阅读推广基地·云朵创意绘本馆挂牌。四是义卖活动温暖社会。2015年湖南美术出版社图书爱心助学义卖，所得款项资助贫困学子。此外，各出版企业还通过支教、开展其他公益活动的方式履行社会公益责任。

六、对环境的责任

1. 再生纸得到重视

图书行业不直接生产纸张污染环境,但是纸张作为图书的生产原料,图书企业对生态环境就负有重要责任。2008年的"书业观察论坛"上,新闻出版总署图书司副司长马国仓就指出,出版应该承担相应的环境责任。2008年以来,国际社会开始倡导"绿色出版"。2008年美国书展将"绿色出版"作为主题。《哈利·波特(七)》在美国首印1 000万册,用纸的三分之二是"绿色纸张",相当于保住了20万株大树,同时减少了800万公斤温室气体排放[1]。国际环保组织"绿色和平"推出《爱书人爱森林绿色出版指南》,倡导使用"森林友好型纸张"(再生纸)印刷书籍。2008年出版的《阿米1:星星的孩子》是我国第一本全部使用再生纸的图书。之后,使用再生纸得到一些出版企业支持。如北京先知先行图书发行有限公司策划、天津教育出版社发行的《一生有用的十二个好习惯》《构建理想课堂》《手心的光》《在农历的天空下》,上海交通大学出版社出版发行的《全球变暖生存手册》,人民教育出版社出版发行的《心理健康》等。

2. 绿色教材逐渐推广

2010年,上海在全国率先成立"国家绿色创意印刷示范园区",并尝试印刷绿色环保的中小学教材。2010年9月14日,环境保护部和新闻出版总署签署了《实施绿色印刷战略合作协议》,在全国印刷企业中推广绿色印刷。与传统印刷技术相比,新型绿色教材使用了我国环境标志认证的油墨、纸制品以及环保型胶粘剂等原辅料。2010年我国共有7家出版社、11家印刷企业及部分材料供货商参加了试点工作,先后共印制了100个品种、1 400多万册"绿色教材",发行地区涉及20个省区市。到2015年全国12亿册中小学秋季教科书全部实现绿色印刷。同时,31家出版社与当当网、京东商城、亚马逊三大电商等向社会发布承诺书,共同倡导健康环保阅读、奉献绿色印刷图书。[2]

---

[1] 杨丽明:《绿色出版》开始在中国流行》,《中国青年报》,2008年7月31日国际版。
[2] 《全国中小学教科书全部实现绿印》,《中国新闻出版广电报》,2015年11月5日。

第三节 中国图书媒体执行社会责任存在的问题

一、履责信息披露不足，缺乏社会责任行业标准

从可公开查到的资料中发现，图书行业企业没有履行社会责任报告的整体数据，只有中南出版传媒集团 2012 至 2014 连续三年公布了企业的社会责任报告，但 2015 年报告迟迟没有发布。相较而言，2013 年中国记协就提出了媒体 8 大社会责任，到 2014 年有 39 家媒体披露了社会责任报告，但是披露信息的媒体为报纸、电视和网络，没有图书媒体，因此图书媒体执行社会责任的状况缺乏行业企业数据。图书媒体履责数据散见于各出版企业官网和一些新闻报道中，有几种情况：一是有专门社会责任信息披露机制，如中南出版传媒集团有公布过专门的企业年度社会责任报告，凤凰出版传媒集团官网中也有社会责任版块，但没有以独立报告形式出现，可从报道中收集整理相关信息；二是有社会责任版块，但内容严重不足或更新差，如中国环境出版集团社会责任版块只有一条信息；三是通过官网可以找到相关信息，散见于企业新闻报道中；四是图书企业官方披露信息中难以找到企业社会责任资料，仅见于一些媒体报道中。由此可见，图书行业企业履责信息披露不足，也导致本报告数据不全面，只是零散展现了一些图书媒体履责情况。

二、执行社会责任的激励机制不足

行业缺少履责数据，企业履责信息披露不完整，也暴露出另一问题，即执行社会责任的激励机制不足。除了优秀图书或社会效益明显图书获奖及进入重点书目推荐外，对图书企业履责的激励形式比较单一。这样即使履行社会责任是图书出版企业的基本任务和要求，但是各家出版企业完成履责也存在最低限度问题。披露相关信息也不积极，导致相关数据难以寻找。大型出版集团执行社会责任信息披露较好，特别是一些上市出版集团，这既有相关制度要求，也有为获得社会赞誉的原因。除了保障出版方向正确，出版优秀高质量图书是每家出版企业的共识，但执行其他方面社会责任情况不一，即使有些大型出版集团的捐赠、扶助公

益活动也是在当地政府的系列活动中开展,如要求企业对口帮扶、主动捐赠、助读、助益活动要么很少,要么是做了好事没有宣传意识,难以查找相关信息。

三、图书媒体履行社会责任力度不均,个别履责点薄弱

1. 图书品种数量高,读者依然反映"无书"可读

2015年中国共出版47.58万种图书,从数量上来讲,图书品种非常丰富,但是种类虽多,读者依然感觉"无书"可读,精确来讲,应是无好书可读。多出书,出好书一直是我国出版人的使命,也是为读者负责的表现。多出书早已实现,但出好书似乎不尽如人意。2015年共出版长篇小说5 000多部,只有《群山之巅》《篡改的命》《一座营盘》《桃夭》等少数作品被人们称道。

2. 图书出版企业盈利能力不强,对投资人回报有待提升

2015年图书出版集团的平均资产总利润率为5.2%,高于印刷和报刊出版集团,但比2014年有所降低。平均资产利润率是衡量企业盈利能力的重要指标,出版集团这一数字比起其他行业,依然较低,作为国有文化出版企业,政府作为最大出资人,国有资产的保值增值是对出资人的责任。

3. 绿色出版实践力度不足,再生纸使用率低

出版业虽然不是纸张消耗最多行业,但图书出版业一向对文化和社会有着巨大的影响力,如果出版业能以自身的改变,促成积极的环境效应,必然能够在公众中产生热烈反响,引起全社会对环境保护、绿色消费的关注。我国绿色出版有一定成绩,2015年秋全国中小学教材已经实现绿色印刷,但是自2008年就开始倡导的使用再生纸理念却没有被广泛应用。再生纸使用与国外情况相差甚远,重视程度也不够。

第四节 中国图书媒体社会责任执行力提升的路径与方法

要进一步提升中国图书媒体执行社会责任的力度,需要各方主体的共同努力,政府、行业组织和图书出版企业都需要贡献各自的力量。鉴于目前中国图书媒体执行社会责任时表现出的问题,以下几点需要注意。

一、建立行业履责标准，鼓励行业企业披露信息

建立行业履行社会责任的标准和规范，让图书媒体在履责时能有章可循。相对于报刊广电等媒体，图书媒体的时效性不强，但知识的系统性和深度也是其他媒体难以相比的。因此，在制定传媒社会责任通行的框架下，考虑到图书媒体的介质属性和功能定位，应具体细化社会责任执行标准，也能让图书媒体更好地根据自身特点履责。

鼓励行业企业规范披露履责情况和信息。可通过行业组织平台，如借鉴中国记协公布媒体社会责任的做法，图书行业组织可作为服务者承担类似功能。同时图书企业也应主动担负起披露信息的责任，行业履责主要依靠图书企业的努力，让履责情况更加详细透明。

二、完善激励机制，增加图书媒体履责的积极性

完善激励机制，鼓励图书媒体更好执行社会责任。可以探索除获奖、表彰、重点推荐之外多元化的激励机制。上述激励侧重精神层面的鼓励，虽也有经济奖励，但是普遍力度较小。图书企业要在竞争中生存下来，经济收益是企业生存的"硬约束"，因此探索经济激励机制对图书媒体更好履行社会责任可能有更大吸引力。在有行业社会责任履行标准的前提下，对那些社会责任履行情况突出企业，可以考虑设立行业奖励基金方式激励，或是通过降低税点等经济手段来鼓励。但是完善的激励机制，需要建立在统一社会责任标准的前提下，要防止出现不公平。

三、针对社会责任薄弱点，强化图书媒体执行力

1. 优化图书品种生产结构，为读者提供高质量内容

2015年图书品种出版结构进一步优化，重印图书品种数和总印数大幅增长，新书品种也出现增长。出版重印图书21.54万种，增加2.99万种，增长11.9%。重印图书46.2亿册（张），增加4.9亿册（张），增长11.9%，大幅超过新版图书。图书能够重印表明得到读者认可。一是可以通过行业宏观调控降低图书品种，改变新书过多、单品种销量过低、读者不满意的情况；二是图

书出版企业主动调整策略，改变一味追求图书品种数量，又面临高退货率、读者不买账的情况。内容精良，读者满意，才是对读者负责。

2. 增强图书出版企业自生能力，提高投资回报率

国有图书出版企业还在深化改革阶段，从事业到企业不仅是名称变化，更是身份变化，出版企业逐渐成为市场竞争主体。国有图书企业能否获得"自生能力"是生存和发展重点，自生能力即不依靠政府的支持和补贴，也能获得市场正常利润的能力。这是对每个能在市场上生存的企业的要求，否则可能被淘汰。从 2015 年各项经济指标来看，图书出版企业整体的盈利能力高于期刊和报纸，但一些盈利指标同比下降。同时，图书出版行业的盈利能力相比其他行业而言，还存在偏低情况，这还是在图书行业有优惠性改革政策的情况下，因此培养图书出版企业的自生能力，是对投资人最好的回报方式。

3. 增强环保理念，推广绿色出版

对于年产量近 50 万种图书的出版大国来说，几十种再生纸图书是沧海一粟。在全球环境不断恶化的情况下，出版企业除了出版环保类图书进行宣传和教育之外，自身也应践行绿色出版环保理念，多用再生纸，为环保做出切实贡献。以下几点可以参考：一是从绿色出版理念入手，大力宣传，提升行业绿色出版意识；二是国家加大支持力度，对那些使用再生纸的图书企业予以奖励；三是降低绿色出版成本，加快再生纸生产技术开发和量化生产；四是在具体操作细节上做文章，图书企业不热衷再生纸的原因之一是，再生纸普遍质量不高，那么对大众畅销类、快速阅读消费类图书可以使用再生纸印刷，再逐渐过渡到其他图书。

第 12 章 中国报纸媒体社会责任报告

祁 涛[①]

一般认为，报刊的社会责任理论由美国新闻自由委员会提出，由威尔伯·施拉姆等人提炼而成。实际上，有关报纸社会责任的论述比比皆是。早在1901年，梁启超即为报纸确定了四项原则："宗旨定而高、思想新而正、材料富而当、报事确而速。"[②] 1919 年，马克思·韦伯在演讲中指出："新闻工作者的责任要重大得多，平均而言，每一个正直的新闻记者的责任感丝毫不比学者的低，而是更高。"[③] 卡斯柏·约斯特在 1926 年提出："报刊的力量使其担负了巨大的责任。"[④] 改革开放以来，随着新闻业的快速发展，新闻媒体的社会责任日益受到党和国家的重视。2004 年 9 月，中共十六届四中全会通过的《中共中央关于加强党的执政能力建设的决定》提出，"引导新闻媒体增强政治意识、大局意识和社会责任感"，首次将新闻媒体的社会责任写入了中央决定。2009 年 10 月，胡锦涛同志在世界媒体峰会致辞中提出"媒体要切实承担社会责任"，是党和国家领导人首次公开强调新闻媒体的社会责任。2013 年 8 月，习近平同志更加明确地要求："宣传思想部门承担着十分重要的职责，必须守土有责、守土负责、守土尽责。"[⑤] 社会责任成为党和国家非常关注、党领导新闻媒体建设的核心语汇。以党报为核心，我国报纸多年来牢记职责，用智慧、汗水为党的新闻宣传工作做出了重要贡献，也推动了自身的快速发展。2015 年，面临新媒体环境带来的生存挑战，面对社会转型期复杂的舆论局面，报界同仁积极宣传党的政策、反映群众呼声、主动开展调研、探寻转型路径，提交了一份令人

[①] 祁涛，河南大学新闻与传播学院副教授，中国人民大学新闻学博士。
[②] 参见方汉奇主编：《中国新闻事业通史》（第一卷），第 973 页，中国人民大学出版社 1992 年版。
[③] 马克思·韦伯著，王容芬译：《伦理之业》，第 45 页，中央编译出版社 2012 年版。
[④] 卡斯柏·约斯特著，王海译：《新闻学原理》，第 89 页，中国传媒大学出版社 2013 年版。
[⑤]《人民日报》，2013 年 8 月 21 日第 1 版。

满意的答卷。

一、坚持正确舆论导向，传播社会正能量

卡斯柏·约斯特认为："新闻业的责任就是思考舆论的影响，进而考虑对于公共福利的影响。"[1] 美国新闻自由委员会提出，"大众传播机构是一种教育工具，也许是最强大的；它们必须在陈述和阐明本共同体应该为之奋斗的理想中，承担起教育者那样的职责"[2]。可见无论中外，新闻媒体的社会责任，与新闻舆论导向密不可分。而在中国，报纸作为党和人民的耳目喉舌，作为联系党和人民群众的重要桥梁，坚持正确舆论导向具有特殊重要的意义，"我们正在进行具有许多新的历史特点的伟大斗争，面临的挑战和困难前所未有，必须坚持巩固壮大主流思想舆论，弘扬主旋律，传播正能量，激发全社会团结奋进的强大力量"[3]。2015年，我国报纸面对新闻传播领域意见多元化、表达碎片化、舆论场分化的局面，积极宣传党的方针政策、传播社会正能量，在凝聚社会共识、重建"三个自信"、塑造社会认同方面，发挥了重要作用。

1. 认真宣传的方针政策

宣传党的方针政策，把党的方针政策最迅速最广泛最有效地同广大人民群众见面，是坚持正确舆论导向的核心工作。2015年，我国各级报纸发挥权威性和专业化优势，对党的政策进行集中式宣传、主题性报道，形成了报道声势，突出了核心议题。与以往炒作和跟踪明星代表和委员、报道低俗化相比，2015年报纸两会报道更多地关注了热点新闻和焦点问题，"四个全面"战略布局、经济发展新常态、全面深化改革等成为各级报纸关注的热点。《人民日报》日出8个版面的特刊，围绕党中央"四个全面"的战略部署和"新常态"的战略判断，推出了"四个全面"系列评论和"中国经济为什么行"等专题报道，引起了国内外媒体的广泛关注；《解放军报》开设了"治国理政谋新篇""强军兴军正能量"等专栏，受到中央军委领导肯定；光明网邀请经济学家畅谈经济发展新常态，为读者奉上了权威解读；《人民日报》（海外版）则关注了中

---

[1] 卡斯柏·约斯特著，王海译：《新闻学原理》，第109页，中国传媒大学出版社2013年版。
[2] 新闻自由委员会著，展江等译：《一个自由而负责的新闻界》，第15页，中国人民大学出版社2004年版。
[3] 《人民日报》，2013年8月21日第1版。

国经济增速、军费增长等国际关注的热点话题,直面国际舆论。2015年,"四个全面""一带一路""创新驱动"等是国家经济社会发展的核心政策,各级报纸对此做了广泛宣传,南方报业传媒集团推出了"创新驱动特别报道",河南日报报业集团推出了"打造区域优势融入'一带一路'"和"郑州航空港启航两周年"大型报道,新华日报报业集团推出了"长三角一体化""牵手'一带一路'"等报道,既剖析了党委政府的重大决策,更体现了地方政府和群众的实践与要求。在网络舆论表达贴自身化而显得格局狭小的语境下,以党报为核心的报纸在宣传党的方针政策方面显得更加大方、更加大气。

2. 积极传播社会正能量

在利益多元化、表达碎片化的语境下,我国报纸认真承担起了凝聚社会共识,增强国家认同的舆论引导责任,努力传播社会正能量。在2015年9月3日"抗日战争胜利70周年"、12月3日"南京大屠杀死难者国家公祭日"中,各级报纸着力强调了中国共产党在抗日战争中的领导作用、我国在二战中"东方主战场"的地位,展现了中华民族反对侵略战争的坚定决心,追求民族复兴的伟大梦想。从2015年4月,《人民日报》开设了"民族记忆——你不知道的抗战故事"等专栏,引导读者铭记历史、珍惜国家的和平发展环境。纪念日前后,推出了习近平总书记讲话和阅兵等重点报道,充分展现了中国领导人的风采和中国的气度与风范;《人民日报》用任仲平等形式、《光明日报》在抗战胜利70周年之际开设了"二战中的中国贡献"专栏,有力回应了"中国威胁论"和"中国贡献是炒作"等错误言论。在首个"国家公祭日",《人民日报》着重报道了习近平等国家领导人参加公祭活动的情况和遇难家属、学者专家和国内外各界对南京大屠杀的纪念与回忆,南京各家报纸则以黑白版面挖掘了那段沉痛的历史,表达了深深的悼念,同时引导舆论以史为鉴加快发展确保和平。除此之外,各家报纸还通过典型报道、民生服务等题材发现生活中的感动,彰显人间真善美。如在"东方之星"沉没报道中,各家媒体着力营造了全力救援、热情关怀的氛围,有效地发挥了情绪抚慰和组织动员的功能;《长江日报》的"总书记点赞的12名共产党员",用真情捕捉典型细节,取得了很强的感染力。

3. 向问题求解者转型

童兵、樊亚平指出:"对传统媒体来说转型最重要的是角色转型,具体来说就是从信息提供者角色向问题求解者角色的转型。"① 2015年，面对互联网络中良莠不齐的信息和众说纷纭的意见，报纸充分发挥了调查真相、核实事实、分辨是非、以正视听的作用。面对国内外对新常态背景下中国经济社会发展的疑虑，《人民日报》推出了"解疑中国经济"系列报道，对经济发展中遇到的"经济下滑会不会过快"等问题做了全面科学的分析，起到了很好的答疑解惑、廓清认识的作用。在"东方之星"沉船事故和天津"8.12"事故中，《人民日报》和当地报纸针对群众关注的热点问题，如"东方之星"沉船是否是人为事件、是否有人为失职责任，天津港爆炸事故是否会留下化学物质等等问题，邀请专家做了解释，为人们答疑解惑。针对网络上流言四起、是非混淆的状况，《人民日报》开设了"求证"专栏，运用"疑问+调查"模式回答网络空间的议论；《新华日报》开设了"还原真相"栏目，数年来已经刊登辟谣稿件近百篇，其中1/3是用来破除当天流传的谣言，包括2015年3月破除了射阳农商行被传倒闭的谣言，避免了一场挤兑风潮，也包括"南京城管殴打70岁老人""苏州警察对溺水儿童见死不救"等谣言，破除了"仇警""仇城管"的口实。

在正确引导舆论、传播社会正能量的过程中，报界同仁努力创新理念、内容、形式、方法、渠道。在渠道方面，报纸多利用全媒体集团优势，实现新闻报道的立体化覆盖，典型的有人民日报社"全媒体中央厨房"的报道试验，实现了新闻稿件的"一次采集、多次生成、多元传播"，② 中国青年报社通过"中青舆情"制作大数据新闻，各家报纸均采用"两微一端"传播新闻。在内容理念上，报纸注重"两个舆论场"的结合，即宣传党的方针政策、工作重心，又将政策宣传与民众利益结合起来进行解读，体现党性和人民性的统一。在表达方式上，报纸注重高不成低不就的变革，采用网络语言、微博微信的陈述方式讲故事、拉家常，做到吸引人和感染人。在报纸运营方面，则注重与读者的互动，吸引读者参与，如征集选题、请读者评价等等。报纸报道的亲和性与日俱增，张志安发现，时政新闻的亲近性文本"一方面接近了受众和两会的距离，以其营造参与感提高了受众对两会的关注度，另一方面又塑造了领导人

---

① 童兵，樊亚平：《从信息提供者到问题求解者——转型时代传统媒体的角色转型》，《新闻记者》，2014年第11期。
② 温红彦：《我给媒体融合的一次生动演练》，《新闻战绩》，2015年4月上。

富有亲和力的形象"。①

二、拓展报纸功能，提供丰富多元的服务

在传统媒体下，报纸以内容生产为主，在市场经济条件下兼做产业经营，故而学者将报纸的主要职能概括为"传播信息，报道新闻；反映舆论，引导舆论；服务受众，服务社会"。② 随着新媒体技术的快速发展，新闻媒体的资源结构和传播语境发生了深刻的变化，适应这种变化的要求，报纸服务受众和社会功能的内涵得以丰富和扩大。近年来特别是在2015年，我国报纸着力开拓了网络舆情监测、智库咨询和网络问政等方面的服务，延伸了报纸报道新闻、引导舆论职能的同时，拓展丰富了报纸服务党委政府以及社会各界的职能的内涵。

1. 网络舆情监测与分析

网络舆情是指"通过互联网表达和传播的，民众对自己关心或与自身利益紧密相关的各种社会公共事务所持有的多种情绪、态度和意见交错的总和"。③ 由于互联网充分激活了个人的信息传播与社交能力，网络舆论呈现为众志喧哗的局面，对公共事务和公共决策的影响越来越大，对社会思想意识形态的走向影响越来越明显，需要社会管理者等各种社会主体及时全面地监测网络舆情，做到预警舆情危机和及时应对变化。正因为如此，网络舆情监测与分析成为当前新闻传播领域的热点应用，报纸因应需求变化，在舆情监测方面建立了自己的优势。在2015年，他们的舆情服务做出了显著的成绩。人民网舆情监测室是我国舆情监测领域的品牌，2015年公开出版报告近百篇，同时向中央、各部委定期提供舆情分析，涉及各个行业，为国家舆情应对提供了有力的支持。《中国青年报》采用中青舆情自主知识产权的大数据、云计算平台，撰写舆情专报、舆情观察等给国家部委和地方领导，为其引导舆论提供第一手资料。如今，舆情分析已经成为许多报纸的常规工作，如南方报业传媒集团开发了南方舆情数据项目，2015年提供舆情报告1 805篇。郑州报业集团构建了集信息收

---

① 张志安，曾子樵：《网络时政新闻的亲近性文本研究》，《新闻大学》，2016年第3期。
② 郑保卫：《新闻理论新编》，第146~152页，中国人民大学出版社2007年版。
③ 张丽红：《试析网络舆情对网络民主的影响》，《天津社会科学》，2007年第3期。

集、舆情研判等功能于一体的全媒体多功能平台。许多舆情分析报告影响了热点舆论事件的有效解决。2014年底，山东省交通部门宣布15条还贷到期的高速公路继续延期收费，国家交通部宣称高速公路巨亏，中青舆情第一时间撰写了舆情观察提示，98%的网民不相信"巨亏说"。2015年3月，交通部长杨传堂在两会期间对该问题表示，将对高速公路收费体制进行改革。2015年1月，国家工商总局点名批评淘宝网，淘宝网则投诉国家工商总局司长，中青舆情第一时间撰写舆情专报，建议在鼓励大众创业、万众创新的背景下，双方搁置"隔空打架"，联手打假，有效地引导了舆论的风向。在新媒体时代，舆情服务成为报纸"履行职责使命、创新服务价值、提升服务能力的有效抓手"。①

2. 智库咨询与服务

习近平总书记在中央全面深化改革领导小组第6次会议上强调："要从推动科学决策、民主决策，推进国家治理体系和治理能力现代化、增强国家软实力的战略高度，把中国特色新型智库建设作为一项重大而紧迫的任务切实抓好。"② 2015年1月，中共中央办公厅、国务院办公厅印发了《关于加强中国特色新型智库建设的意见》，提出要重点建设50~100个专业化高端智库，并将中央重点新闻单位作为建设试点之一。在此背景之下，各家报纸利用自己多年的社会主义资源积累和新媒体技术使用能力，加快了专业化智库建设。《光明日报》建设了光明日报智库研究与发布中心，并为《光明日报》确立了"智库之中的智库、智库之上的智库、智库之后的智库"的办报理念，编制了"中国智库索引"系统，设置了"智库"专版，为中国特色新型智库建设提供更为坚实的思想支撑，为全面建成小康社会、实现社会主义现代化，提供更为广泛更为深厚的智力支持。2015年9月，习近平总书记访问美国，《光明日报》利用智库资源，在8天时间内刊发报道83篇，光明网发稿2100多篇，访问量超过1.31亿人次。这些文章和报道起到了提出议题、发出声音、引导舆论的作用，社会反响强烈，有些文章和报道被国信办通知全网转发。《中国青年报》则利用运营近20年的中青调查品牌，建设了中青智库，供团中央和省级团委负责人参考，为团委工作提供调查研究报告和工作建议。南方报业传媒集团则

---

① 蓝云：《数据+舆情：南方报业创新转型提高服务能力的探索》，《中国记者》，2016年第6期。
② 《人民日报》，2014年10月28日第一版。

利用大数据启动了南方"数据治理"项目,推进媒体大数据、治理大数据和政经大数据、工情大数据建设,为广东经济社会发展提供全方位的数据情报。许多报社都主动或者应各级党委政府的要求,进行广泛调研,搜集有效信息,供党委政府决策之用,成为各级党委政府的思想源头和智力资源。

3. 网络问政平台建设与网络问政服务

广义而言,网络问政是指通过互联网络参政议政,向政府反映问题、建言献策并进行监督。按此定义,所有在网络上参政议政的行动都属于网络问政。这里所说的网络问政,主要是指通过特定的平台实现与行政部门的连接,供网民和行政部门沟通。近年来,我国各级政府均建立了官方网站、官方微博等新媒体平台,网民参政议政成本更低、效率更高。特别是各地纪检部门支持创办的网络监督平台,更是为人民群众解决了很多问题。如河南各地普遍建立了行政便民网络平台,由市委办公室、市政府办公室和纪检部门专门成立服务队伍,听取群众反映的问题、监督各部门按时回复和落实,社会反映良好。由于报纸多少年来肩负联系和人民群众沟通桥梁的使命,在网络问政层面具有很多优势,也有过很多探索,如各报网站中的论坛等。近年来,面对政府网站对政务信息的分流和各种媒体平台对网民信息满足功能的分解,报纸开始注重发挥网络问政方面的优势,建立了各种网络问政平台,典型的如人民网地方领导人留言板,是许多网民走投无路时求助的希望所在,2015年,该平台留言回复办理15万项;《南方都市报》所属的奥一网"网络问政",运作体系完善。2015年,许多报纸发力网络问政。如温州新闻网的网络问政平台,既包括当地各行政部门干部与群众直接对话的思想平台,又包括网民批评政府工作、反映现实问题的监督平台,还包括公民表达意见、讨论公共事务的意见平台。浙江丽水日报社2013年开通了"问政直通车",2015年点击量近5 000万人次。网络问政逐渐成为《南方日报》《河南日报》等省级报纸探索和发展的核心业务。网络问政平台的建设,是新媒体环境下报纸推进"互联网+",将新闻媒体拓展为公共媒体、将新闻宣传转型为公共服务的关键节点。

三、全媒体融合,壮大主流舆论阵地

江泽民同志曾经多次强调:"舆论工具不掌握在真正的马克思主义者手中,不按照党和人民的意志、利益进行舆论导向,会带来多么严重的危害和巨大的

损失。"① 胡锦涛同志指出:"要把发展主媒体作为战略重点,加大支持力度,扩大覆盖面和影响力。"② 因为的媒介社会,媒体综合实力的强弱,媒体资源掌握能力的强弱,直接决定了新闻的力量,影响新闻传播的效果。正是因为如此,2014年8月,习近平总书记在中央全面深化改革领导小组第4次会议上强调:"推动传统媒体和新兴媒体融合发展,要遵循新闻传播规律和新兴媒体发展规律,强化互联网思维,坚持传统媒体和新兴媒体优势互补、一体发展,坚持先进技术为支撑、内容建设为根本,推动传统媒体和新兴媒体在内容、渠道、平台、经营、管理等方面的深度融合,着力打造一批形态多样、手段先进、具有竞争力的新型主流媒体,建成几家拥有强大实力和传播力、公信力、影响力的新型媒体集团,形成立体多样、融合发展的现代传播体系。"③ 这是新媒体时代党中央向传统媒体发出的向新媒体进军、构建舆论引导新格局的政治动员。各级报纸加快了推进媒体融合、建设新型主媒体的步伐,2014年因此也被称为"融合元年",2015年则是媒体融合的开局之年。这是各级报纸自觉承担建设新闻舆论阵地、壮大主流媒体实力的责任。

1. 建设全媒体传播集团

推动传统媒体与新兴媒体融合,其实质是要将传统主流媒体阵地延伸至互联网络空间,其内涵是要求报纸将新闻宣传渠道拓展至互联网各个空间。2015年,各级报纸特别是中央和省级报纸均在以往全媒体运营基础上加大了"微博、微信、客户端"建设,力求建成有影响力的社交媒体平台。微博微信方面,成功的当属《人民日报》的法人微博和微信公众号,人民日报法人微博于2012年7月创办,到2015年其粉丝总数已近5 000万,位列所有媒体微博账户之首;其微信公众号于2015年7月以总阅读数3 975万+、总点赞数110万+,位居中国微信500强之首。"人民媒体方阵"中的"学习小组""侠客岛""人民日报评论"等已经成为业界好评、用户反映良好的品牌。在新闻客户端建设方面,人民日报新闻客户端引领全国新闻媒体客户端风气之先,自2014年6月上线以来,经过20余次的产品迭代,下载量已经于2015年年底超过1亿人次。

---

① 江泽民:《关于党的新闻工作的几个问题——在新闻工作研讨班上的讲话提纲》,《新闻战线》,1990年第3期。
② 胡锦涛:《在人民日报社考察时的讲话》,《新闻战线》,2008年第7期。
③ 《人民日报》,2014年8月19日第1版。

上海报业集团集《东方早报》全报社之力打造的"澎湃新闻"客户端，到 2015 年下载量 3 000 万，日活跃用户 200 万，成为观察中国时政新闻必备的移动入口之一，创造了报纸转型中的"澎湃现象"。"两微一端"建设代表了报纸推动媒体融合、建设全媒体集团的最新努力。加上以往打造的新媒体平台，我国绝大多数报社建成了全媒体传播平台。截至 2015 年年底，人民日报社已拥有 29 种社属报刊、44 家网站、142 个微信公众账号、118 个微博机构账号和 31 个手机客户端，构成了完整的"人民媒体方阵"。浙江日报报业集团实施了"三圈环流、三端融通、三点发力"推进媒体融合，[①] 拥有传统媒体 38 家和腾讯·大浙网、边锋浩方网络平台等新媒体平台 200 多个，6.4 亿网络注册用户，4 000 万活跃用户和 2000 万移动用户。通过入驻互联网空间，2015 年报纸创造了新的网络传播阵地，改变了新闻舆论引导格局，也为自己的生存与发展打下了新的基础。

2. 构建全媒体融合机制和新闻生产新流程

"媒体融合不只是一个技术革新的过程，更是一场广泛深刻的革命。"[②] 它不仅仅是完成新媒体平台的占有、把报纸内容和经营搬到互联网空间的事，而是对新闻媒体运作机制的全方位重构。在推进媒体融合、建设新型主流媒体的过程中，各家报社都对内容生产机制做了调整，建成了新的媒体运行平台。人民日报社依托建设中的全媒体新闻平台，尝试了"中央厨房"新闻生产机制，实现了"报道流程平台化、报道内容定制化、报道方式故事化、报道数据可视化"，提高了新闻生产效率和传播能力，适应了网上网下、国内国外不同舆论场的需求。以 2015 年全国两会为例，除了《人民日报》及海外的两会特刊外，"中央厨房"通过人民网发布两会新闻 9 000 余篇，大数据可视新闻 53 篇，视频直播 26 场，人民日报法人微博发布新闻 270 条，新闻客户端刊发新闻 720 余条，阅读量超过 1 亿人次。依托新媒体设置的"两会 e 客厅""书话两会"等交互式传播形态取得了良好的传播效果。探索顺畅的内容生产和媒体经营流程成为报纸的努力方向，2015 年，上海报业集团将业务分成了"三大产业板块"，探索内容、渠道、平台、经营、管理的深度融合，实现媒体融合的可持

[①] 鲍洪俊：《实施三三战略，强化内容生产，推进媒体融合》，《中国记者》，2016 年第 6 期。
[②] 杨振武：《把互联网的基因注入媒体》，《新闻战线》，2015 年第 6 期。

续发展；2014年12月，广州日报报业集团成立了全媒体编辑部，建立了一体化的全媒体内容生产体制；新华日报报业集团于2015年年底建成了统一的内容生产平台，建立了中央编辑中心。媒体融合换来的是实实在在的内容生产力和新闻传播力，光明日报社利用了报纸、网站、云媒客户端等8个平台，制作文字稿件3 000余篇、视频稿件200篇、图片稿件1 168张、转载稿件6 000余篇、博文1 600余条，秒拍视频104个，实现了一次采集、多流程加工、多渠道分发的新闻融合生产机制。而这，是单单几张报纸不可想象的。

2016年年初，习近平总书记再次强调："做好党的新闻舆论工作，事关旗帜和道路，事关贯彻落实党的理论和路线方针政策，事关顺利推进党和国家各项事业，事关全党全国各族人民凝聚力和向心力，事关党和国家前途命运。必须从党的工作全局出发把握党的新闻舆论工作，做到思想上高度重视、工作上精准有力。"[①] 知之非艰，行之惟难。在经济发展进入新常态、社会转型处于关键节点之时，新闻舆论工作已非自己鼓起热情激励人民群众热情那么简单，也非做大做强一句话所能尽言。在当今如此复杂的中国，做好新闻舆论工作是一门艺术，成为"舆论引导领域的艺术家"，报纸记者肩上的责任更重。

---

① 《人民日报》，2016年2月19日第1版。

第13章 中国期刊媒体社会责任报告

于重榕[1]

2015年,中国期刊延续了平均销量下滑的态势,中国期刊业从高速增长进入到低速增长阶段。在此情况下,期刊社会责任的履行也面临着新的挑战。在寻求转型、改革的过程中,期刊媒体较好地履行了其所担负的社会责任,积极寻求政治利益、社会利益和经济利益的三者统一。2015年,期刊社会责任的履行也存在着不足,需要在期刊媒体自律及宏观层面上加以解决。

第一节 中国期刊媒体概况

2015年是全面深化改革之年,也是全面完成"十二五"规划的收官之年。2015年全国共出版期刊10 014种,平均期印数14 628.25万册,总印数28.78亿册,总印张167.78亿印张,定价总金额242.97亿元。与上年相比,种数增长0.48%,平均期印数下降6.60%,总印数下降6.99%,总印张下降8.60%,定价总金额下降2.57%。[2] 面对基于互联网平台的各类新型媒体的强势崛起,纸质期刊发行量严重下滑、读者严重流失问题越来越突出,传统期刊经营压力增大。据统计,2015年我国期刊整体平均销量延续了2014年的下滑态势,2015年下半年下降率为4.73%。发行市场代销比例增加,期刊竞争压力增大。[3]

---

[1] 于重榕,云南美术出版社审校室主任、副编审;研究方向:新闻出版。
[2] 《2015年全国新闻出版业基本情况》,国家文化产业创新试验区官网,[2016-09-01] http://national-ciiez.gov.cn/NewsDetail.aspx?rcid=3&cid=30&id=9124。
[3] 崔江红:《2015年中国期刊产业发展报告》,《传媒蓝皮书》,第123~127页,http://www.doc88.com/p-6512363224133.html。

2015年，我国期刊的总体发展喜忧参半。6月30日，湖北特别关注传媒股份有限公司在新三板挂牌上市，开创了我们期刊进入资本市场的先河。12月10日，读者出版传媒股份有限公司在上海证券交易所成功挂牌上市，成为A股中唯一拥有著名期刊品牌的概念股。一方面，精品期刊逆市上扬，舆论引导力、内容传播力、品牌影响力、市场竞争力不断增强；另一方面，部分地区和类别的期刊出现下滑趋势，面对互联网和移动互联网的迅猛发展，整个行业明显缺乏信心和创新力。[1] 期刊行业面临着数字化转型、体制改革、经济下行等多重压力，从高速增长进入低速发展阶段。在这样的发展背景下，2015年我国期刊社会责任的履行面临着挑战。

第二节 中国期刊媒体执行社会责任现状

作为传媒，期刊天然地担负着社会责任，其社会影响越大，其所承担的社会责任也就越重，无法回避。作为上市公司或发展较好的期刊，在公众的期待和要求下，其所担负的责任和义务显然更重；而面对市场压力，期刊在求生存、谋发展的同时履行社会责任的难度也在加大。在我国，期刊多作为经济主体参与到竞争当中，既有其作为经济主体的经济利益，同时又具备作为政府"喉舌"的政治利益，此外还有着作为社会公器的社会利益。[2] 这三种利益直接影响着期刊所履行的社会责任和义务，不同的利益侧重也决定着期刊在履行社会责任时所具体采用的方式。但这三种利益与期刊所承担的社会责任并不是冲突的。经济利益的实现有助于期刊实现其政治利益和社会利益，扩充其履行社会责任的广度；而社会责任的履行有助于提升期刊的品牌形象和社会形象，反馈回来有助于期刊实现其经济利益、政治利益，发挥其作为社会公器的作用。所以，期刊社会责任的履行往往与这三种利益统一在一起，交织体现在期刊履行社会责任的具体行为中。

---

[1] 段艳文，袁晓：《2015中国期刊业：亦喜亦忧又一年》，《传媒》，2016年第2期（上）。
[2] 朱辉宇：《传媒社会责任理论在思考》，《传媒》，2010年第11期。

一、履行正确引导责任

社会责任论认为，传媒负有引导理性生活，塑造精神道德的责任。在我国，与其他传媒一样，坚持正确的舆论导向是期刊所必须担负的责任。2015年3月31日，国家新闻出版广电总局、财政部联合印发了《关于推动传统出版和新兴出版融合发展的指导意见》，指出必须始终坚持党管出版，把坚持正确政治方向和出版导向贯穿到出版融合发展的各环节、全过程。[1]

相较于报纸等媒体，期刊以"深读"为特色，更注重思想的传达。因此，期刊的引导作用显得更为直接和突出，而在具体的表现上，不同类型的期刊因其内容、定位、编辑方针的不同又呈现出不同的特色。2015年，在期刊整体平均销量继续下滑的背景下，我国期刊在引导责任的履行上体现了操作的专业化、定位的特色化，积极寻求政治利益、社会利益和经济利益的统一。

如文摘类期刊《读者》，被誉为"中国人的心灵读本"，多年来坚持"博采中外、荟萃精华、启迪思想、开阔眼界"的办刊宗旨，力求精品，通过一篇篇发掘人性真善美的精致文章温暖人心，体现着"选择《读者》，就是选择了优秀文化"的办刊理念；而时政类期刊《中国新闻周刊》则是在新闻性上下功夫，以国内、国际重大新闻报道为主，内容涵盖政治、经济、科技、文化、体育、时尚、娱乐等领域，重点在于挖掘新闻背景和内涵，通过比报纸报道更有深度、更有质量、更为系统，比月刊更有时效、更加权威的报道来影响、引导读者的思考，传达观点。

2015年适逢纪念中国人民抗日战争暨世界反法西斯战争胜利70周年，期刊工作者以强烈的政治责任感和对人民群众的深厚感情投入到主题宣传当中，精心策划，推出各具特色的专题。《读者》和《中国新闻周刊》在面对纪念抗战胜利及胜利日阅兵时，根据各自的特点和专长，用不同的策划来引导读者对于这一重大事件的认识。2015年第18期《读者》特别开设了《中国人民抗日战争暨世界反法西斯战争胜利70周年》专题栏目。该栏目组织了学者、本刊编辑部的9篇文章，如《熬出来的胜利》《永远的"笳吹弦诵"》《记录抗战历史的苦行僧》《迟到半个世纪的荣誉》等，这些精品文章体现了《读者》荟萃

---

[1] 段艳文，袁晓：《2015中国期刊业：亦喜亦忧又一年》，《传媒》，2016年第2期（上）。

精华的办刊思路,通过回眸历史,传递知识、体悟,以及民族复兴的信念。

《中国新闻周刊》的做法则更具有新闻性的特质。在抗战纪念日暨阅兵前后,《中国新闻周刊》结合新闻时事的报道,推出了一系列深度文章,从各个角度表达观点。2015年8月24日,《中国新闻周刊》第31期推出《东北抗联不能遗忘的14年抗日征程》,梳理了东北抗联1931~1945的抗日征程,从一个方面来反映中国人民艰苦卓绝的抗日战争。9月7日第33期则结合胜利日阅兵这一新闻事件,推出"大阅兵"专题策划,以《大阅兵》《在胜利的荣光中宣示和平》《父辈的旗帜:70年后的聚首》等10篇报道文章从多角度深入挖掘阅兵及其背后的故事和意义。9月14日第34期,胜利纪念日活动之后,《中国新闻周刊》继续跟进,将视角对准了阅兵中的老兵、预警机及习总书记提出的"裁军"承诺,以《抗战,他们的20岁》《空天之眼:战略空军的预警机之路》和《裁军拉开军改大幕》等文章,对阅兵中出现的新闻话题进行深入解读。这三期在胜利日前中后分别推出,形成连续性内容,传达观点、普及知识、解读疑问,形成良好的舆论引导效果。

二、履行提供服务责任

面对期刊的阵痛期,主流期刊纷纷在市场竞争中寻求突破。2015年,"改版"成为期刊表现的关键词。通过改版,期刊进一步提升了内容品质,调整优化了版面体系,再造了内容生产流程,并重新审视自身定位,对市场进行更进一步的细分。根据不同读者的个性需求,期刊力求将多样化的产品有针对性地提供给读者。"改版"为期刊读者提供了更多有效信息,更好地满足了读者精神文化方面的需求。

随着新媒体影响力的日益扩张,期刊与新媒体的融合也进入加速阶段。传统期刊进一步发挥自身作为内容提供商的优势,而新媒体则进一步增强了期刊的传播力。期刊与新媒体融合过程中出现的线上和线下活动赋予了"服务"以新的内涵。服务不再是单向的传播,但是双向的互动,增添了读者的使用体验,扩展了期刊的服务空间。读者不再仅仅作为一个受众出现,而是逐步发展为期刊的拥趸、粉丝。期刊的品牌价值、经济效益进一步提升,三种利益得到有效的协调和统一。

2015年创业社群大会上,《创业家》杂志宣布更名为"创业黑马集团"。

这家传统杂志出身的媒体正式完成了向创业机构的转型。从2012年起,《创业家》杂志就从单纯的媒体开始涉足并密集地启动各类创业服务活动,以黑马营的培训作为与创业者群体连接的路径,通过线下活动的举办与读者面对面地交流,获得读者的认同感。而这些则是单纯的线上和纸质媒体无法提供的。到2015年,创业黑马集团旗下已经拥有黑马学院、黑马基金、牛投网、黑马会、黑马大赛、i 黑马网、《创业家》杂志等多个业务。[1]

三、履行人文关怀责任

人文关怀的核心在于肯定人和人的价值,主张人的主体性。对于期刊来说,人文关怀也是期刊对于读者的尊重、关注和肯定,通过其所承载、传播的知识文化信息,与作者、读者互动,获得社会认同,同时提升办刊质量。我国期刊一直坚持"为人民服务,为社会主义服务"的根本方针和"百花齐放,百家争鸣"的出版宗旨。随着社会主义现代化的不断发展,以人为本的理念逐步深入人心,读者愈发要求期刊体现人文关怀。期刊人文关怀责任的履行对文明社会的建设发挥着重要作用。对作为市场独立主体的期刊来说,履行人文关怀责任同时也是期刊维系读者的必然要求。

对灾难事件的报道方式更能体现出期刊对于人文关怀责任的态度。近年来,读者对于灾难事件中媒体惯常的"通稿报道"多有诟病,要求报道更多地体现对事件本身的关注和对事件中人的关注,更多关注事件原因,避免以后发生类似的灾难。

2015年8月12日,位于天津市滨海新区天津港的瑞海公司危险品仓库发生火灾爆炸事故。事件发生后,《财经》杂志的报道就体现了期刊类媒体对于灾难报道方式的转变。2015年第22期《财经》杂志将推出特别报道"检讨大爆炸",以《激辩消防救援》《祸根早已埋下》《失控的危化品》等多篇文章探求此次事件的真相和原因,关注对遇难消防员的救援进展及中国消防体制的改革。在报道的开始,记者就用沉痛而不乏理性的笔触写道:"让我们向消防勇士致敬、为失联的所有人祈福、为逝去的所有生命默哀,为仍在进行的救援加油,但是,不

---

[1]《创业家杂志转型创业黑马集团》,《北京日报》,[2015-12-09] http://news.xinhuanet.com/local/2015-12/09/c_128511134.htm。

追问真相,将来就会有更多牺牲、更大悲剧。"显然,这组报道将关注点集中到人的身上,只用简练的表述介绍了各级政府对于此次事件的处理。不是简单的煽情和眼泪,也不是空洞的口号和呼喊,而是对事件原因的追问,对深层次问题的探讨,这才是体现了对于人的尊重、关注和关怀。

四、履行繁荣发展文化责任

期刊是文化的传播载体,繁荣发展文化是期刊义不容辞的责任。2015年10月3日,中共中央出台《中共中央关于繁荣发展社会主义文艺的意见》,要求坚持以人民为中心的创作导向;让中国精神成为社会主义文艺的灵魂;创作无愧于时代的优秀作品;建设德艺双馨的文艺队伍;加强和改进党对文艺工作的领导。12月2日,全国文学报刊联盟理事会宣布成立,成为落实《中共中央关于繁荣发展社会主义文艺的意见》中关于"加大对文学艺术重点报刊扶持"政策的重要价值性平台,将在信息共享、资源整合、营销联手等方面充分发挥作用。[1]

以精品出版促进文化繁荣是促进期刊履行繁荣发展文化责任的政府举措。2015年9月18日,国家新闻出版广电总局在2015年中国(武汉)期刊交易博览会上公布了2015年中国"百强报刊"入选名单。《求是》《读者》《细胞研究》《中国国家地理》入选"百强报刊"推荐名单。同时,中国(武汉)期刊交易博览会组委会发布了2015"中国最美期刊"。《人民文学》《格言》《中国中药杂志》《中国国家地理》等99种文化品位高尚、艺术格调高雅、制作工艺与技术和谐统一的优秀期刊入选。[2]

近年来,"走出去"成为一个热词。讲好中国故事,帮助国际了解和理解中国的立场和主张,提升在国际学术交流的参与权、话语权、评价权以及主导权,建立良好外部环境是中国期刊的神圣职责和历史使命。不少期刊在"走出去"上进行了大胆的尝试,通过推出外文版、与国外媒体合办刊物、在国外媒体推出报道、联合采访等方式迈向海外市场。期刊走出去对于展示中国的美好形象和多彩文化,提升中国期刊的传播力和影响力无疑有着重要意义。

---

[1] 段艳文,袁晓:《2015中国期刊业:亦喜亦忧又一年》,《传媒》,2016年第2期(上)。
[2] 段艳文,袁晓:《2015中国期刊业:亦喜亦忧又一年》,《传媒》,2016年第2期(上)。

2015年7月29日，吉林省出版的《光：科学与应用》英文期刊，影响因子达到14.603，成功跻身世界期刊百强，为中国期刊国际传播赢得了自信。2015年12月，中国知网推出"中文精品学术期刊外文数字出版工程"，首批遴选中文优秀的社会科学、自然科学类期刊各一百种，用双语对照数字出版的形式建立中文学术期刊"走出去"集成推广平台，实现学术期刊国际化与数字化转型升级，提升我国学术期刊的国际影响力。[1] 这一举措能够资助中文优秀学术论文翻译成外文，可以使优秀学术论文全覆盖，起到传播效果好、影响力大等事半功倍的效果。

五、履行遵守职业规范责任

作为社会公器，依法依规开展采编工作，遵守版权法规，规范转载稿件等既是期刊的社会责任，也是保证内容质量，进而保证市场竞争力的必然要求。我国由于党管媒体的制度和监管传统，政府对于媒体履行遵守职业规范提出了较高的要求。从总体上来说，期刊通过内部自律、社会监督的方式，自觉遵守新闻宣传纪律，杜绝政治性错误；在宣传工作方面严格遵守审批程序。

2015年9月15日，中国广播电影电视社会组织联合会和中国出版协会发起，新闻出版广电系统50家行业社团的代表签署了《新闻出版广播影视从业人员职业道德自律公约》。《公约》要求全国新闻出版从业人员应践行社会主义核心价值观，自觉身体力行自律公约，在工作中牢固树立政治意识、大局意识、责任意识。坚定理想信念，遵纪守法，履行行规，坚持操守，正己化人，始终要树立精品意识，努力提高出版质量，为人民奉献更多的精品力作。[2]

2015年11月4日，中国科学技术协会、教育部、国家新闻出版广电总局、中国科学院、中国工程院等五部门联合下发《关于准确把握科技期刊在学术评价中作用的若干意见》，提出发展中国科技学术期刊的10点意见。近年来，我国学术期刊发展中存在种种问题，如国内优秀的学术论文大量外流；学术期刊不重视发表有创新、有独到观点的论文，而是更注重发表综述类文章；为了提升影响因子，有的期刊对本单位作者采取奖励措施；还有所谓学术期刊不管文

---

[1] 张泽青：《2015年中国期刊现象观察》，《编辑之友》，2016年第2期。
[2] 段艳文，袁晓：《2015中国期刊业：亦喜亦忧又一年》，《传媒》，2016年第2期（上）。

章质量高低,交钱就给发表。五部门这一文件的下发,说明有关部门高度重视学术期刊发展中出现的病态现象,力图通过下发文件解决上述问题。而这些问题能否通过文件加以解决,治理整顿能否取得预期的效果,尚待观察。①

六、履行合法经营责任

期刊作为市场独立主体,在经营中除了严格遵守国家、行业和所在地区颁布的各类有关企业经营的法律法规、相关政策及规定,严格内部管理,规范经营运作,自觉履行纳税义务,依法诚信经营之外,其经营行为还应严格遵守《中华人民共和国广告法》《广告管理条例实施细则》《中华人民共和国著作权法》《出版管理条例》《印刷管理条例》等法律法规的规定。2015年9月1日,新修订的《广告法》开始实施。新广告法充实和细化了广告内容准则,明确了虚假广告的定义和典型形态,新增广告代言人的法律义务和责任等。广告收入对于期刊经营的重要性不言而喻,新广告法的实施对期刊的广告经营策略提出了新要求,对部分期刊的经营收益产生影响。

2015年12月,国家中医药管理局在官网上发布公告,该局对部分机构在期刊上发布中医医疗广告的情况进行了监测,共监测到违法中医医疗广告4条次,创下近期有监测以来最低纪录。② 这样的监测结果也从一个方面说明大多数期刊较好地遵守了新广告法的规定。

七、履行安全刊播责任

保证期刊质量既是期刊的社会责任,也是期刊在激烈的市场竞争中保持声誉、留住读者的必然要求。履行安全刊播责任,要求期刊高度重视自身所肩负的政治责任和社会责任,同时形成一整套确保安全出刊的规章制度和较为完善的工作机制,严格执行"三审制",切实做好稿件的初审、复审和终审工作,避免出现政治上把关不严和编校差错等问题。

对于内容把关,期刊的选题都必须坚持正确的方向和文化品位,政治倾

---

① 张泽青:《2015年中国期刊现象观察》,《编辑之友》,2016年第2期。
② 《杂志刊发违法中医广告显著减少》,《健康报》,[2015-12-21] http://news.panjk.com/201512/20151221432974.shtml。

向、社会效果要符合党和国家的政策规定,内容应健康、积极、向上,有品位,有格调,坚决抵制三俗现象。内容把关涉及期刊生存,一直为各期刊所重视,但也存在把关不严的现象。2015年10月18日,据中央纪委监察部网站公布的《中央第四巡视组向求是杂志社反馈专项巡视情况》,求是杂志社存在着个别文章刊发政治上把关不严,出现纰漏,同时存在刊发关系稿、人情稿的现象。① 这给期刊的内容把关敲响了警钟。

在编校差错上,部分期刊存在着差错率较高的问题。据河南省新闻出版广电总局2015年的抽查检测,在全省138种社会科学类期刊、101种自然科学类期刊中8种期刊差错率在万分之十以上,被全省通报批评。② 由于出版专业资格考试的实施,目前不少编校人员因无法通过考试,未能达到持证上岗的要求,不少期刊降低了入职要求。这也是期刊在编校工作中亟须解决的问题。

八、履行保障新闻从业人员权益的责任

优秀的采编队伍是期刊发展的核心生产力。保持采编队伍的稳定,维护从业人员的合法权益,才能使员工在企业的发展中找到施展才华的舞台,找到归属感和职业荣誉感,形成期刊在市场中的战斗力和生命力。2015年期刊在从业人员的权益保障上纷纷加以重视,在签订劳动合同、办理"五险一金"等方面有了较大的改善。随着编辑证检审等制度的实施,期刊等媒体开始注重开展员工素质和技能培训,以满足采编人员的技能发展需求和检审制度的刚性要求。2015年,中文期刊诞生二百年。6月3日,中国期刊协会向业界下发《关于颁发"从事期刊出版工作30年"荣誉证书的通知》,为从事中国期刊出版工作30年以上(含30年),始终坚持正确舆论导向,且未出现过重大责任事故的913人颁发"'从事期刊出版工作30年'纪念荣誉勋章",对为期刊业发展倾注毕生精力并对期刊业发展做出有益贡献的期刊工作者给予表彰和肯定。③ 2015年随着期刊经营压力增大,期刊原有的在聘用和薪酬方面的缺陷也暴露出

---

① 《求是杂志社个别文章刊发政治上把关不严》,财新网,[2015-10-18] http://china.caixin.com/2015-10-18/100864109.html。

② 《河南通报批评8种编校质量不合格期刊》,《中国新闻出版报》,[2015-03-24] http://zgbx.people.com.cn/n/2015/0324/c347608-26742990.html。

③ 段艳文,袁晓:《2015中国期刊业:亦喜亦忧又一年》,《传媒》,2016年第2期(上)。

来。由于旧制度的限制，部分期刊在人员聘用上存在着编制内和编制外的区别，聘用方式五花八门，薪酬待遇的差别较大。部分期刊在绩效考核环节过度重视量的指标，导致采编人员为了提高薪酬只重视稿件的数量，不重视稿件的质量，由此，勤奋成了采编人员保证收入的第一要求，而非素质和经验。这使得采编人员流动性较强，采编队伍难以稳定，一旦期刊效益下滑，不少采编人员纷纷跳槽、转行、创业，出现严重的人才流失。而另一方面，部分期刊为了缓解和挽救日益艰难的生存情势，实施"减员增效"，单方面裁员，在一定程度上也伤害了从业人员的合法权益。

第三节 中国期刊媒体执行社会责任存在的问题

一、引导、服务能力存在不足

新媒体强势、自媒体崛起对传统期刊媒体的引导、服务能力提出了严峻挑战。面对新媒体的传播优势，传统期刊媒体在数字化转型、提升新媒体影响力方面仍然处于探索阶段，媒体融合发展的步伐较慢，存在着发布渠道单一、内容形式单调、语言不鲜活、民生关注不够等问题，立体化传播、全方位服务的能力需进一步提高。

二、多重压力下社会责任意识淡薄

数字化转型、体制改革、经济下行等使传统期刊在经营过程中面临较大压力，部分期刊社会责任意识淡薄，在广告经营、内容和编校质量、人才队伍建设等方面存在短视行为。广告经营逐利，疏于审核和对相关法律法规的遵守；刊载内容一味吸引眼球，存在着刊登低级庸俗内容或假新闻的现象，网上流言不经调查核实即予报道；人才队伍不稳定，疏于对员工薪酬体系的改善和职业培训，知识结构单一，缺少创新能力等。

三、职业道德和自律存在不足

部分期刊和期刊从业人员在职业道德和自律精神方面存在欠缺。某些记者编辑个人素质不佳，把稿件作为同商家"权钱交易"的等价物；部分期刊漠视著作权相关法规，转载稿件不规范。部分学术期刊发表论文买卖版面，还有的期刊因缺乏道德底线被举报。据2015年7月27日凤凰网报道，两名伊朗研究者向《中国化学快报》投递了一篇论文，但是《中国化学快报》在接受论文后通知两名研究者必须支付500美元的作者费。两名伊朗作者随后要求撤销投稿，但《中国化学快报》在回复电邮中称，如果作者的文章在发表后两年内被引用6次以上（含6次），这笔费用可以在主要作者的要求下退还。报道认为，《中国化学快报》涉及收取隐性作者费和强制论文引用。

第四节　中国期刊媒体社会责任执行力提升的路径与方法

一、强调期刊媒体的职业道德和自律精神

新媒体的崛起对于传统期刊的影响是全方位的。在当前期刊发展的新常态下，期刊社会责任的履行也面临着挑战和机遇。对于期刊社会责任的履行，我们依然需要不断提高期刊从业人员的职业道德和自律精神，强调期刊传媒的独立、自省。只有有了内心中的自省，对于社会责任的承担才不会流于空谈。

二、期刊三种利益均衡发展

期刊的三种利益，即政治利益、社会利益和经济利益的均衡发展是期刊社会责任履行的基础，三者统一协调而相互作用。只有在三种利益均衡发展的基础上推动期刊社会责任的实现，期刊社会责任才不是负担和限制。

三、"放"与"收"结合的宏观管理

在宏观层面，强调期刊的社会责任的同时也应赋予期刊更多的独立性，使作为市场主体的期刊能够在履行责任的同时拥有更多的自由。这样，责任才不会成为强加的任务，而是在期刊运营中内化为生存之道，成为理所应当的自觉行为。这就需要在制度层面进一步释放期刊独立、自由的活力，激发期刊在现行压力下增加自身的竞争力。

自 2014 年由中宣部、中国记协等推动试点媒体社会责任报告制度以来，目前已经有三批试点媒体的社会责任报告对外正式发布。由政府实施监督和管理职能，通过要求媒体对外发布社会责任报告的方式对媒体社会责任的履行加以督促，使广大群众参与到监督媒体社会责任履行的行列中，提高群众的维权意识，展开对受众媒介素养的教育，不失为一种有效的管理方法。相信在不久的将来，会有期刊传媒加入到试点媒体的名单当中。

"放"和"收"都是促使期刊更好履行社会责任的方法，而在"放"和"收"之间如何拿捏，既是难点，也考验智慧。

第 14 章 中国新媒体社会责任报告

刘小三[①]

当今社会已然进入媒介化的社会,特别是随着媒介技术的不断发展,新媒体在我们的日常生活中发挥着越来越重要的作用。随着"互联网+"理念的普及和其战略布局的逐步深入,我们生活中的一切都与以互联网技术为支撑的新媒体产生了紧密联系。这为我们的生活带来了极大便利,推动了人类社会的繁荣发展。但是,互联网技术这把"双刃剑"在为我们带来极大便利的同时,也带来了不少负面影响。在新媒体时代,如何发挥其正面作用,预防负面作用,是我们面临的重要课题。换句话说,积极发挥新媒体的正面功能,抵制新媒体对社会的负面影响,是其应当承担的社会责任——新媒体及其从业人员在进行新媒体传播活动过程中,肩负的对国家安全、社会和谐、公众健康发展的法律、道德和义务。

第一节 中国新媒体概况

2015 年,是我国大陆接入互联网 21 周年,在此期间,我国大陆的互联网从无到有,从量变到质变,发展迅猛,在市场规模、技术条件和用户数量上均取得了举世瞩目的成就,"互联网+"战略已上升为国家战略,互联网治理已成为国家治理的重要组成部分,网络安全上升为国家战略安全。

综观 2015 年,一是互联网在国家经济发展中的作用越来越突出,新媒体经济在 GDP 中的比重越来越大,成为各行各业发展的重要引擎。二是我国大陆

---

① 刘小三,西藏民族大学副教授,中国人民大学传播学博士,中国传媒大学"西部之光访问学者";研究方向:对外传播和形象传播。

网民近7亿,移动媒体用户也超过6亿,新媒体用户的普及率达50%。据调查,"其中每天使用移动终端不低于1小时的用户占比大约是89.4%……54.9%的受访者会选择用移动新闻应用来获取新闻"。① 三是中国媒体融合提速发展,传统媒体在引进新技术的同时,新媒体行业也开始主动融入传统媒体,大量新媒体开始投资并购传统媒体资源,双向融合成为本年度媒介融合的一大特色。传统媒体方面,以央媒为代表的人民日报、新华社和中央电视台领跑媒体融合,打造了全媒体传播平台,而"2015年新媒体产业已经形成了从企业端、内容端、渠道端和受众端为链的市场格局"。② 四是新媒体管理的法制化进程继续推进,继2014年7月国家有关部门出台了"微信十条",2015年2月、4月,国家网络信息办公室分别出台了《互联网用户账号名称管理规定》("昵称十条")和《互联网新闻信息服务单位约谈工作规定》("约谈十条"),新媒体管理的立法进入提速阶段,并增强了管理的针对性和可操作性。五是以"互联网+"为核心的互联网思维在各行各业获得进一步实践,互联网金融、教育、医疗等行业开始兴起。六是新媒体广告继续增长,进一步侵蚀传统媒体市场份额,同时也带来一系列问题。

国家层面,在国家网络安全战略管理的推动下,互联网全球治理理念的共识正在形成,"建立多边、民主、透明的国际互联网治理体系"和"互联互通、共享共治"网络空间命运共同体的构建也稳步推进,2015年1月,国家网信办主任鲁炜和阿里巴巴集团董事局主席马云入选全球互联网治理联盟委员会,代表中国登上了互联网治理的国际舞台。

社会层面,新媒体在人们的日常生活中涉入度进一步增强,成为百姓生活的必需品。2015年,中国大陆新媒体的社会化程度进一步提高,不仅成为传统产业发展的新引擎,更是人们日常生活中的必要组成部分和个人社会资本形成的重要基础。这主要体现在:一是新媒体与消费者的日常生活深度"对接",新媒体在获取咨询、娱乐、购物、教育和社交过程中已成为主流渠道。二是新媒体高度卷入社会。无论是经济活动,还是政治、文化活动,新媒体在其中扮演的角色越来越重要。电子商务、电子政务和网络社会动员已成为当今社会常

---

① 赵子忠,布赫:《2015新媒体发展趋势比较分析》,《中国传媒科技》,2015年第10期。
② 赵子忠,布赫:《2015新媒体发展趋势比较分析》,《中国传媒科技》,2015年第10期。

态,各类新媒体应用和现实生活实现联合,虚拟现实和人工智能在 2015 年实现长足发展,引起人们的积极体验和应用,以互联网技术为支撑的新媒体已高度"卷入"人们的日常生活。

正是在这种背景下,新媒体对当今的社会产生着重要影响。能否像传统媒体时代各大媒体一样,承担起应有的社会责任,推动社会良性运转,至关重要。

第二节　中国新媒体执行社会责任现状

一、履行正确引导责任情况

坚持正确的舆论导向,是我党和政府对媒体的一贯要求。在传统媒体时代,各大传统媒体作为党和政府的"喉舌",在正确引导舆论方面成效显著。但随着新媒体时代的到来,商业化和个人化的新媒体迅速发展以及传播的全球化和碎片化,网络舆论呈现价值观多元化的局面,这对党和政府的舆论引导工作提出了挑战,也对媒体的"正确引导责任"提出了更高要求。2016 年 2 月 19 日,习近平总书记在调研三大央媒时曾指出,"新闻舆论工作各个方面、各个环节都要坚持正确的舆论导向。"并指出,各级党报党刊、电视台电台要讲导向,各类都市报和新媒体也要讲导向;时政新闻讲导向,各类娱乐类、社会类新闻和广告都要讲导向;国际国内新闻报道也要讲导向。这为新媒体时代各类媒体的舆论引导工作提出的新要求和新思路,指明了新方法。也说明了,无论是公共媒体还是商业化媒体以及个人化媒体,在追求商业化利益的同时,必须把履行舆论引导任务放在首要的位置,是"第一任务"。

从央媒和省级主流媒体来看,2015 年,央媒和省级主流新闻网站成为新媒体中的佼佼者,其在维持自身发展壮大、参与市场化竞争的同时,更加集中社会责任的履行。比如,作为国家重点新闻网站的人民网、新华网和央视网,在新闻宣传中始终坚持正确的"政治导向、思想导向、价值导向、行为导向和审美导向"。其始终坚持权威性和公信力,弘扬主旋律,成为国内新媒体的核心代表,引领着国内整个新媒体行业的社会引导责任的实践。

作为主流新闻网站，人民网、新华网和央视网坚持党媒姓党的原则，突出党性特色，始终坚持正确的政治导向和舆论导向，及时正确地开展舆论监督工作，传播正能量，宣扬主旋律，发挥网络舆论中流砥柱作用。

1. 认真组织，及时报道党和国家领导人、高层的重要活动、重要讲话、重要精神和指示，及时传递和解读治国理政的新思路、新理念和新方略

2015年，在国家主席习近平访问美、英，主持中非合作论坛，参加联合国气候大会以及"习马会"等重大活动报道中，我国主流新媒体积极主动地把握舆论引导的时、效、度，及时全面有效地向人民群众传递相关信息，牢牢把握舆论的主动权。

在2015年学习"四个全面"和"三严三实"等习总书记系列重要讲话中，国家重点媒体和地方重点新闻网站全力以赴，通过多语种、多种形式、多种渠道和多角度报道，解读习总书记讲话精神内涵，使其在广大党员干部和人民群众中做到"入口、入脑、入心"，并积极通过专业人士座谈和网络评论，正确引导舆论。具体包括：十四家中央新闻媒体网站总编畅谈"四个全面"战略布局等系列访谈；"图说全面建成小康社会"等数据新闻、"四个全面"的漫画作品；并精心组织了"四个全面'N视角'"系列图评和"'四个全面'离你有多近"系列网评等。

2. 加大创新力度，增强重大主题事件报道的传播效果，引导社会舆论

在2015年"两会"报道、"九三大阅兵""西藏自治区成立五十周年"、十八届五中全会、"新疆维吾尔自治区成立六十周年"等系列重大报道中，不断探索网络传播的新规律，创新内容呈现方式和传播渠道，充分采用新媒体的技术优势，采用音视频、图文结合的方式和大数据来对重大事件进行报道和深入解读，得到了其他媒体的大量转载，引发网民的评论和热议，成为主流舆论产生的重要消息源。以央视网为例，在"中国人民抗日战争暨世界反法西斯战争胜利70周年"宣传报道中，着力引导人们树立正确的历史观和价值观，激发公众的爱国之情，引导国际社会认识中国在世界反法西斯战争的重要作用和地位。其通过大型纪录片、文艺晚会等节目，向世界160个国家、318家电视机构的数亿受众（纪录片4.89，文艺晚会4.09亿）展现了中国在国际反法西斯统一战线中发挥的重大作用。央视新媒体重点推出"V观大阅兵""双屏互动阅兵""抗战日历之我的胜利日"三款新媒体产品，其关于纪念大会报道的

阅读量达18.6亿人次，网友互动总量超过4.3亿人次。有力地引导了国际国内舆论

3. 聚焦社会热点，回应社会关切，发挥舆论引导作用

发挥正确的舆论引导的途径之一，就是对社会关注焦点、热点问题进行及时有效的回应，让社会公众了解事件真相，对存在误解的地方进行澄清，并对一些媒体上报道的不实传言和刻意制造的谣言进行有理、有据的反驳。

首先，在舆论引导方面，就社会热点问题进行深入解读和解答，回应网民关切。比如2015年"两孩政策"颁布实施，怎样让该政策在广大人民群众中获得全面正确的理解，需要相关部门和专业人士进行充分的解读，做好解释性报道，增强网民对国家大政方针的理解、认知和认同。我国各级媒体充分利用了网络、传播的优势，积极回应网民关切，做好解读报道。

其次，传递真相，澄清谬误，凝心聚力。2015年，一系列重大突发事件在社会上造成了极大影响，网络谣言层出不穷，影响着社会的稳定。"上海踩踏事件""'东方之星'客船沉没事故"和"天津港危险品仓库爆炸事故"在网络媒体上引起了一系列的谣言和争论，对社会的正常生产生活秩序造成了重大影响，损害着社会的稳定。面对网上一些谣言的蔓延，人民网、新华网、央视网和各省主流网站积极行动，应对谣言并进行澄清，对人们担心的问题或者疑问进行科学专业的分析和回应，对舆论引导起到了积极作用。比如对天津港危险品仓库爆炸引发的一系列质疑和担心，人民网迅速行动，从空气污染、社会秩序、环境处理、交通协调、网络求助等方面加以澄清和分析，并被其他新媒体网站转发，为灾难性事故的处理和事后恢复提供了有利的舆论环境。针对上海外滩踩踏事件，新华网多次采访了现场参与事故处理的专家，从不同层面分析了应急管理体系存在的问题，以及应该采取的理念，报道内容紧扣舆论热点，报道立场客观公正，报道方式简明扼要，有效地引导了网络舆论向理性的回归。东方之星沉船事故发生后，网上舆论对救援相关信息的关注度非常高也非常急切，质疑声也不断。新华网等主流媒体给网民的发帖和网络言论进行了梳理和提炼，有针对性地进行了互动报道，及时提供了真实有效的信息，消除了网民的疑虑，营造了良好的舆论环境。

此外，积极弘扬社会正能量，引导人们树立社会主义核心价值观。正确地引导，对已发生的事进行舆论引导控制，回应民众的关切。更为重要的是，要

积极主动地生产原创性内容，弘扬社会正能量，树立典型事件和典型人物，唱响主旋律，营造积极向上的舆论氛围。2015年各大新闻类新媒体网站充分利用自身的优势，打造社会主义核心价值观主题传播平台，充分利用多媒体平台的互动性和多媒体特征，图文并茂，音视频结合，形象生动地传递了社会主义核心价值观。比如新华网推出了《图说我们的价值观》和《新华微视评·梦娃——中国梦我的梦》系列视频。同时主流新媒体，还把日常生活中涌现出的先进事迹、先进人物进行专题宣传报道，发挥正面典型的感召力、示范作用和榜样的吸引力。央视网在2015年继续推出了《感动中国》、"最美教师""最美医生""最美孝心少年""第五届全国道德模范展"等模范人物事迹，在新媒体舆论场起到了良好的引导作用，激发了强烈的爱国主义。

4. 积极开展对外传播，讲好中国故事，塑造国家良好形象，服务国家战略需要

在新媒体时代，对内传播和对外传播的界限逐渐变得模糊，随着中国与世界的联系越来越紧密，作为党和政府喉舌的主流新闻网站也加强了对外传播活动，力争在世界传播格局中占有一席之地，增强话语权。新华网和人民网相继开通了多种语言的对外传播频道，并在海外设立新媒体客户端和账户，建立社交媒体账号，与海外受众进行积极互动，传递中国好声音，向世界说明一个真实而全面的中国。而央视网通过一系列纪录片，向外界传递中国正能量，2015年相继推出了涉疆、涉藏纪录片，展现边疆地区在经济、民生、文化等方面发生的巨大变化，相关纪录片收看的受众达到1.43亿次。

二、积极履行安全传播责任，坚守职业规范和法律法规

2015年，传统媒体进一步衰落，新媒体发展势头更加强劲，中国的网民数量达到了6.88亿，用户的需求激发了新媒体的迅速发展，但也出现了一系列问题，其中特别突出的是有害信息、用户信息安全和版权纠纷等问题。为此，政府有关部门相继出台了一系列法律法规来对互联网进行有效治理。同时，对新媒体在时事政治和意识形态领域出台了多项规定。2015年12月16日，习近平总书记在第二届世界互联网大会上强调，"要坚持依法治网、依法办网、依法上网，让互联网在法治轨道上健康运行"。推进网络空间的法治化，保护网络传播各参与主体的合法权益，营造清朗的网络空间成为各界的共识。

2015年，全国"扫黄打非"办公室进一步加大力度，部署自3月至9月开展"扫黄打非·净网2015"专项行动。各大网站都加大了对自身内容的审查力度，新浪网、百度（贴吧）、网易（博客）、土豆网、道客巴巴、网络微盘等数十家网站对涉黑、涉暴以及淫秽色情内容进行了清理整顿，对恶意软件进行了下架处理。而"昵称十条"和"约谈十条"的相继出台，使我国的新媒体管理步入了精细化阶段。

在新媒体法制化共识的推动下，新媒体自身也在加强行业自律和媒体职业规范建设，以保证履行其应尽的社会责任，包括政治责任和法律责任，做到安全播出。

在国家主流新媒体方面，以人民网、新华网和央视网为代表，始终坚持政治安全第一，国家和人民的利益为先，加强制度建设和人员作风建设，强化责任担当，确保传播活动的安全性、专业化和规范化。

（1）以国家信息系统安全等级保护相关制度为依据，各新媒体相应地制订了各自的信息安全标准和规章制度。主要包括在信息传播规章制度、人才队伍、业务流程、平台安全应急预案、联动机制、组织实施等安全风险防范方面加大建设力度，形成科学标准化的信息审核、发布流程，确保信息内容发布安全。在国家和国际重大活动报道中，确保新媒体系统的稳定、有效运转；在突发性事件中，追求时效与真实性的统一；在政治、文化报道中，坚持意识形态的正确性，集中体现社会正能量和社会主义核心价值观。

（2）建立不良信息和违法信息举报机制。由于互联网信息发布的即时性和传播的广泛性，以及网络用户信息发布权力的提升，新媒体传播过程中难免出现不良信息和违法内容，传统的把关机制很难适应新媒体的传播模式。为此，各新媒体都建立了违法和不良信息举报中心，全天候接受社会和公众的监督，及时处理公众举报，有效遏制有害信息在网上的传播。

（3）加强职业规范教育，强化从业人员职业道德和社会责任感。首先，大力推进马克思主义新闻观的落实，新媒体行业紧紧围绕党和政府的要求，加强马克思主义新闻观教育，组织各类从业人员进行马克思主义新闻观培训，坚持马克思主义在新媒体传播活动中的指导地位。其次，强化从业人员的法律意识，组织"互联网新闻法律法规系列培训"，严厉打击新闻寻租和新闻腐败行为，引导从业人员自觉抵制"有偿新闻""有偿不闻"和"有偿删帖"行为，打造风清气正的新媒体从业团队。

（3）注重用户隐私保护。新媒体环境下，基于大数据技术的网络媒体对消费者的个人信息的收集成为常态，特别是网络实名制的推广和大数据技术的普遍采用，使得消费者的个人信息被新媒体平台全面掌握。注重消费者隐私保护，越来越成为社会的共识。此前，我国新媒体的管理主要集中在意识形态安全方面，"从2014年起网络数据安全和用户信息安全开始受到关注……其中个人信息泄漏是网民权益受侵害的重要领域……"① 在此背景下，2015年各大新媒体纷纷注重自身用户的信息安全保护问题，制定用户信息安全管理制度，这一方面是出于市场竞争的考虑，另一方面更是为了体现维护用户信息隐私的社会责任。

（4）注重新媒体的版权保护。随着媒介融合的发展和媒介聚合平台的出现，版权问题越来越受到重视。从当初的新媒体对传统主流媒体的侵权到当今的新媒体与传统媒体之间的相互侵权问题，严重损害了我国媒体文化产业的健康成长。2015年，对于新媒体内容的版权问题成为关注焦点。比如，腾讯针对微信公众号的抄袭问题，制定了比较严厉的惩罚办法——《微信公众平台运营规范》，而新浪微博也出台了举报流程来解决内容抄袭的问题。2015年4月，国家版权局出台了相关规定，对互联网转载的版权问题作了明确要求，新媒体内容的版权保护成为每家媒体必须承担的应有的社会责任。

（5）打击网络不当营销活动。随着电商和微商的崛起，网络口碑营销成为新媒体中的一种主要营销形式，但也出现了一系列乱象。在此背景下，国家有关部门，在2015年初联合启动了"网络敲诈和有偿删帖"专项整治活动，对公布虚假数据、虚报点击率和访问量、恶意抹黑、恶意刷粉等行为进行了约束。在此情况下，腾讯对自己平台里的虚假点击和刷粉行为进行了管理，而微信也对其朋友圈里面的广告刷屏行为进行了限制和约束。

作为国家主流媒体的人民网、新华网和央视网，在2015年积极履行合法经营的责任，根据新修订的《中华人民共和国广告法》等相关规定，调整自己的广告营销模式，严格按照《广告法》和市场经济竞争法则办事。推动经营工作依法、有序、公平、公正地开展，维护国家、公众和消费者的利益。

---

① 钟瑛主编：《中国新媒体社会责任研究报告（2015）》，社会科学文献出版社2015年版，第154页。

(6) 文化安全责任受到重视。虽然新媒体技术的发展增强了信息的自由流动,在某种程度上改变了"西强东弱"的局面。但现实中发达国家和发展国家之间的信息鸿沟并没有缩小,反而呈现不断扩大之势。这导致传播业发达的西方国家在文化信息的传播方面,不但掌握着自身文化、价值和意识形态的表达权,而且也垄断了其他发展中国家的文化解释权,形成了对他国文化的侵略。"传播弱势国家由于对文化内容的开发能力与发达国家尤其是美国之间差距很大,从而导致了自身文化资源不断受到传媒大国的掠夺。"[1] 新媒体时代带来的除了技术上的问题以外,更带来了文化安全上的挑战。因此,文化安全问题也成了媒介全球化时代的重要课题。

"新媒体方面的文化安全问题主要表现为海外的网站、社交媒体所承载的内容对我国意识形态的渗透。"[2] 2014 年国家新闻出版广电总局发布了《关于进一步落实网上境外影视剧管理有关规定的通知》,对网站上的境外影视剧进行了一定的限制。为此,各网站纷纷采取措施,适应国家的相关规定,2015 年下架一些境外电视剧,各网站引进海外电视剧在内容和格调上都有了较大提升,主题思想积极健康向上,引进数量上也得到压缩,大幅提升国产影视剧的播放数量,有效地尽到了维护国家文化安全的社会责任。

三、积极履行提供服务的责任

为大众提供服务是大众传播的主要功能之一,在新媒体时代,这种功能得到了进一步加强。随着传播格局的变革和互联网行业竞争的日益激烈,传统的"受众观"正转向"用户观",唯有树立为用户服务的理念,才能在变化莫测的市场竞争中站稳脚跟。2015 年,我国的各大新媒体机构在提供服务方面都做得比较好,既实现了经济利益,也尽到了应有的社会责任。

1. 主流新媒体网站着眼于为网民提供及时准确、全方位的信息服务,帮助群众解决实际问题

人民网作为中央重点网站,通过开通不同栏目和专题,搭建与民众沟通的

---

[1] 段鹏:《中国广播电视国际传播策略研究》,中国传媒大学出版社 2013 年版,第 12 页。
[2] 钟瑛主编:《中国新媒体社会责任研究报告(2015)》,社会科学文献出版社 2015 年版,第 154 页。

桥梁。①反映民众的呼声与要求。在 2015 年，继续开通人民网地方领导留言板，实现了 56 位省（区、市）委书记，省、市长（区政府主席），2 000 多位市委书记、市长及县委书记与民众的网络对话。②用足网络优势，提供全方位信息服务。以民众需求为导向，信息资源深层开发为手段，为民众提供准确、及时、有效的生活类信息。比如高考报道客户端、汽车质量投诉平台和相声栏目。③举办公益慈善活动，投身社会公益事业。充分发挥新媒体公益的优势，传播公益慈善理念。并在各大学设立奖学金，助力"春蕾计划"，志愿者联盟，以实际行动参与社会公益事业。

2015 年，新华网按照"内容品质化、产品多元化、服务社会化"的理念，在"内容、产品和服务"方面全面实施创新，服务社会各个阶层。①提供媒体型智库服务。加强媒体型智库"思客"平台建设，打造"媒体+智库"的布局，对宏观经济、国际形势、社会民生和热点问题进行深度分析，为社会提供智力支持，让有价值的思想服务于社会公共决策。②为公众提供公共信息产品。比如，推出城市网络舆情服务，帮助政府实施科学管理；成立"中国食品辟谣联盟"，促进食品行业的健康发展；推出《健康解码》视频节目，提高民众健康意识。③积极开展社会性服务。组织"代表委员对话职业病"系列研讨会；帮助残疾人民乐团圆梦国家大剧院；"创客双周会"系列活动有效服务"双创"战略。

央视网在 2015 年积极主动履行国家电视台公共服务职责，为公众提供更及时、更全面、更准确的服务。主要包括：强化服务功能，及时提供实用性信息；积极开展科学知识普及，倡导科学文明的生活理念生活方式；开展普法教育，增强公众的法律意识和维权意识；积极构建联通中外的网络互动平台，努力打造移动化、社交化、视频化、互动化的传播体系，服务于全球用户。

2. 商业门户网站和搜索网站充分发挥其灵活性，服务于公众的日常消费和文化娱乐活动

商业新媒体在内容和版面以及传播模式方面，多呈现个性化、社会化的特点，充分研究公众的需求，推出个性化的产品和服务。一是网络教育的发展，使得商业门户网站向公众提供社会服务的机会大大增加，搜狐、新浪、腾讯和网易等门户网站，在向公众提供免费教育资源方面成果显著。搜索网站通过百

科、学术和智库等板块,提供文化和知识服务。比如,百度、好搜网和中搜网在该方面的板块均在10个左右,百度在此方面达24个。二是娱乐功能在新媒体上得到了充分体现。大量综艺节目和娱乐内容通过商业网站进行直播,丰富了用户的业余生活,为公众提供了精神食粮。一大批视频网站彻底改变了过去依靠电视获取娱乐内容的受众观看习惯,也给予观众足够的选择权。三是信息生产方面优势明显,"PGC+PUC"的共生,使得信息生产能力大大提升,商业门户网站作为互联网的信息源的身份进一步壮大,其强大的搜索功能和数据挖掘功能,及大地提升了用户的工作效率和工作方式。

3. 媒体微信、微博号充分发挥其社交和互动特征,推动公益传播,服务社会

据2015年4月20日,中国新闻出版研究院公布的第12次全国国民阅读调查结果显示,中国成年人微信阅读使用频率为每天两次,人均每天约40分钟。可见,社会化媒体在人们日常生活中的重要作用,为公众提供了大量有价值的服务。但从社会责任角度来看,其最显著的价值在于公益理念的传播和公益事业的参与。微博、微信平台在爱心募捐、弱势人群求助以及公益网站接入、公益互动等方面,效果显著。更为重要的是,作为社交化平台,它为专业媒体和个人提供了进行公益活动的渠道和平台。

四、履行人文关怀责任

在履行人文关怀责任方面,中国主流新媒体坚持以人为本,关爱生命,深入社会基层,关注社会基层,关心人的情感和内心世界,在日常报道中关注弱势群体和特殊群体,传递他们的声音和现状,体现人文关怀精神。

(1)关注留守儿童、空巢老人、留守老人、失独老人及阿尔茨海默症患者,引起社会和政府的重视。充分利用新媒体传播广泛,图文、音视频并存的优势,通过深入调研,向社会传递"弱势群体"面临的严峻现实问题,引起社会各阶层的热烈讨论和媒体同行跟进关注,对解决这些现实问题起到了推动作用。

(2)关注突发性和灾难性事件,关注相关群体的精神世界,体现人文关怀。2015年新年前夕,上海外滩踩踏事件,各大新媒体及时跟进播发评论,疏导情绪,同时传递"希望还在,明天会好"的愿景,体现媒体的温度和责任;

"天津滨海特大火灾爆炸事故""舟山渔民遇害案"发生后,各大媒体在报道相关事件或案情的同时,更多的是关注事故受难者家属亲人的精神状态、消防战士这一群体的精神面貌、渔民们的生存状态,引发网民们的深思和关注,引导他们对事件进行客观的看待和评价。

(3)注重文化、历史传承,体现人文关怀。2015年是西藏自治区成立50周年,人民网《十分感动》栏目推出六集专题片《我来自西藏》,用镜头记录了来自西藏藏族同胞在内地的生活状态。这一系列故事紧扣"我来自西藏"的主题,呈现了他们对故乡的眷恋,描写他们的辛酸与奋斗、信仰、梦想,展现他们逐渐和现代城市融合的印记,多角度体现出人文关怀。2015年"南京大屠杀死难者国家公祭日"也是各大新媒体报道的重点,一系列中外珍贵影像和史料相继播出,央视等新媒体平台配合各大传统媒体,同步推出"揭开南京大屠杀历史真相""抗战优秀节目展播"等专题,重点推荐"勿忘国耻圆梦中华"网络纪念互动和诗词楹联征集活动,体现了对历史的尊重,富有人文关怀精神。

五、履行繁荣发展文化责任

2015年,我国媒体紧紧围绕2014年10月习近平总书记在文艺工作座谈会上的重要讲话精神,大力弘扬中华民族的优秀传统文化,加大创新力度,发挥互联网优势,推出一系列文化产品,传播优秀文化、健康文化,抵制低俗有害内容。推动我国文化的繁荣与发展。

(1)贯彻习近平总书记重要讲话精神,为繁荣发展文化凝心聚力。积极学习习近平总书记在文艺工作座谈会上的重要讲话精神,组织专题、策划活动,吸引各界人士参与,丰富人民群众精神文化生活,提升公众的审美情趣。

(2)举办图书阅读推荐活动,提升全民阅读兴趣和氛围,建设"学习型社会"。通过名人、名家发起"年度影响力图书"阅读推荐活动,助力全民阅读,构建学习型社会,传播中华民族优秀文化,提升全民文化素质。此外,各新媒体充分利用自身传播平台,开发在线学习栏目、课堂,方便网民在线学习和考试,服务社会大众。

(3)创新文化产品,满足人民群众日益增长的精神文化需求。一是围绕中国传统节假日,打造专栏和文化节目,夯实传播中华优秀传统文化的平台,展示中华优秀文化的魅力。二是围绕中华文化的核心价值开发新的文化综艺节目、影视作品、纪录片。比如央视网的《汉字听写大会》《舌尖上的中国》备受外界好评。三是结合重大历史事件，创作文化产品，让民族精神薪火相传。2015年是中国抗日战争胜利70周年，我国各大媒体结合历史事实，挖掘历史故事，进行现代化的升华，传承中华民族伟大的爱国精神和舍生忘死的卫国情怀。比如央视网推出的特别视频策划《抗战记忆：七十年七十人》、"寻找最美抗战歌曲"等节目。而作为商业媒体的新浪、网易、腾讯等多家新媒体也纷纷参与其中，进行转载，与网民进行互动传播。

（4）充分发挥新媒体的全球传播特征，推动中华文化走出去。2015年，人民网推出"感动中国的人力车孝女谢淑华母女韩国特约演讲活动"，在韩国引起了广泛关注，引发了大量媒体的报道和转载。而央视的熊猫频道，借助国际上对熊猫的关注和喜爱，在完善频道升级的基础上，推出展示中国最具代表性的自然景观、人文地理、稀有物种。其覆盖面达225个国家，6 800万用户。

综观2015年，主流新闻网站和社会化媒体在社会责任履行方面取得了极大进步。主流新媒体战线在贯彻中央决策部署，把握争取导向，正确引导舆论，传播十八大和十八大三中、四中、五中全会精神，宣传学习习近平总书记系列重要讲话精神、大力弘扬社会主义核心价值方面，取得了显著的成效。商业化网络媒体在推动媒体融合发展，加强互联网治理方面也取得了重要成效。在媒体社会责任报告制度试点工作持续开展的情况下，我国的新媒体社会责任意识普遍增强，在履行正确引导责任、提供社会服务责任、履行人文关怀责任、促进文化繁荣发展责任和履行安全播出、遵守职业道德、法律法规责任方面均取得良好效果。

第三节　中国新媒体执行社会责任存在的问题

2015年，我国新媒体积极履行社会责任，努力创造社会价值，但与当前的国家要求和社会公众的需求之间还存在着一定差距，有着极大的提升空间。存在的主要问题有：

一、在舆论引导方面，引导力度不够

特别是在新媒体时代，对新媒体的传播新规律把握不够，不能及时有效地采取灵活多样、内容丰富的舆论引导方式。导致正确引导的效果不够理想。特别是在价值多元化和传播碎片化时代，单调的宣传模式在弘扬社会正能量和主旋律方面应继续改进，探索卓有成效的新方式、新手段。

二、内容创新有待加强，信息生产原创性不足

从国内主流媒体看，新媒体在内容创新方面力度不够，尤其是在新闻信息的原创性方面较弱，不能够充分掌握相关事件的话语权，其信息来源依靠传统媒体甚至境外媒体，媒体内容的同质化，对用户的吸引力不足，既无法有效引导社会舆论，也无法为公众提供有价值的服务。

三、社会监督方面，监督内容和平台建设较薄弱

综观社会监督方面的内容，各媒体发布的监督内容所涉及的领域比较单一，主要集中在消费者维权和环保议题方面。此外，在平台建设方面，缺乏与公众的互动，双向反馈针对性不强，不及时。在这方面，人民网做得相对比较好，其监督对象实现了内容、方法多元化。除了社会日常的监督外，还强调了对党和政府以及领导干部作风的监督。但大多数新媒体都回避了这方面的监督。

四、社会服务和繁荣文化方面，文化产品存在失衡现象

尽管新媒体在服务社会和繁荣文化方面功绩卓著，但大多集中在主流新媒体方面，其在文化教育、社会主流价值观、传承优秀文化等方面作用比较明显，其纷纷设立了"社会主义核心价值观"的链接区域。在娱乐功能方面，主流新媒体稍显不足，这降低了对网民的吸引力。但是对于大多数商业网站和社会化媒体，则多偏向娱乐化的内容。这些娱乐内容在健康度上不高，抵消了主流媒体的正面引导作用，影响着青少年网民的健康成长。

此外，视频类网站社会责任缺失现象较为常见，网站视频把关不严，标准过低，导致泛娱乐化、恶搞、内容低俗现象严重，人文精神迷失和专业主义精

神缺乏以及过度的商业化,是其主要原因。

五、商业化媒体的广告控制意愿和水平不高

随着广告投放从传统媒体向新媒体转移,新媒体广告引起的争议就一直不断。商业化网站或多或少存在误导性广告、低俗广告现象,同时,新媒体广告数量泛滥,呈现方式对网络用户也产生了极大困扰。搜索网站的竞价排名广告违法现象较为普遍,植入式广告也严重误导消费者的判断。

六、商业网站、社会化媒体在社会主义价值观培养的实践上亟待提高

据调查,在以"社会道德风尚"为关键字的样本抓取中,样本网站得分几乎为零[1],这与其巨量的信息传播形成了极大反差,足以说明商业化新媒体在维护社会价值观念和主流意识形态方面的自觉意识不强。

第四节　中国新媒体社会责任执行力提升的路径与方法

一、进一步坚定"正确政治方向和舆论导向"的意识,认真履行职责和使命

为此,要充分把握新媒体的传播规律,深入研究新技术影响的网络特征、传播生态和舆论新格局,"尊重新闻传播规律,创新方法手段,切实提高党的新闻舆论传播力、引导力、影响力、公信力"。作为主流媒体,要加强与自媒体、网络意见领袖和网民的互动沟通,丰富舆论引导的渠道和信息源,发挥网民的积极主动性,使得新闻舆论工作能够入眼、入口、入脑、入心。而商业网站也要积极思考舆论引导工作,完善信息生产机制、发挥自身品牌优势,弥补主流媒体在舆论引导方面的不足。

---

[1] 钟瑛主编:《中国新媒体社会责任研究报告(2015)》,社会科学文献出版社2015年版,第53页。

二、加强创新能力

一是加强原创信息的生产力度,依靠原创信息提高媒体的权威性和公信力,提升信息传播的话语权和影响力。二是加大新媒体建设力度,创新新媒体产品内容,打造网民喜闻乐见的文化产品,增强媒体对用户的吸引力。随着 VR、AR、MR 技术的逐步推广,技术创新+内容创新将成为新媒体时代的核心竞争力,树立互动思维、用户思维、产品思维创新节目设计,实现内容对用户的黏性,扩大传播力和影响力。

三、加强社会监督职责,维护社会公平正义

当前网络监督的领域主要集中在环保和消费方面,这与媒体肩负的社会监督功能不相符。随着新媒体的发展,其在社会监督中的作用越来越突出,应积极开展其他群众关切的领域,比如反腐倡廉、社会伦理、社会法制等。在监督渠道方面,也应加大建设力度,方便公众的参与,充分利用社会化媒体、"两微一端"媒体、网络社群和投诉平台,方便与群众互动,协助政府实施网络问政,解决公众关切的社会问题,维护公众的利益。

四、提升网站文化内涵建设,改进娱乐文化健康水平,促进优秀文化繁荣发展

大众文化和流行文化的繁荣发展,难免鱼龙混杂、泥沙俱下,多元化的意识形态对我国的主流意识形态也形成了一定冲击。因此,"加强网上思想文化阵地建设,是社会主义文化建设的迫切任务"。新媒体作为传播社会主义主流文化的重要平台,应加强中国特色文化的传播和引领,促进社会主义文化的繁荣和发展。在满足公众的日常信息前提下,增加有益于健康的娱乐文化内容,开发具有艺术性、消遣性、积极向上的游戏、动漫和音乐等娱乐产品,引导消费者正确的娱乐消费方式,满足群众多元化的精神需求。

五、重视公共服务,积极开展新媒体公益活动

充分利用新媒体的融合型平台,开设公共服务类栏目,方便人们的日常生

活；建立互动板块，促进社会各方的理性、公平的意见交流，起到凝心聚力的作用；开展公益活动，关注弱势群体，提升公众的公益意识，传递社会正能量。

六、规范新媒体营销和广告管理，维护消费者的正常权益

新媒体广告、软文营销一直是消费者诟病的问题，特别是随着微信平台广告在朋友圈的泛滥，这种扰民行为越来越引起消费者的反感。搜索网站首页虚假广告和误导性广告也给消费者带来了极大伤害，在社会上造成了极负面的影响。因此，需要新媒体行业加强自我约束，制定自律规则，切实肩负起维护社会责任、服务社会大众的使命。媒体和专业机构也需要不断研究新媒体上的广告和商业营销模式的管理问题，杜绝隐性、欺骗性和虚假广告的出现，管理部门也要制定相应的规范政策，改善目前的新媒体营销乱象。

七、体现相关行业协会的作用，引导新媒体行业加强自律

中国互联网协会作为中国最大的新媒体社会组织，自成立至今，制定了一系列自律规范，促进了互联网健康发展。但新媒体行业机构自身的自律意识存在不足，需要行业协会发挥其应有的功能，引导新媒体机构增强自律意识，积极主动、理性自觉地承担社会责任。

总之，2015年，我国的新媒体社会责任意识普遍提高，承担起了对党和政府负责，对社会和公众负责的使命，在履行相应的社会责任，追求积极、健康、和谐、可持续发展的新媒体生态方面都凸显了自己的力量。当然，在此过程中，新媒体的负面影响也不时发生，需要媒体业、相关部门和社会各界的共同努力，以促进新媒体行业健康有序发展，服务于国家和人民的真正利益。[①]

[①] 该文涉及央视网、新华网和人民网的内容分别参考自《中央电视台社会责任报告（2015年度）》《新华网社会责任报告（2015年度）》《人民网社会责任报告（2015年度）》。

专论报告

第15章 中国传媒社会责任指标体系

郭沛源[①]

建立媒体社会责任指标体系对促进媒体社会责任建设意义重大。本文探讨了建立媒体社会责任指标体系的一般方法、原则,并构建了两种指标体系。一种是依从利益相关方框架的指标体系,另一种是依从关键定量方法的指标体系,在试点应用和完善之后均可运用到媒体社会责任管理与测评中。

第一节 社会责任的测评与指标体系

一、为何要测评社会责任

企业社会责任在经历了数十年的发展之后,人们对之的认识逐步深入,特别是表现在两个方面。首先,企业社会责任是与企业战略密切相关的综合性的事务,不仅仅是单一的劳工问题和环境问题,而是涉及企业经营的方方面面。其次,企业社会责任必须要融入管理,企业不仅仅要发布企业社会责任报告,还要制定与企业社会责任相关的战略目标、管理流程和绩效监控体系。

管理学界有一句名言,"非可测量,无以管理(You can't manage what you don't measure)"。既然企业社会责任是企业管理的一个部分,那么企业社会责任就必须要有相应的测评体系进行测评。只有有效实施企业社会责任测评,企业才能更好设定企业社会责任的前进目标、监控企业社会责任的实施进展、制定提升企业社会责任绩效的各项改进措施。否则,企业社会责任就只能停留在表面。

---

① 郭沛源,清华大学管理学博士,商道纵横总经理;研究方向:企业社会责任与绿色金融。

此外，从外部视角看，企业外部的监管机构、非政府组织也都有测评企业社会责任绩效水平的需求。对监管机构而言，他们要了解哪个企业的社会责任做得好，哪个企业的社会责任做得没那么好，也要了解辖区范围内企业社会责任的整体表现如何等，以便采取有针对性的激励、惩罚政策。对非政府组织而言，他们也要了解哪些企业在哪些方面表现优异或不足，以便判断如何与企业进行合作或予以施压。

因此，不论从企业内部视角看还是从外部利益相关方视角看，测评企业社会责任具有重要意义。

二、常见社会责任测评方法与指标体系

然而，企业社会责任的测评并非易事。首先，企业社会责任涉及很多方面，既包括环保也包括劳工，还有社区发展等事宜，内容非常庞杂。其次，有一些企业社会责任的内容很难用数字来表述，譬如企业实施环保行为之后对自然界的贡献、在实施社区发展项目之后对社区产生的积极作用等都不容易量化。

在实际操作中，人们常常采取抓大放小、化繁为简的手法对企业社会责任进行测评。具体地说，就是通过制定一套指标体系综合衡量企业社会责任，每个指标赋予一定的权重，加权求和之后可以得到一个综合得分，代表企业社会责任的综合绩效。国际上，商业企业、政府部门、非政府组织、新闻媒体都采取此类方法测评企业社会责任。比较典型的是道琼斯指数公司制定的道琼斯可持续发展指数。该指数由道琼斯公司与可持续发展资产管理集团（RobecoSAM）于1999年共同推出。参评DJSI的企业均为在道琼斯标普指数中全球市值排名前2 500名的公司，只有10%的企业最终能够上榜。指数编制通过权重指标的方式从经济、环境和社会三个方面对上市公司的社会责任绩效进行评估。评估信息主要来源于两个渠道：上市公司填写的调查表和第三方评价。调查表有近百个问题，上市公司被要求提供真实、详尽的信息。第三方评价主要源自媒体和利益相关者分析。[1]

---

[1] 王昕，李茜，陈柏宇：《如何加入世界一流企业"常春藤"俱乐部》，《商道智汇·热点速递》，2016年10月。

方面	标准	权重
经济	行为准则/遵守/受贿与行贿 公司治理 风险与危机管理 行业特定标准	6.0 6.0 6.0 取决于行业
环境	环境报告* 行业特定标准	3.0 取决于行业
环境	企业社会责任/慈善事业 劳动初中指标 人力资本开发 社会报告* 人才吸引及保留 行业特定标准	3.0 5.0 5.5 3.0 5.5 取决于行业

*评估标准仅基于公开资料

图1 道琼斯可持续发展指数评估体系

指标体系的制定往往依赖企业社会责任的分析框架。国内外常见的社会责任分析框架是三重底线原则（Triple Bottom Lines），即从经济、社会和环境三个方面分析企业社会责任。前述道琼斯可持续发展指数就采取了这样的分析框架。此外，常见的还有利益相关方分析框架，即从企业的关键利益相关方着手，分别测评企业对股东、员工、客户等利益相关方的责任承担情况。

三、社会责任指标体系的构建原则

构建社会责任指标体系的框架可以各不相同，但构建原则是大体一致的，主要包括如下三条。

第一，实质性原则。企业社会责任要反映企业在经济、环境和社会等方面的重大影响，回应利益相关方的重大关切。因此，社会责任指标体系首先要突出实质性议题。实质性议题通常因行业而异，譬如汽车行业的实质性问题与新闻媒体行业的实质性议题就差异很大。

第二，利益相关方参与原则。企业社会责任的一个要求是回应利益相关方的诉求，与其进行沟通。社会责任指标体系力图反映企业及利益相关方共同关注的焦点议题。在指标编制的过程中，应当要征询关键利益相关方的意见与反馈。

第三，社会背景原则（也作可持续发展背景原则）。企业社会责任的议题会呈现属地化的特征，主要原因是企业社会责任的目标之一就是要和企业经营所在地的利益相关方加强沟通，利益相关方的属地化特征自然导致责任议题的属地化特征。譬如，下岗再就业问题、农民工问题、留守儿童问题、流动儿童问题都是具有中国社会特征的问题，在中国制定企业社会责任评估指标，务必要考虑对应的社会背景。

第二节 媒体社会责任的主要特征

不管是国内还是国外，媒体通常都是一种特殊的企业类型，既具备经济实体的特征，也具备一定的公共属性。在中国探讨媒体社会责任，还要兼顾中国的国情和社会背景。因此，在制定媒体社会责任指标体系之前，先要充分讨论媒体社会责任的主要特征。

一、媒体的公共属性

媒体是社会公器，面向社会公众传播信息和观点。因此，媒体天然具有公共属性，媒体产品在某种意义上说也是公共品。这样的属性要求媒体一方面要秉持客观、真实、公正的立场看待和评述新闻事件，不能在社会上产生错误的舆论引导；另一方面则要有自我约束的能力，注意媒体从业人员的言行举止，避免个别不恰当的言行通过媒体这个平台予以放大，造成不好的社会影响。

二、媒体的经济属性

很多媒体目前已经改制为企业组织，因此媒体同时又具有较强的经济属性。这一属性主要体现在三个方面，分别是对股东的责任、对客户的责任和对作者的责任。

经济责任是企业所有责任的基石。企业的生产经营活动以及其带来的盈利，是企业生存的根本。如果没有利润，企业自身便难以存在，股东的投资会化为乌有，员工会面临失业。所以，获得利润是企业最基本的责任，是对投资者或股东负责的表现。作为企业的媒体应向股东提供全面准确的经营信息和投资信息，让股东及时把握企业经营状况。同时，媒体企业也应向股东承担资产保值增值责任，通过优化资源配置、提高管理水平，为股东提供合理的收益。

消费者是企业生存与发展的基础。在媒体这个行业中，最主要的消费者就是读者。媒体产品既具有文化性，又具有商业性。媒体不仅承担一般企业物质产品的责任，还要对读者承担更多精神产品的责任。一方面要严格把握出版物的内容质量，从选题策划、组稿编辑到制作加工均加强管理，杜绝不良出版物进入市场；另一方面，树立以读者为中心的经营理念，为读者提供更加丰富、准确的信息服务。

媒体的产品是以文字、音视频等方式呈现的，作者及著作权人是产品的主要创作者和提供者，在媒体行业中也是非常重要的利益相关方，他们的权益也是媒体作为一个企业组织应该予以重点关注的。作者及著作权人的核心权益往往就是知识产权。缺乏对知识产权的保护会直接打击作者进行新闻创作的积极性，不利于媒体行业的健康发展。因此，媒体行业应充分尊重作者及著作权人的权益，这既是对作者及著作权人权益的尊重，也是对自身利益的保护。

三、中国的社会特征

如前所述，企业社会责任也要充分关注社会背景，这在中国的媒体行业中尤为重要。讨论媒体社会责任时，必须充分认识到坚持正确的舆论导向是新闻出版工作的基本原则，也是新闻出版行业企业应履行的首要社会责任。党的十六大报告将"新闻出版和广播影视必须坚持正确导向"作为实现全面建设小康社会目标的具体任务之一。十六届三中全会进一步强调，在新的形势下，要继续将建立与社会主义市场经济相适应的社会主义思想道德体系、不断提高全民族的思想道德素质，作为包括新闻媒体在内的文化部门的重要任务。在我国进入全面建设小康社会、加快推进社会主义现代化的新的发展阶段中，加深对新闻媒体舆论导向作用的认识，探索新形势下新闻媒体发挥正确舆论导向作用的途径，对推进我国社会主义现代化进程具有重要意义。

媒体是传播社会意识观念、把握舆论导向的重要部门。因此必须牢牢把握代表广大人民群众利益的舆论导向，引导人们树立建设中国特色社会主义的共同理想和正确的世界观、人生观、价值观，大力弘扬爱国主义、集体主义和社会主义，要通过宣传为改革和发展提供强大的精神动力和智力支持。

第三节 依从利益相关方框架的指标体系

一、核心利益相关方界定

本文首先依从利益相关方的分析框架制定媒体社会责任的指标体系。因此，在制定指标体系前，先要明确媒体的核心利益相关方。根据前述分析，媒体核心利益相关方包括如下几个群体。

第一，政府。媒体对政府承担的责任包括发挥舆论导向作用，遵守国家法律法规，促进行业健康发展，发挥社会效益。

第二，股东（出资人）。媒体对股东（出资人）的责任是确保企业赢利能力与经济效益。

第三，读者。媒体对读者的责任是确保提供内容精良丰富多样的传媒产品，满足读者日益高涨的消费需求。

第四，作者。媒体对作者的责任主要是保护知识产权，使作者获得最大化的物质与精神效益。

第五，社区。媒体对社区的责任主要是积极开展公益慈善行动，搭建公益传播平台。

第六，员工。媒体对员工的责任主要是尊重员工合法权益、实现员工价值与企业价值的共同成长。

第七，环境。媒体对环境的责任主要包括绿色出版、促进环保与生态文明建设等。

二、媒体社会责任的传统指标体系

按照利益相关方的分析框架，媒体社会责任的指标体系可以分解为7个一级指标和16个二级指标。分述如下。

表1　依从利益相关方框架的指标体系

一级指标	二级指标	三级指标
1 对政府的责任	1.1 发挥舆论导向作用	重大题材报道 所获政府表彰
	1.2 遵守国家法律法规	法律合规
	1.3 促进行业健康发展	支持行业协会建设 加强行业自律
2 对股东的责任	2.1 确保企业盈利能力	发行量（订阅量） 企业收入规模 企业利润规模
	2.2 确保良好公司治理	公司治理制度 信息披露制度
3 对读者的责任	3.1 确保读物内容质量	读者满意度 出版物获奖
	3.2 杜绝不良出版物	被举报或查处情况
	3.3 杜绝虚假报道	被举报或查处情况
4 对作者的责任	4.1 保护版权知识产权	知识产权保护制度 知识产权违规情况
	4.2 与作者创造共享价值	报酬（版税）支付 作者创作支持
5 对社区的责任	5.1 自身公益慈善	自身对社区的捐赠
	5.2 搭建公益传播平台	扶危济困 支付公益组织发展
6 对员工的责任	6.1 保护员工合法权益	合规用工 工会建设
	6.2 支持员工职业发展	员工关爱 员工在职培训 员工职业发展
7 对环境的责任	7.1 绿色出版	物料消耗 污染防治 再生纸使用比例
	7.2 引导生态文明建设	生态文明题材报道情况

1. 媒体对政府的责任

媒体对政府的责任包括发挥舆论导向作用、遵纪守法，还包括促进行业发展。其中，发挥舆论导向作用可以通过重大题材报道、所获政府表彰予以反映。促进行业健康发展则包括支持行业协会建设，并加强行业自律。

2. 媒体对股东的责任

媒体对股东承担经济责任，为股东创造经济回报。因此，媒体首先要确保企业的盈利能力,这可以通过发行量(订阅量)、收入规模、利润规模来衡量。同时,作为企业形式存在的媒体,也要建立现代公司治理制度,特别是信息披露制度。这里面所指的信息披露,既包括企业年度报告等信息(对上市公司),也包括企业社会责任等非财务信息。目前,已经有多家媒体发布年度社会责任报告。

3. 媒体对读者的责任

媒体对读者的责任主要是确保读物的内容质量,让读者满意。这可以通过读者满意度调查进行衡量。与此同时,媒体还有责任杜绝不良出版物和虚假报道。发挥舆论导向作用最基本的一点即保证信息的真实性,所以,做到"不说假话"是一个媒体从业者应有的节操,也是媒体应履行的最重要的社会责任之一。

4. 媒体对作者的责任

媒体应当保护作者和著作权人的知识产权。为此,媒体应当建立知识产权保护制度,避免或减少在知识产权方面的违规情况。此外,媒体与作者之间应该建立一种共享价值的关系,相互促进。在具体行为表现上,媒体应该及时、足额向作者支付稿酬(版税),如果可能也可以支持作者的创作。

5. 媒体对社区的责任

媒体对社区的责任是指媒体通过公益活动支持社区发展、扶持弱势群体。一方面,媒体可以通过自身对社区的捐赠,不论是捐款还是捐物,履行对社区的责任。另一方面,媒体还可以搭建公益传播平台,这个平台可以帮助特定的弱势群体寻求支持,也可以通过传播公益理念,扶持公益组织的发展。从效果上看,媒体通过搭建公益传播平台所产生的影响往往要比媒体自身捐赠的影响大得多,这恰恰反映出媒体的公共属性。

6. 媒体对员工的责任

我国劳动法规定了劳动者享有平等就业和选择职业的权利、取得劳动报酬的权利、休息休假的权利、获得劳动安全卫生保护的权利、接受职业技能培训的权利、享受社会保险和福利的权利、提请劳动争议处理的权利以及法律规定的其他劳动权利。对媒体来说,也一样要遵守相应的法律法规,保护员工合法权益,包括合规用工、支持工会建设。此外,媒体也应善待员工、支持员工职业发展,譬如提供职业培训的机会,给员工制定职业发展规划等。

7. 媒体对环境的责任

媒体对环境的责任主要表现在两个方面。首先是绿色出版，因为传统媒体往往涉及大量的纸张印刷，里面有很多环节可以变得更加环保。譬如，再生纸的使用比例、纸张使用率、绿色油墨使用率、绿色胶片使用率、无水印刷比率等。此类传统媒体可以加大无污染或少污染原材料的使用，积极加大重金属回收，制定减少废水、挥发性有机化合物等的排放措施，提高胶水废浆减排量，降低单位产值能耗及提高能源节约值。在这方面，国家也有相关的行业标准，特别是2015年颁布的《绿色印刷术语》《绿色印刷通用技术要求与评价方法第1部分：平版印刷》《绿色印刷产品抽样方法及测试部位确定原则》《绿色印刷产品合格判定准则第1部分：阅读类印刷品》。

媒体对环境的第二方面责任，是发挥媒体的舆论导向功能，引导生态文明建设，加大对生态文明题材的报道力度。

第四节 依从关键定量方法的指标体系

一、关键定量指标的方法论

依从利益相关方框架的指标体系虽然完整性较好，能全面反映媒体社会责任方方面面的内容，但也存在一定的局限性，包括：比较庞杂，树状结构的指标、子指标数量较多；定性指标较多、定量指标较少，监测、管理难度相对较大。关键定量指标可以解决上述问题。

关键定量指标简称 MQI，即 Material and Quantitative Indicators，强调的是企业社会责任中的实质性原则（体现为关键）和监测管理功能（体现为定量）。2014年7月，商道纵横编制了八个行业的《MQI 指引》，并与《南方周末》联合发布。《MQI 指引》针对企业社会责任报告编写过程中的信息披露问题，提供了适用于不同行业的关键定量指标体系，旨在帮助不同行业的企业识别企业社会责任报告中的实质性议题，促进企业在报告中披露具有实质性的定量信息，帮助利益相关方对报告进行评价和使用。指引中所罗列的关键定量指标不仅可以应用到企业发布社会责任报告，也可以应用到企业自身管理。

每个行业的《MQI指引》的制定遵循严格的流程,充分吸收了已有文献的经验并充分听取企业社会责任专家、行业专家的意见。每个行业的关键定量指标体系一般包括20个关键定量指标,分成5类,分别为:经济类指标(EC)、环境类指标(EN)、社会类指标(SO)、劳工类指标(LA)、产品类指标(PR)。根据行业属性的不同,指标体系中每个类别的指标内容与数量也不相同。但每个类别至少包括1个关键定量指标。①

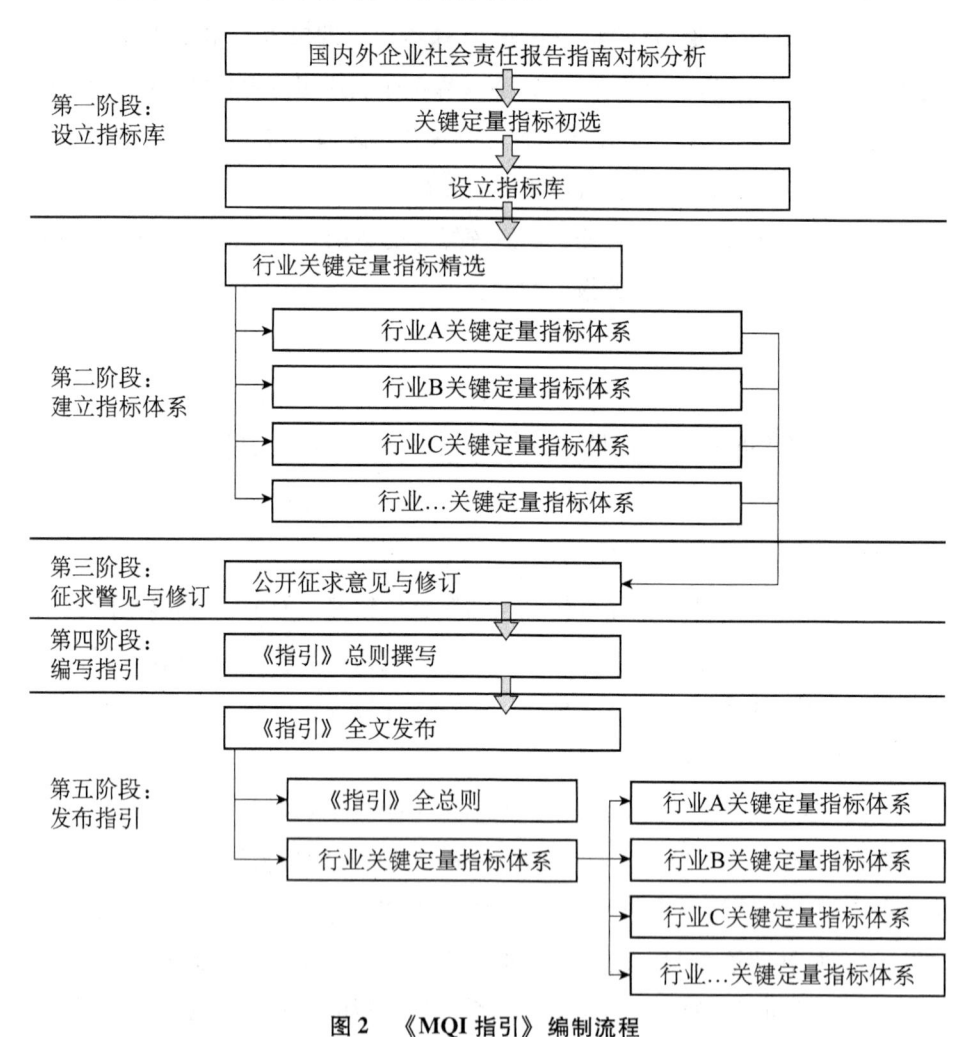

第一阶段:设立指标库
- 国内外企业社会责任报告指南对标分析
- 关键定量指标初选
- 设立指标库

第二阶段:建立指标体系
- 行业关键定量指标精选
  - 行业A关键定量指标体系
  - 行业B关键定量指标体系
  - 行业C关键定量指标体系
  - 行业…关键定量指标体系

第三阶段:征求意见与修订
- 公开征求意见与修订

第四阶段:编写指引
- 《指引》总则撰写

第五阶段:发布指引
- 《指引》全文发布
  - 《指引》全总则
  - 行业关键定量指标体系
    - 行业A关键定量指标体系
    - 行业B关键定量指标体系
    - 行业C关键定量指标体系
    - 行业…关键定量指标体系

图2 《MQI指引》编制流程

---

① 商道纵横:《全面认识企业社会责任报告》,社会科学文献出版社2015年版。

二、媒体社会责任的关键定量指标分析

依从关键定量指标的方法论，下文编制了媒体企业社会责任的关键指标，共20个，涵盖经济、环境、劳工、产品、社会5个类别，若干方面。分述如下。

经济类的关键定量指标包括经济业绩、社会责任投入2个方面。经济业绩指机构产生和分配的直接经济价值，反映企业经营状况。社会责任投入指标指机构在社会责任上的经济投入，包括对环境、劳工、产品、社会等各方面的公益捐赠和投入。

环境类的关键定量指标包括物料、能源、合规、环保、绿色办公等5个方面。物料及能源主要是指各种资源消耗；合规绩效是违反法律法规的处罚金额及数量；环保绩效是绿色印刷数量、占比及合格率；绿色办公绩效主要指媒体办公用纸等指标。

社会类的关键定量指标包括社区、合规、反腐败、社会影响等4个方面。社区指标选取员工志愿者服务时间或次数，来反映对社区公益项目的参与程度。合规指标是违反法律法规被处重大罚款的金额，以及所受非经济处罚次数，从而反映企业遵守社会和法律规则的情况。反腐败指标主要希望通过企业反腐败沟通时间或次数等定量指标反映企业重视反腐败的程度。社会影响指标主要由按年龄、地区或教育背景划分的阅读者数量和响应文化政策开展的活动次数或产品数，获奖作品及"精品工程"数两个方面来反映。

劳工类的关键定量指标包括雇佣、职工健康与安全、培训与教育、多元化与机会平等4个方面。雇佣指标选取了员工流失率。职工健康与安全指标选取企业按地区和性别划分的工伤类别、工伤、职业病、误工及缺勤比例，以及和因公死亡人数等能够直接反映企业职工健康安全管理绩效的指标。安全培训和教育指标则包括员工接受培训的时间和次数反映企业在此方面的重视程度。多元化和机会平等指标通过员工的性别、年龄、民族等构成，反映企业多元化程度。

产品类的关键定量指标包括可获得性、读者互动和合规3个方面。各类别出版物发行量或印量以及数字化产品占比主要反映媒体产品可获得性程度。读者互动指标包含媒体回应读者的频次等信息。合规指标则是反映出版物遵守法律程度。

表2 依从关键定量方法的指标体系

类别	方面	编号	指标
经济	经济绩效	EC1	机构产生和分配的直接经济价值
经济	社会责任投入	EC2	推动和履行社会责任上的经济投入
环境	物料	EN1	物料使用量及节约量
环境	能源	EN2	单位产值能耗及能源节约量
环境	合规	EN3	违反环境法律法规被处重大罚款金额，以及所受非经济处罚次数
环境	环保	EN4	绿色印刷数量、占比及合格率
环境	绿色办公	EN5	绿色办公绩效
社会	社区	SO1	员工参与志愿服务的人数/次及服务时间
社会	合规	SO2	违反法律法规被处重大罚款的金额，以及所受非经济处罚次数
社会	反腐败	SO3	反腐败政策和程序的沟通及培训时间/次数
社会	社会影响	SO4	涉及信息安全的事故发生次数
社会	社会影响	SO5	按年龄、地区或教育背景划分的阅读者数量
社会	社会影响	SO6	响应文化政策开展的活动次数或产品数，获奖作品及"精品工程"数
劳工	雇佣	LA1	员工流失率
劳工	职工健康与安全	LA2	按地区和性别划分的工伤类别、工伤、职业病、误工及缺勤比例，以及因公死亡人数
劳工	培训与教育	LA3	按性别和员工类别划分，每名员工每年接受培训的平均小时数
劳工	多元化与机会平等	LA4	按性别、年龄组别、少数族裔成员及其他多元化指标划分，治理机构成员和各类员工组成
产品	可获取性	PR1	各类别出版物发行量或印量以及数字化产品占比
产品	读者互动	PR2	按类型划分，读者反馈信息的数量及企业回复的数量
产品	合规	PR3	出版或发布内容违反有关法律法规次数

五、指标应用

前文用了两种不同的方法构建媒体社会责任指标体系，各有特色，也各有优劣。依从利益相关方框架的指标体系比较综合，因此也比较庞杂，定性定量兼具；依从关键定量方法的指标体系比较简练，可以具体到某个定量指标，容易测评和比较，但综合性方面相对偏弱。

不管哪一种指标体系，都可以运用到媒体社会责任的各类实践中。首先，媒体本身可以根据指标体系建立自身社会责任的管理、监测体系，由此可以制定年度社会责任工作计划、年度社会责任工作绩效评估等。其次，政府监管部门及行业协会可以根据指标体系建立考评制度，对媒体进行社会责任方面的测评。因为社会责任具有较强的正向外部性，所以政府监管部门及行业协会也可以根据测评结果对有责任、有担当的媒体予以政策、资金方面的奖励，建立与社会责任挂钩的激励机制。再次，学术机构也可以将指标体系进一步完善，对全行业的社会责任情况进行深入分析和学术探讨。

本文提出的两种方法都是探索性的，实际运用最好能够通过试点检验并进一步完善，特别是在特定指标的选取及指标权重方面。

第16章 阿里巴巴集团社会责任研究

王 帅[①]

阿里巴巴集团（"本集团"），是全球领先的互联网上市企业。在经过近17年的稳步发展后，已经成长为以电子商务为核心、以中小企业为服务对象、以新商业生态建设为使命，涵盖电商、支付、金融、物流、云计算和大数据，以及健康、体育和数字娱乐的超大型综合性在线服务平台。本集团目前服务于240个国家和地区的几千万企业会员、近千万淘宝卖家和数亿消费者，未来十年的愿景将围绕着全球化、农村经济和大数据发展进行。作为一个土生土长的中国民族企业，阿里巴巴正在引领一场巨大的全球商业变革，其为企业提供的服务，将成为继水、电、煤以外的第四种不可缺失的商业基础设施资源。

在数字经济和实体经济全面融合的今天，科技和商业正在经历快速的变化。互联网正从IT（信息科技）时代向DT（数字科技）时代快速跨越，阿里巴巴从一家电子商务公司，正转型为一家向未来商业提供基础设施的平台。在未来，我们会始终坚持以平台的方式，数据的力量和互联网技术的动能，推动社会各个行业效率提升，优化重组价值链条，我们相信，以公益的心态、商业的方式推动社会效率提升，是我们这个组织承担社会责任的最佳方式。

第一节 明确价值使命，创新执行行业责任

让天下没有难做的生意是阿里巴巴的使命。为了达成这个使命，阿里巴巴致力于为社会创造价值，致力于做商业生态圈基础设施的建设者，致力于改变小企业与创业者旧有的营商方式，坚守诚信理念，注重网络诚信体系建设，逐

[①] 王帅，阿里巴巴集团副总裁。

步创建一套行之有效的网络诚信机制和一种符合互联网环境的新经济秩序,并从中为消费者带来更多的产品及服务选择。

一、坚持导向引领和发展方向并行

我们基于客户第一、拥抱变化、团队合作、诚信、激情、敬业这六个价值观做事,始终将互联网开放、透明、分享、责任的精神体现在日常工作中。助力推动社会发展,解决社会问题是我们一切产品和创新的灵感来源,是阿里这个组织存在的价值和意义,也是一直驱动我们前行的动力。本集团创立于1999年,持续发展最少102年的愿景就意味着我们要横跨三个世纪,我们的文化、商业模式和系统必须经得起时间的考验。我们每天促进数以百万计的商业和社交互动,包括用户和用户之间、消费者和商家之间以及企业和企业之间的互动。我们向客户提供商业基础设施和数据技术,让他们建立业务、创造价值,并与我们的其他生态系统参与者共享成果。我们致力拓展产品和服务范畴,让阿里巴巴成为我们客户日常生活的重要部分。我们致力于打造开放、协同、共赢的商业生态系统,通过三大零售平台以及阿里巴巴中国站、阿里巴巴国际站、阿里妈妈、全球速卖通、蚂蚁金服、菜鸟物流以及云计算平台,为数以亿计的客户提供服务。我们充分利用互联网在信息传递中的优势,通过透明化信息,让客户能够公平竞争,消费者能公平地获得所有信息。我们秉承分享的理念,积极搭建分享的平台,为平台上所有的参与者发挥其知识经验创造最佳场合。我们在主动承担责任的同时,致力于促进平台上的所有参与者诚实守信,主动承担社会责任,对自己也对他人负责。

1. 坚持诚信理念与创新发展并举

"商以诚为本,人以信为赢",一个良好的诚信体系是一切商务正常发展的基础。特别是在网络环境下,买家卖家由于空间上的隔离,无法像在传统贸易环境下那样通过"眼见为实"的方式建立互信。而越是虚拟的环境,就越需要真实的信息,越需要诚信的行为。

阿里巴巴自建立以来,一直注重网络诚信体系的建设,经过不断摸索与创新,逐渐创建出了一套行之有效的网络诚信机制和一种符合互联网环境的新经济秩序,尽管还不完美,但却在中国电子商务的发展中起到了关键作用。一是用户信息认证体系。阿里巴巴在创业之初,以企业间电子商务为主要业务,即

alibaba.com 国际 B2B 平台和 1688.com 国内 B2B 平台。从一开始，这两个平台就建立了专门的用户信息认证体系，由专门的团队负责对付费商家的身份信息及发布的信息进行审核确认。二是信用等级评价体系。针对零售业务面向个人消费者的特点，淘宝网创立后推出了一整套双向的信用等级评价机制。在交易成功后，买卖交易双方遵照一定规则对彼此在交易中的表现进行评价，评价可以累计信用度，并作为以后选择交易对象的依据，这套评价体系建立后完全公开透明可供查询。三是业务流程保障体系。2003 年，阿里巴巴创造性地设计了第三方中间担保的交易支付模式：消费者明确购买意向后，首先将款付到支付宝中间账户，卖家才将货物发出；消费者明确收货后，支付宝将款打给卖家，未收到货或者货不对版，支付宝会将钱款退还给买家。支付宝的出现，为买卖双方的交易增加了一个中立的第三方，起到了中间担保的作用，从流程设计上制约了非诚信行为的发生，极大地保障了消费者的利益。四是惩恶体系。阿里巴巴从业务发展之初，就开始摸索对网上交易出现的非诚信体系的遏制和打击手段，着手建立一系列对网上行为的监控措施，识别可能出现的非诚信商家和行为。阿里安全团队以大数据技术为基础，投入巨大资源，建立庞大、复杂的技术监控体系，实时监控各种异常行为的发生，并进行实时的处置。打击的行为包括欺诈、账户盗窃、违反知识产权、售卖假冒伪劣商品、售卖国家法律禁止或限制销售的商品、违法信息发布等多个领域的不诚信行为。五是扬善体系。阿里巴巴一直坚信"诚信等于财富"，对诚信行为采取多方面的鼓励措施，将信用体系积累的信用等级直接融入业务流程的设计之中，利用有利于信用优良用户的搜索排序机制、流量分配机制、营销活动参与机制等，坚持让信用好的商家获得更多更好的商业资源，使信用与商业价值高度关联，促使商家真正将信用视作生命一样去重视和维护。六是平台外开放合作体系。近年来，阿里巴巴加大与外部企业及政府机构在信用体系建设方面的合作。一方面阿里巴巴与其他企业开展合作，对有限制的数据结果进行分享，并将阿里巴巴对用户信用评估的结果应用在外部场景中；另一方面，阿里巴巴积极与政府机构合作，共同建设社会诚信体系。七是大数据底层信息体系。大数据的理念被用于支撑和完善阿里信用体系的建设。阿里巴巴各平台上的数据全部打通，用于建立一个大数据信息体系。这些数据经过顶级的专业数据分析和复杂的数据模型运算，用以支撑阿里诚信体系中的每一个小环节。

2. 坚持经济效益与社会效益并重

习近平总书记在网络安全和信息化工作座谈会上讲到,一个企业既有经济责任、法律责任,也有社会责任、道德责任。企业做得越大,社会责任、道德责任就越大,公众对企业这方面的要求也就越高。只有富有爱心的财富才是真正有意义的财富,只有积极承担社会责任的企业才是最有竞争力和生命力的企业。

阿里巴巴作为一家互联网企业,就是在不断引领技术创新、推动经济发展,在我国成为一个互联网强国的过程中发挥着应有的作用。我们正在从 IT 时代走向 DT 时代,这不仅是技术的进步,更是思想观念的提升,IT 时代以"我"为中心,DT 时代则以"别人"为中心,让别人更强大,开放和承担更多的责任。在 DT 时代,我们应该也必须抓住互联网时代真正的核心技术,坚持创新,勇于创新,不是去弯道超车,而是要换道超车。与此同时,本集团的国际化战略也在不断提速,在我们从中国走向世界的过程中,我们承担着传递中国形象、传递中国经济新气象的崇高使命。在阿里巴巴国际化业务拓展的同时,中国中小企业的创新诚信、中国市场的规范有序、中国消费者的热忱开放都将随着阿里巴巴的品牌和业务,通过全球性的媒体传播渠道一起走向世界。

第二节　开展公益慈善,真诚执行服务责任

阿里巴巴建立内生于商业模式的社会责任,通过为利益相关方创造价值,推动社会的发展和进步,进而实现阿里巴巴持续发展最少 102 年的目标。在这个过程中,我们形成以公益的心态,商业的手法去做公益。我们确信企业社会责任应内生于企业的商业模式,唯有此才能实现可持续发展。我们坚信社会责任对企业不是负担,在每一个企业的商业模式中,都可以找到自身与社会责任的结合点。我们相信人人都有社会责任,在网络化的边界环境下,人人也有能力履行社会责任。

一、积极参与社会公益活动

阿里巴巴集团创始人马云曾向全体阿里人发出倡议:"从 2015 财年开始,希望每位阿里人每年能完成 3 小时的公益志愿服务,用实际行动来支持公益。

做公益是一种'认真生活'。我们希望员工在阿里巴巴获得的不仅是薪水、能力的长进,也有感恩和公益的心。"

阿里巴巴倡导员工参与公益,在本集团"百年系列"入职培训里,有一堂课叫作《百年责任》,旨在传递感恩敬畏的公益理念及介绍阿里集团的社会责任实践。在阿里巴巴有这么一群人,他们为了同一个公益梦想而努力,组成名为"幸福团"的民间公益机构——阿里巴巴员工公益的主要组成形式。"幸福团"发展已有近5年的历史,从2010年10月第一个"幸福团"诞生到现在,成立过50多个"幸福团",幸福团所关注的公益方向几乎涵盖了公益的方方面面,如:"老人与孩",定期探访敬老院,为生活在敬老院的老人们带去心灵上的慰藉,增强同学们的社会责任感,让大家了解、关注这群庞大而特殊的群体,从中学会关爱,学会感恩;"橙长·爱",通过组织各种阿里及社会资源,为2~12岁的阿里天使提供公益和实践的活动机会,并为阿里有爱的爸爸妈妈提供一个分享爱的平台,传播"爱的教育"正能量;"阳光家园",成立近4年来,几乎每月组织志愿者前往浙江省听力障碍康复学校,帮助使用人造耳蜗的小天使们,听到的世界有来自阿里的哥哥姐姐们的声音,让阳光和爱陪伴他们一起成长等等。阿里志愿者们志愿服务的区域已经覆盖浙江主要城市(杭州、宁波、义乌等)、北京、青岛、上海、广州、深圳、成都、重庆和香港等城市。除了幸福团,还有很多志愿者参与过阿里公益组织的乐橙公益之旅、溯源行动、公益如此多JOY公益月等各种公益活动。

截至2016年3月,"每人每年三小时"共累计79 702人次参与,贡献138 841.5个公益时(小时),已有32 000多名阿里人贡献公益时超3小时,其中,由"幸福团"组织的各类活动达950余次,参与人次达40 000余人。

2016财年,阿里巴巴通过集团公益基金捐赠国内外项目约2.3亿元人民币(其中基金会1.4亿),同时,平台资源向外捐赠1.9亿元人民币。2016财年,阿里巴巴公益金共资助73个国内外项目,其中环境保护领域共资助47个项目,包括大自然保护协会(TNC)全球保护项目、国家地理(NGS)空气与水保护基金、保尔森基金会(PI)环境项目、蔚蓝地图、清源行动等。

二、有力发挥网络平台优势

阿里巴巴依托电子商务平台,向社会各界有志于创业的人们提供技术、服务等支持，为缺乏资金、基础设施等投入的草根创业者提供更开阔的舞台，帮助他们实现梦想。

截至2015年，阿里巴巴仅零售商业生态直接创造的就业机会就超过1 500万，间接创造的就业机会超过3 000万。2016财年，在大淘宝交易平台（主要包括淘宝、天猫平台）上，活跃网店中女性店主约占一半，开网店成为数百万女性创业者的首选。同时，阿里巴巴一直在努力为社会创造更多就业机会，特别是为社会弱势群体和重点人群创造更加公平、更加广泛的就业机会，推出了面向残疾人的云客服，面向返乡创业者的村淘合伙人计划，面向支持大学生创业的"云翼计划"和"天池大赛"等等。

2016财年超过800个国家级贫困县在阿里零售平台上，完成销售超过200亿元。2015年11月11日当天，1 200多个贫困县（包括国定贫困县和省级贫困县）在阿里零售平台上，共销售产品20多亿元，农特产品的变现提高了贫困地区人民的收入。

自2010年阿里巴巴集团宣布每年营业收入的千分之三用于公益，以营造公益氛围，发展公益事业，促进人与社会、人与自然的可持续发展为宗旨，关注自然灾害救助、扶贫助残、帮助受助群体提高能力以改善生活条件；并于2011年12月22日成立阿里巴巴公益基金会推动中国及世界环境保护领域发展，逐步形成互联网+环保的资助模式。

三、着力引导社会力量参与

阿里巴巴基于自身的商业模式和业务专长，为平台使用者提供公益交流和互动的工具及机会，搭建可信赖的、人人参与的公益平台，引导社会力量参加公益活动。

助力公益组织开设网店。截至2014年年底，公益网店数量达421家，年度筹款总额超5 000万元，订单笔数超110万笔，其中，交易/筹资额超过10万元的机构达到69家。阿里巴巴通过"NGO开店公益培训班"项目、公益网店交流群等方式帮助更多的公益组织通过商业方法，提高网店管理及与公众交流的能力。

平台聚力援助灾区。2014年7月21日晚，为援助超强台风威马逊受灾地区，淘宝PC端和移动端连夜上线爱心众筹平台；淘宝网首页、手机淘宝首页均上线全幅众筹页面，联手菜鸟网络、淘宝海南馆、天涯社区、新华社、深商e天下等机构，发起中国第一次社会化的互联网爱心众筹——"迎南而上"淘宝海南救助行动，不到12个小时，就有超过2万名网友参与，30 000瓶矿泉水、13 000碗方便面、5 000包饼干被售出。

"爱的分贝"众筹。2015年1月24日，一场旨在关注听障儿童群体的周笔畅公益演唱会拉开序幕。作为"爱的分贝"志愿者，歌手周笔畅发起这场名为"Begins to love"的音乐会。"爱的分贝"由数十位播音员、主持人联合发起，资助贫困聋儿进行人工耳蜗手术、康复训练等，力争助其在最佳治疗期内，恢复听力。在和阿里巴巴商议后，他们决定为周笔畅众筹一场演唱会。从2014年12月9日演唱会开始筹划到正式开唱，短短的一个半月，吸引了6 392人的参与支持，筹得1 329 200元善款，直接打破淘宝公益众筹的记录。

第三节 践行企业文化履行人文责任

价值观是公司的基石，是我们在商业上快速发展和创新的基础，它支配着阿里人的一切行为，是公司DNA的重要组成部分。价值观也是阿里巴巴所有员工在这家公司里做人的底线。让阿里这台巨大机器能一直保持高效运转的，远不仅是其看得见的公司组织架构，各种规章制度，而是看不见的阿里文化，是几万名员工多年来的同一种坚持，所浸润的同一种文化，以至于我们在茫茫人海中总能敏锐地察觉出同类伙伴，我们称之为——阿里味。

一、积极营造深厚企业文化

从"西湖论剑"到金庸题字，从"聚义堂"到"武林大会"，阿里巴巴流传着许多武侠传说，也孕育出一个个江湖之梦。阿里的武侠是一种侠义的精神体现，一种虽然只出现在武侠世界中，但是在现实社会中因为稀缺而显得更加弥足珍贵的价值观。阿里巴巴的客户来自五湖四海，侠之大者的精神能够打造出一种最美好的秩序，行侠仗义、公平、合理、互利互惠。而我们来自天南海北，人在阿里，激情和创新与生俱来。心怀大志，兼济天下，阿里侠士简单、纯粹。在这里，我们每个人都有一个花名，它最早就来自于武侠世界的正面人物，花名不可轻取，它承载着我们的自我期许，以及未来想在阿里追逐的梦想与快乐。花名不是虚名，它需要我们愤发图强、尽心尽力，在一次次行侠仗义中"扬名立万"，实现其内在含义。

"亲"。亲，这句源自淘宝的称谓，如今已红遍大江南北。淘宝体也随之走红，甚至出现在各种官方公告之中。一声亲，拉近了距离；一声亲，体现了尊重；一声亲，包容了彼此。亲，是阿里定义的人与人之间的关系。亲，是阿里人对这个世界的呼唤。

阿里日。阿里日是纪念阿里精神的日子。2003年的非典，是阿里人刻骨铭心的记忆。疫情来袭，逃离危险是人的本能，但我们义无反顾地奔向重灾区，因为我们向客户承诺过，带着他们参加广州春季交易会。一诺千金，给客户带来了订单，让阿里赢得了客户的信任。但我们也付出了一名员工被感染的代价，然后是整个阿里自动隔离。但阿里人没有垮！所有同事都在家里soho，维护着日常运营。阿里亲友们给予了充分的理解和支持。外界丝毫没有察觉这突如其来的变化，能感受到的是，阿里的业绩不仅没有下滑，反而创造出"一天一百万"的骄人业绩，同时淘宝网也在非典闭关期间横空出世。2005年，阿里巴巴决定把每一年的5月10日定为阿里日。马云说，阿里人在抗击"非典"过程中所体现出来的果断、团结、敬业、互助互爱的阿里精神却历久弥新，不管是否亲身经历过那段危急时刻，都深深为阿里人所创造的奇迹感动着、激励着。就是这种品质、这种精神，让我们坦然地面对挑战并战胜挑战；让我们迅猛发展并更加迅猛强劲地发展；让阿里之所以为阿里，让阿里人之所以为阿里人。每年阿里日，公司都会有庆祝活动，举行集体婚礼，并开放公司为"亲友日"，让阿里人的亲属和朋友走进阿里巴巴，感受阿里精神。也为了纪念我们相信的相信！

阿里巴巴客户日。我们深知，是客户的陪伴与支持，给予了阿里巴巴追逐梦想的勇气与力量。阿里的价值，始终体现在我们对理想的追求和为客户所创造的价值。无论是过去的17年，还是未来的85年，"客户第一"的初心不改。因此，阿里巴巴集团管理团队决定，从2015年起，9月10日不仅仅是阿里的生日，同时也将成为阿里客户日，不断提醒我们要贴近客户、倾听客户。当然，"客户第一"不是一天一时的事情，我们要时时去了解客户的所思所想，特别是他们对阿里提出的尖锐问题，有哪些方面我们可以做得更好；我们更要不断地挑战自己，用不同的视角给客户创造更多新的价值。在这个需要奔跑着成长的时代，我们将始终秉持"客户第一"，不断赋予"让天下没有难做的生意"新的时代内涵。

二、牢固坚守公司职业操守

阿里人很傻很天真，拒绝风投。1999年10月的一天，马云沿着曙光路低头往前走，他突然转身问跟在身后的彭蕾："你觉得怎么样？"不远处的世贸饭店里，一家新加坡的投资商刚刚开出了诱惑的条件等着他们答复。彭蕾老老实实地回答："公司账上没钱了。"当时公司成立时筹集的50万早已用完，阿里巴巴随时都会死掉。但这一次，阿里巴巴依然选择了拒绝。但那个年代并不缺钱，自从中华网纳斯达克上市成为"中国互联网第一股"后，做网络机会不是太少，而是太多。几乎每天都有风险投资基金找上门来，他们只谈价码，不谈梦想，只看利益，不看愿景。"两三年后就想上市套现获利的，那是投机者，我不会拿这种钱。我们需要的不是风险投资，不是赌徒，而是策略投资者。"阿里人的固执让38家风投在阿里巴巴面前无功而返。"我们不要想着怎么抓住机会，更重要的是懂得放弃。阿里巴巴就是穷出来的，钱太多盲目去做，才会输。"而这份天真在今天也随处可见，比如业绩的结果好，也可能在绩效考核时得到低分，因为我们要过程也要结果，光有结果好是不够的。

透明沟通。在阿里巴巴，开放透明的"沟通"无处不在。每家公司总裁的办公室都是敞开的，只要你有需要，随时欢迎走进去，聊聊自己的困惑和难题。同时，定期还有总裁面对面沟通的圆桌会议。以支付宝"裸聊"圆桌会议为例，它就是让"听得见炮火声"的一线员工与管理团队面对面沟通的平台。每年，支付宝根据组织成长中的具体情况，不定期举办特定主题的"裸聊"专场，比如针对一年香新人、M2/P7腿部力量等目标人群。每次"裸聊"，是员工与和公司战略、管理团队之间照镜子，是员工个体和组织之间照镜子，也是员工的现在和期望达到的未来之间照镜子。"说了不一定有机会，不说一定没机会。"这句阿里土话，成为"裸聊"营造透明开放组织文化氛围的最好诠释。

直言有讳。事得好好做，话当然也得好好说，对比其他公司，阿里巴巴没有明显的等级制度。在阿里巴巴，有各种各样的沟通渠道，有倡导开放、自由的内网、畅所欲言的内网、各种沟通渠道，也营造了阿里自由、开放的言论氛围。但是自由的氛围和环境可能会造成直言不讳的后果。良言一句三冬暖，恶语伤人六月寒，有时候，"爱之深、责之切"会带来猜忌。有时候几句情绪化的口头禅会引发一起口水仗。在决策前充分讨论，我们鼓励；在决策后指手画脚，我们鄙视。直言是阿里人对事情的态度，有讳是阿里人对同事讲话的方式。

三、着力完善员工福利体系

在阿里巴巴，Let people with shared dreams, vision & values, and results to be rewarded，我们会让有情有义有结果的人有回报，并且激励员工通过更好的绩效结果获得更高的回报，让做阿里人安心，家有阿里人放心。

蒲公英计划、彩虹计划。在阿里人的江湖，有一个词常被反复提起——有情有义。蒲公英，播撒爱的种子；彩虹，风雨后见晴天。"蒲公英互助计划"是阿里所有在职员工自愿参加的一项民间爱心互助计划，每个参与人出资80元、公司相应出资160元，用于参与人本人、配偶、子女在发生重疾、身故时得到互助。"蒲公英"互助计划于2009年启动，截至2016年1月底，总共互助252位同学（家庭），互助资金累计31 850 000元人民币。"彩虹计划"启动于2011年，其宗旨为了帮助那些遭遇重大自然灾害、重大疾病等不幸事件，在得到社会和阿里现有保障及援助之后仍然有较大生活困难的阿里员工，向他们发放临时性的特困援助金。五年来彩虹计划救助了64位小伙伴，发放特困援助金278万元，让困难中的他们感受到温暖和希望。

I系列员工福利。2011年8月，阿里巴巴启动了iHome（无息置业贷款计划），至2016年5月放贷达15亿人民币的资金，帮助了6 000多位阿里人在工作地安家落户。随着与公司共成长的员工，开始成家立业，承担更多的社会角色和责任。2012年，阿里巴巴启动iBaby——阿里巴巴集团子女教育关怀项目，通过提供不定期的育儿经验、教育资讯、政策解答等沙龙讲座活动，为员工搭建一个相互交流沟通、互帮互助、共同成长的平台。

深情凝聚校友会。很多离职的同学，仍然会称自己是"阿里人"。他们仍然会为外界对阿里巴巴的每一个误解感到焦虑，为每一次曲解感到愤愤不平。当现在的阿里人遇到困难时，他们会自觉地伸出援手；当阿里巴巴取得每一次进步时，他们会由衷地感到自豪。这就是阿里巴巴的校友，我们不应该忘记的前辈。没有他们曾经的付出，就没有阿里巴巴的今天，我们为之奋斗的使命也会变得艰难许多。于是，阿里巴巴有了自己的校友会。我们希望把公司的祝福和关心传递给每一个过去的伙伴，我们也希望他们能把阿里巴巴的 DNA 带到更多的地方，影响更多的人，让世界有更多微小而美好的变化。

第四节 推动媒体融合切实履行文化责任

本集团积极响应时代号召，一直重视与省内外传统媒体单位的各项合作，在发挥自身互联网技术优势的基础上，协同传统媒体转型升级，传递正能量，推进传统媒体单位进行新媒体探索。

一、坚持技术内容建设两手抓，驱动媒体转型与升级

本集团积极顺应互联网传播移动化、社交化、视频化的趋势，积极运用大数据、云计算等新技术，以新技术引领媒体融合发展、驱动媒体转型升级。与浙江日报报业集团、浙江出版联合集团等新闻单位展开了一系列围绕电子商务创业和网络购物传播等领域的多层次合作。

基于报网联动的时尚消费媒体《淘宝天下》，基于线上线下运营结合的《天下网商》，基于互联网视频传播的在线教育电商频道，都在不断探索新旧媒介融合的路上积累了丰富的经验，也逐渐找到了技术建设与内容建设并重推进的具体办法。技术为内容服务，渠道为传播搭桥。在各项合作中，我们充分发挥阿里巴巴集团在互联网领域的传播优势，面向公众传播"诚实守信"和"创新创业"等社会主义主流核心价值观，更广泛地推动青年人用互联网工具进行创业，进而为青年人就业打开广阔的空间，极大地推动了互联网上信用体系的建设。

二、坚持内容经营要素双融合，探索媒介融合新思路

本集团积极推动传统媒体和新兴媒体在内容渠道、经营管理等方面深度融

合，双方充分发挥各自在大数据领域与传媒物流、采编的资源优势，打造成具有全球影响力的新型数字化媒体与数据信息服务集团。

2014年，本集团推出"码上淘"项目，推动并帮助传统纸质媒体向互联网化媒体转型的实质性战略，通过"码上淘"项目，纸媒可以进一步挖掘版面的经营性价值，增强年轻一代在纸媒界面上获得移动互联的入口，进而帮助传统媒体从展示广告平台到效果广告平台的升级。传统媒体借助"码上淘"，也能通过阿里巴巴的后台数据系统分析纸媒受众的阅读习惯和消费偏好，为掌握自身读者群体属性提供了技术依据，最终能提升纸媒广告经营的效率、丰富纸媒多元经营的手段。

2015年，本集团投资参股第一财经，双方的合作聚焦于商业大数据服务领域，重点是商业大数据平台的建设、投研资讯体系建设、财经数据移动端开发等。上海文广集团SMG是国内最大的省级广电媒体及综合文化产业集团，其以"传播向上力量，丰富大众生活"为使命，努力践行"忠诚，责任，创造，共赢"的核心价值观，这与阿里巴巴集团倡导的"开放、透明、分享、责任"的新商业文明价值观不谋而合，两大集团一直就共同推进新型媒体集团建设展开充分沟通与紧密协作。双方的合作可以更好地为中国中小企业全球化服务，推动中国经济获得更大的网络话语权。

三、坚持社会效益指标放首位，弘扬传播社会正能量

习近平总书记在文艺工作座谈会上指出，改革开放以来，我国文艺创作迎来了新的春天，产生了大量脍炙人口的优秀作品。也不能否认，在文艺创作方面，存在着有数量缺质量、有"高原"缺"高峰"的现象，存在着抄袭模仿、千篇一律的问题。文艺不能在市场经济大潮中迷失方向，不能在为什么人的问题上发生偏差，否则文艺就没有生命力。

打造优秀文艺作品。2015年，为纪念中国人民抗日战争暨世界反法西斯战争胜利70周年，阿里影业集团联合多方投资发行重大革命历史题材影片《百团大战》，作品激发了全社会的坚忍品质，充分弘扬了爱国主义精神，深受人民群众喜爱。正如总书记所言，"一部好的作品，应该是把社会效益放在首位，同时也应该是社会效益和经济效益相统一的作品。文艺不能当市场的奴隶，不要沾满了铜臭气。优秀的文艺作品，最好是既能在思想上、艺术上取得成功，

又能在市场上受到欢迎",这成为本集团各项文化产业发展建设的核心原则。

打造正能量的传播平台。在中央面向全社会号召"正能量"传播的大形势下,自2013年初起,本集团总计投入公益基金人民币3 000万,联合全国多家主流传统媒体共同发起大型公益传播联盟"天天正能量"。如今"天天正能量"合作媒体已由发起时的40多家发展到100多家。截至2016年6月,项目已发起每周正能量常规评选145期、特别策划奖励300多次,直接奖励人数超过2 000人,累计发放奖金2 300多万元。除了奖励和传播正能量,项目还充分发挥互联网公益创新基因,与全国各地媒体展开深度合作,策划开展了"做公益上头条""寻找江河卫士""志愿者关爱行动""广场经典诵读""最美家乡人""长腿叔叔·留守儿童关爱计划"等各类大型公益活动,涉及环保、教育、文化等诸多领域,直接参与人数达到数十万人,获得社会广泛关注和好评。正能量的公益联盟,充分发挥传统媒体的公信力和影响力,借助阿里巴巴集团在互联网传播渠道和技术上的优势,推动全社会公众参与到正能量的发现、推举、传播、奖励的过程中来,得到中央和地方各级新闻主管部门的多次表彰和肯定。"天天正能量"已经成为社交媒体上影响力最大、传播范围最广、网民互动活跃度最高的公益新闻平台之一;而各个公益联盟成员媒体社会新闻版上的好人好事报道,因大量的公众参与和及时的网报互动,再现了读者的阅读率高与受众的传播率高的景象。在鱼龙混杂的网络时代,新旧媒介联合成行的"天天正能量",推动了一股独特的清新和向上向善向美求真的风潮的涌现。

践行社会责任,我们始终怀揣着公益的热心,以商业的手法推进。在阿里巴巴,我们将利他和公益融入日常行动中,确保客户、员工、投资者和各方参与者的长期价值提升。与此同时,我们鼓励支持平台的力量参与环境保护、教育医疗等重要领域,消除技术和信任的障碍。在公司内部,我们关注社会公益,鼓励员工广泛参与公益事业,发挥业务优势,帮助社会弱势群体。在阿里巴巴眼中,承担社会责任的关键任务,是全社会的意识唤醒,是利用互联网的优势培育社会责任的参与感,人人公益,让每一个用户有机会参与到公益事业当中。推进和创新社会责任实践。加强与利益相关方的沟通,通过实际行动积极回应利益相关方的诉求;构建健康的商业生态圈,在为利益相关方创造价值的同时,与利益相关方共同进步;利用自身优势,贡献经济发展、环境保护和社会公益。

第 17 章 习近平"48 字方针"与媒体社会责任研究

叶 俊[①]

作为社会公器,媒体无法逃避履行社会责任的义务,承担社会责任也是媒体新闻自由的前提条件。那么,媒体究竟应承担哪些社会责任呢?2016 年 2 月 19 日,中共中央总书记、国家主席、中央军委主席习近平在北京主持召开党的新闻舆论工作座谈会并发表重要讲话。就媒体的社会责任,习近平强调指出了"高举旗帜、引领导向,围绕中心、服务大局,团结人民、鼓舞士气,成风化人、凝心聚力,澄清谬误、明辨是非,联接中外、沟通世界"。习近平提出的"48 字方针",高度概括了在新形势下,党的新闻舆论工作的职责和使命,对媒体社会责任提出了明确要求。

一、高举旗帜、引领导向

任何一个国家,都有其主张的意识形态、社会制度和价值观念。这是国家发展的精神支柱。对媒体而言,承担起社会责任,就要"高举旗帜、引领导向"。在"48 字方针"中,习近平把"高举旗帜、引领导向"放在首位,足以见其重要程度。可以说,高举旗帜是新闻舆论工作最基本的担当。

这里首先要搞清楚何谓旗帜?旗帜为新闻舆论工作的基础,旗帜是引领,旗帜是方向。旗帜,是一个政党、一个国家总的指导思想、行动指南。在迈向"两个一百年"奋斗目标时,我们要高举的就是中国特色社会主义这面旗帜。这面旗帜最根本、最核心的就是:坚持中国特色社会主义道路、理论、制度。高举中国特色社会主义旗帜,就是坚持以马列主义、毛泽东思想、邓小平理

[①] 叶俊,中国社会科学院新闻与传播研究所助理研究员。

论、"三个代表"重要思想、科学发展观为指导,深入学习贯彻习近平总书记系列重要讲话精神,为全面建成小康社会、实现中华民族伟大复兴的中国梦而奋斗。习近平曾指出,推进任何一项工作,只要我们党旗帜鲜明了,全党都行动起来了,全社会就会跟着走。他强调:"一个政党执政,最怕的是在重大问题上态度不坚定,结果社会上对有关问题沸沸扬扬、莫衷一是,别有用心的人趁机煽风点火、蛊惑搅和,最终没有不出事的!所以,道路问题不能含糊,必须向全社会释放正确而又明确的信号。"① 这说明,做事业、干工作,关键是要旗帜鲜明,旗帜鲜明才能道路鲜明,才能方向鲜明,才能前途鲜明,才能成功鲜明。

其次,媒体应高举什么样的旗帜?习近平提出,要把系统掌握马克思主义基本理论作为看家本领,要把马克思主义作为必修课。他强调,必须把坚定理想信念、提高思想政治水平放在首位,老老实实、原原本本学习马克思列宁主义、毛泽东思想、邓小平理论、"三个代表"重要思想、科学发展观,要学会运用马克思主义立场、观点、方法观察和解决问题,坚定理想信念,提高辩证思维能力。② 党的十八大以来,中国特色社会主义理论体系已成为坚持和发展中国特色社会主义的行动指南。因此,马克思主义和中国特色社会主义理论体系应成为媒体高举的旗帜。

再次,媒体如何高举旗帜?习近平强调:"必须把政治方向摆在第一位,牢牢坚持党性原则,牢牢坚持马克思主义新闻观,牢牢坚持正确舆论导向,牢牢坚持正面宣传为主。"③ 这"四个牢牢"成为媒体"高举旗帜、引领导向"。换言之,旗帜一定要鲜明,即弘扬我们的时代主旋律;旗帜一定要高举,为社会发展更文明、为人民更幸福打造正能量、传递正能量。

正因旗帜如此重要,当面临复杂的国内外环境、国内舆论格局和激烈的国际舆论斗争时,"导向"显得尤为重要。习近平强调的"引领导向",就要求媒体在报道中要有"导向意识"。

"引领导向",一方面要求媒体要坚持正确的政治方向,把政治方向摆在第

---

① 《习近平在省部级主要领导干部学习贯彻党的十八届五中全会精神专题研讨班上的讲话》,《人民日报》,2016年5月10日。
② 《习近平在全国宣传思想工作会议上强调胸怀大局把握大势着眼大事努力把宣传思想工作做得更好》,《人民日报》,2013年8月21日。
③ 《习近平在党的新闻舆论工作座谈会上强调:坚持正确方向创新方法手段提高新闻舆论传播力引导力》,《人民日报》,2016年2月22日。

一位,特别是在国内外舆论斗争中,更应始终绷紧政治方向这根弦;另一方面,媒体要坚持正确的舆论导向,在价值观念、社会风气、新闻事件中扮演重要的角色,引导人民群众走向正确的认知方向,不被误导。

由此可见,"高举旗帜、引领导向"是党的新闻舆论工作的政治责任。作为党的事业的一部分,新闻舆论工作必须承担起这一责任,才能更好地推动党的各项事业不断前进。

二、围绕中心、服务大局

无论是中国还是西方,每一个时期总有其工作中心。中心工作需要全国各族人民的支持和参与,需要良好的舆论氛围。这就要求媒体必须"围绕中心"开展工作,才能推动中心工作的开展。

十月革命之后,列宁要求苏联"整个宣传工作都应该建立在从政治上说明经济建设的基础上"①,要少谈些政治,多谈些经济。宣传要围绕"中心工作",这一提法在新中国成立初期就已出现。新中国成立后不久,社会主义制度逐渐建立,中国共产党提出了"宣传要为党的中心工作服务,为社会主义建设服务"的要求。如,在社会主义过渡时期,宣传的任务集中体现在宣传过渡时期总路线。围绕着总路线,通过宣传使农民、手工业者和资产阶级对社会主义有深刻的认识,以此减少改造的阻力。

当前,党的工作中心有"四个全面"战略布局、"国家治理现代化建设""五位一体"建设等顶层设计。因此,要求媒体围绕这些中心工作开展工作。"围绕中心"不是容易的事。一些媒体陷入空泛的新闻报道中,使得新闻没有人看失去了价值,降低了宣传效果;一些媒体则陷入孤立的新闻事件中,不从宏观予以把握。

"围绕中心"要求媒体必须要有"大局意识"。习近平在讲话中把"围绕中心"与"服务大局"放在一起,有着深刻的含义。而早在2013年的"8·19"讲话中,习近平就曾强调,新闻舆论工作要"胸怀大局,把握大势,着眼大事"。②从这点

---

① 列宁:《列宁全集》(第31卷),人民出版社1958年版。
② 《习近平在全国宣传思想工作会议上强调胸怀大局把握大势着眼大事努力把宣传思想工作做得更好》,《人民日报》,2013年8月21日。

看，围绕中心工作在正面宣传的实践中对宣传工作者是具有较高的政治素质要求的。媒体工作只有"围绕中心"，才能推动中心工作发展，进而推动整个社会发展。

从毛泽东提出"政治家办报"，到习近平的"48字方针"，无一不在要求媒体必须具有"大局意识"。在全面深化改革时期，面对各种复杂的社会问题，媒体更应具有大局意识，从大处着手，看待一些社会问题，把握新闻报道的"时、度、效"。只有这样，才能为推动社会主义事业发展做出更好的贡献。

三、团结人民、鼓舞士气

我国全面深化改革期，各项事业的发展需要全国人民齐心协力，团结起来，共同推动。相反，一个松散的、不稳定的国家，就很难获取飞速的发展。对执政党来说，巩固执政地位，更是需要人民的支持。由此可见，在国家发展和政党执政中，人民扮演着非常重要的角色。

习近平在讲话中强调的"团结人民"，具有双重含义。一方面，新闻媒体要发挥作用，使人民群众团结一致，团结不同的党派、组织、利益集团，推动社会发展。另一方面，新闻媒体要成为党、政府和人民之间的桥梁。

团结是中国共产党在革命时期得出的一个重要经验，并由此产生了"统一战线"这一法宝。周恩来认为："团结工作首先要从新闻同业做起，多多争取友军。"[①] 在周恩来的领导下，国统区的统一战线工作尤其是新闻界统一战线有声有色。新中国成立后，政治环境变了，但团结的思想一直都在。这里的"团结"一般是指不同的政治团体或利益集团之间。

在社会发展中，光有团结还不行，还需要有士气。当前我国正处于全面深化改革时期，可能会面对各种问题和挫折。这些问题和挫折需要及时的阐释，让人民群众及时了解原因，提供各种动力，鼓舞人民群众更加积极地投入到社会主义建设事业中去。因此，在"团结人民"之时，习近平同时强调了媒体应承担"鼓舞士气"的责任。"团结人民"是方法，"鼓舞士气"是目标，两者互相配合，共同推动社会发展。

具体到操作层面，媒体如何承担起"团结人民、鼓舞士气"的责任？首

---

① 陆怡：《周总理教我怎样做记者》，《新闻研究资料》，1979年第1期。

先，要承担起政治责任。习近平总书记指出，党的新闻舆论工作是党的一项重要工作，是治国理政、定国安邦的大事。面对复杂的国内外政治、经济形势，新闻媒体必须坚持团结稳定鼓劲、正面宣传为主的方针，及时准确地把党和政府的思想和主张传播出去，巩固壮大主流思想舆论，弘扬主旋律，传播正能量，调动各方面的积极性、主动性和创造性，做好解疑释惑、鼓舞人心的工作，激发全社会团结奋斗、攻坚克难的强大力量。

其次，要承担起新闻传播责任。随着新兴媒体的发展，新闻传播已经呈现出更加多元的形式，因此我们必须创新理念、内容、体裁、形式、方法、手段、业态、体制、机制，着眼于党和国家事业发展全局，坚持全面、及时、准确、生动地阐释党的理论和路线方针政策。同时，面对复杂的环境，人民群众需要新闻媒体提供可靠的信息，以供工作、生活、学习之需。

再次，新闻舆论工作必须坚持党性和人民性的统一。新闻舆论要达到"团结人民、鼓舞士气"的目的，一定要处理好党性和人民性的关系。习近平总书记在讲话中强调，要坚持党性和人民性相统一。坚持党性，就是要坚持正确的政治方向，同党中央保持高度一致，坚决维护中央权威，坚持"团结稳定鼓劲，正面宣传为主"这一基本方针。坚持人民性，就是要把实现好、维护好、发展好最广大人民根本利益作为新闻舆论工作的出发点和落脚点，切实解决好"为了谁、依靠谁、我是谁"这个根本问题。新闻舆论工作者要牢固树立以人民为中心的工作导向，发扬俯下身子、深入一线的务实作风，深刻感受时代脉搏，真切感知民情冷暖，真实反映人民诉求，从生活中发现新闻线索、挖掘新闻素材，做到言之有理、言之有物、言之有情，努力推出更多有思想、有温度、有品质的好新闻。

最后，新闻舆论工作还要坚持舆论监督和正面宣传的统一。习近平总书记指出，舆论监督和正面宣传是统一的。[①] 在坚持以正面宣传为主的基本方针的同时，新闻媒体要承担起舆论监督的社会责任。要敢于直面工作中存在的问题，直面社会丑恶现象，激浊扬清、针砭时弊，同时发表批评性报道要事实准确、分析客观，要根据事实描写事实。只有这样，新闻舆论工作才能更好地发

[①] 《习近平在党的新闻舆论工作座谈会上强调：坚持正确方向创新方法手段提高新闻舆论传播力引导力》，《人民日报》，2016年2月22日。

挥舆论监督的作用，为百姓解难、为政府分忧，起到"团结人民、鼓舞士气"的目标。

四、成风化人、凝心聚力

习近平"48字方针"中，媒体的第四个责任是"成风化人、凝心聚力"。这主要是媒体社会教育功能的体现，是一种社会教育责任。媒体承担"成风化人"的责任，有助于提高人民的各项素质，提高人民群众对党和政府的认同度，提升人民群众的爱国情怀，从而凝心聚力，推动国家发展。

所谓"成风"，即"形成风气"，就是要树新风、扬正风，引领社会新风尚，包括党风、政风、社风、民风。当前，我们面临着各种不良风气，党风、政风存在不少问题，社会风气不正。媒体在改变这些风气方面具有独到的作用，应承担起责任，进行舆论引导，形成正确的风气。对于一些有错误认识的人，要善于引导，用事实说话，引导其改变错误观点和立场；通过新闻宣传和舆论监督，营造出风清气正的政治生态环境，培育良好的党风政风。特别是在全面深化改革时期，政治、社会、思想、文化各个方面都需要良好的风气，媒体责任重大。

所谓"化人"，就是媒体"教化育人"，通过媒体去启迪和教育群众。新闻舆论具有启迪、教化的社会功能，是"文以载道"的时代解读。媒体要通过新闻报道，让更多的党员、干部成为坚定的中国特色社会主义道路自信、理论自信、制度自信的表率。要通过讲故事的形式，使"社会主义核心价值观"深入人心，成为共识并化为行动。

"凝心"就是凝聚社会共识，为全面建成小康社会提供良好的舆论氛围和强劲有力的精神支撑。国家的发展和社会稳定，需要新闻媒体引领健康主流思想，提供良好的舆论环境。特别是在当前社会转型期，国家发展需要共识。因此，新闻媒体应该大力宣传社会主义核心价值观，凝聚社会共识，团结最大多数的人，推动国家现代化发展。

"聚力"就是要聚合全党全国各族人民团结奋斗的强大力量。在实现"两个一百年"奋斗目标的征程中，在贯彻落实中央"四个全面"战略布局、五大发展理念时，会面临着各种挑战。这就需要媒体进行全面深入的阐释，使受众产生共鸣，能够紧密围绕这些部署而行动。

在西方国家，媒体也十分重视社会教育功能。在价值导向、科学知识等方面，西方媒体从来没有放弃过社会教育的意图。而在好莱坞电影中，各种意识形态的潜在教育更是随处可见。而在我国，早在现代报业诞生初期，报人们也十分看重报刊作为"国民向导"的角色。由此可见，媒体的社会教育责任是国内外普遍认可的。当前，我国正处于社会转型期，人们面对国内外各种新事物、新观点、新思潮，会出现一些错误倾向和认识。这就需要媒体承担起社会责任，凝心聚力，团结全国各族人民共同致力于中华民族复兴的伟大事业。

五、澄清谬误、明辨是非

新闻是公众认识世界的一个重要窗口。社会发生的种种事件，思想界的各种动态，媒体的报道往往会影响公众的认识，也可以改变公众的认识。因此，在这方面，媒体有重要的社会责任。

一方面，面对社会各种错误的认识，错误做法，不良的风气，媒体应承担起"澄清谬误、明辨是非"的责任。面对一些复杂的事件，各种态度和观点都可能存在，需要媒体以正确的舆论引导人。在新闻舆论工作座谈会讲话中，习近平提出新闻媒体要直面工作中存在的问题，直面社会丑恶现象，努力激浊扬清、针砭时弊。这是指新闻媒体要发挥新闻批评和舆论监督的功能，对党和政府工作中存在的问题、对社会上的丑恶现象展开批评和监督，以激浊扬清、针砭时弊，这也能够起到"澄清谬误、明辨是非"的作用。

另一方面，对社会发展的各种错误思潮，媒体要及时予以澄清。"澄清谬误、明辨是非"不仅是新闻舆论工作职责和使命的重要内容，更是维护主流意识形态的根本途径。新闻舆论工作处于意识形态最前沿，必须旗帜鲜明、激浊扬清，与形形色色的错误思潮做斗争。旗帜鲜明地批判各种错误思潮，是当下新闻舆论工作面临的一项重要任务。

如何澄清谬误、明辨是非呢？对媒体而言，就要善于用事实说话，要积极澄清谬误，帮助群众明辨是非，了解真相，把握正确立场和态度。近些年来，一些人借助网络空间，恶毒攻击主流意识形态，各种反马克思主义、反中国特色社会主义理论的错误思潮，严重干扰主流意识形态的建设和传播。甚至有人把社会发展过程中出现的矛盾、问题和困难都归咎于我们的制度和体制，其目的是要改变中国的社会主义制度。网上,历史虚无主义者用各种手段抹黑领袖人物,贬低、丑化英雄人物,试图搞乱人们的历史认知,否定中国共产党的历史和新中国的历史。这些行为的目的是否定中国共产党长期执政的合法性,否定主流意识形态的存在根基。针对这些问题,媒体必须高度重视,牢牢根据"时度效"的原则予以回应。

六、联接中外、沟通世界

中国已经站在了世界舞台的中央,世界在关注中国,中国需要让世界更好地了解。中国用过去两个"三十年"解决了"挨饿"和"挨打"的问题,但还没有根本解决"挨骂"问题。在第三个"三十年"中,我们要解决"挨骂"问题。在这方面,媒体具有不可替代的作用,需要统筹好国内国际两个方面,协调好国内报道和国际报道两种传播,切实做好新闻舆论工作。在党的新闻舆论工作座谈会上,习近平总书记强调:"要加强国际传播能力建设,增强国际话语权,集中讲好中国故事,同时优化战略布局,着力打造具有较强国际影响的外宣旗舰媒体。"①

首先,要讲好中国故事,传播好中国声音,积极向世界说明中国,让世界了解中国。在西方媒体掌握着国际话语主导权的形势下,一些西方媒体惯于带着"有色眼镜"观察中国,对中国抱有偏见,片面、歪曲事实的报道随处可见,这些报道并没有完整展现中国的真实情况,使得国际社会一些人不能正确认识中国及中国发展。面对这种情形,广大新闻舆论工作者要承担起"连接中外、沟通世界"的责任,通过各种报道形式,去讲好中国故事,向世界展现一个真实的中国、立体的中国、全面的中国,让世界了解中国,让中国的声音更好地传播出去,在国际舞台上更好地树立中国形象,在一些国际事件中掌握话语的主动权,让国外媒体和民众更好地了解中国。

其次,要创新对外宣传方式。加强国际传播能力建设,这是一个系统工程,不仅需要全面提高我国媒体的竞争力,也需要各个击破。这首先就需要创新传播方式。正如习近平总书记在"8·19"讲话中提出的,"要精心做好对外

---

① 《习近平在党的新闻舆论工作座谈会上强调:坚持正确方向创新方法手段提高新闻舆论传播力引导力》,《人民日报》,2016年2月22日。

宣传工作，创新对外宣传方式，着力打造融通中外的新概念新范畴新表述"。①只有通过新的方式、新闻概念、新的范畴和新的表述，才能收获更好的传播效果，更好抢占国际话语权的制高点。

再次，要优化战略布局，着力打造具有较强国际影响的外宣旗舰媒体。我国是媒体大国，但并非媒体强国。市场化与集团化的发展，虽然推动媒体取得了很大的发展，但仍然存在"散、小、乱"问题，没有核心竞争力。面对西方媒体的冲击，国际舞台上很难及时掌握话语的主动权。因此，以外宣类媒体为代表的主流媒体有责任在国家的战略布局之下，加强各项工作创新，主动出击，把自身打造成为具有较强国际影响的外宣旗舰媒体。

最后，"联接中外、沟通世界"需要"走出去""引进来"。一方面，国内要积极"走出去"，不仅需要从数量上"走出去"，更要推动"本土化"发展，切实对国外民众产生影响；另一方面，要善于"引进来"，要善于利用国际主流媒体发声，积极把国际媒体"请进来"，使其更好地了解中国，进而更好地传播中国。

总之，"48字方针"全面系统概况了当前我国面临在政治、社会、思想、文化、舆论方面的社会责任，兼具国内国际视角。在中国特色社会主义发展道路上，在振兴中华民族伟大复兴梦的征程中，媒体及新闻舆论工作者需要切实承担起责任来，为国家建设和民族振兴贡献自己的力量。

---

① 《习近平在全国宣传思想工作会议上强调胸怀大局把握大势着眼大事努力把宣传思想工作做得更好》，《人民日报》，2013年8月21日。

第18章 大数据时代新媒体技术在慈善传播中应用现状及融合模式研究

张 勤[①]

媒体传播已经迈进大数据时代。在此背景下，慈善传播呈现出多元、复杂、交互性；同时 Web3.0 网络技术、3G 移动通信的发展进一步实现了载体性能的根本改变，使广大受众的集体智能和力量得以爆发并有可能主导慈善传播的走向。

第一节 慈善传播媒体生态环境：融合交汇中的"无限生态位"

慈善是人们自愿奉献爱心、从事扶弱济贫与援助的行为。由于其涉及人类真善美等高级情感，慈善传播从一开始就具有强大社会影响力，一直以来受我国传媒业界的重视，政府部门也对其加以各种控制。

大数据时代慈善报道所处的生态环境已经发生巨大变化，受众日益呈现复杂性。传统的"把关人"理论已经在某些方面苍白无力，传统媒体背景下的传媒生态环境分析已经过时，因此分析大数据时代多点化的慈善传播"复杂网络"需要对新型生态环境进行探讨。这是做好慈善传播，履行慈善事业责任的必要途径。

生态学是研究生物个体或群体与周围环境之间相互关系的一门学科。媒介生态是指媒体在一定社会环境下生存和发展的状态，它包括媒体自身、相互间的平衡结构，也包括媒体集群与社会其他系统的关系。媒体生态强调互动性与

[①] 张勤，华北电力大学人文学院副教授，中国人民大学传播学博士。

联系性。

　　慈善传播媒体生态是慈善传播媒体在一定社会环境、宏观媒介生态背景下生存和发展的状态，是慈善传播媒体内部各组成要素、慈善传播媒体之间、慈善传播媒体集群与外部环境之间相互制约致衡的状态。对于慈善传播媒体系统而言，其生态位的定位需要比较其他内容类别媒介系统（经济传播、文化传播、健康传播等）所依赖的生存资源以及所具备的竞争优势。随着信息传播越发受大数据处理发展的影响，慈善传播的政治、经济、文化等外部生态环境也已经由量变上升至质变。此前传媒环境下业已形成的互动和谐的平衡状态被打破，这需要进一步研究、调适新生态环境下慈善传播与其他周围环境之间的关系和相互影响。

　　但系统论告诉我们，总的媒体生态空间是由不同生态位的媒体构成的，这些媒体又反映出传播主体的不同。缺乏任何一种，媒体生态系统就不完整，就无法满足受众对信息获取的全面需求。这直接说明了媒体生态系统中慈善传播主体之间存在多数化、激烈的竞争。长期以来，慈善传播主体由国家官方主导向民办主体转化。不同主体之间形成了错位竞争，推出了一些巩固自己生存空间的策略与变革，促进了慈善传播一定的繁荣。

　　大数据时代，受众借助自媒体，积极发布信息、表达观点，参与慈善传播。这种"参与"解构了受众对慈善信息"使用与满足"的功能架构而转入媒体接近"使用与满足"维度。

一、控制环境：慈善传播规制中的"人本化"倾向

　　慈善传播作为社会有机体的"中枢神经系统"之一、捐助费用的敏感性，从其诞生的那刻起必然受所处时代国家、地域的各种政治、经济、社会、文化制度影响。

　　慈善传播必然受到新闻规制的原因从新闻本身发展历史来看，新闻业利用舆论影响日益在社会影响力上形成"第四权力"，它一方面监督了行政权力的滥用；另一方面也带来了新闻自由、权力使用无序状态，导致了社会责任理论的产生。因此从某种意义上来讲，"没有自由的传播是不正常的，同样，传播如果失去适当的有益的控制也是不可想象的。在某种意义上说，没有控制也就

没有自由"。①

从系统论角度出发，慈善传播系统作为经济属性、意识形态属性合一的特殊领域，对受众系统、社会系统有着不可低估的影响，同时由于媒体与其他社会子系统的相互依赖性，特别是其相对于政治系统、经济系统的受支配性，决定了它受控制的必然性。

从传播学控制角度分析，慈善传媒在进行信息报道时，面临着所在社会特定的政治、法律、法规、政策及文化习惯构成"潜网"的深层控制。慈善传播社会控制的方式很多，其中最主要的是与其他类别新闻一样均受新闻伦理、新闻规制、经济集团和媒介所有者控制，但新闻规制是对新闻事业比较广泛并且最具影响力的控制。"所谓新闻规制是指政府或社会为实现新闻事业健康发展的目标而对参与新闻活动中的各类行为主体做出的各种直接或间接的具有法律约束力或准法律约束力的限制与规范。新闻规制包括法律规制、行政规制、社会规制和行业规制四个基本方面。"②

现实生活中政府对慈善传播规制的方式方法会随着具体情况、对问题认识的深入和规律性的进一步把握而演变。简言之，我国慈善传播规制从行政命令逐步要向与市场结合转变，强调组织机构调整和资源优化组合，加强慈善事业主体与民营资本的握手。大数据时代应对新型媒体环境的出现，进一步对慈善传播新闻规制进行改革与建设，小到对慈善传播主体做好慈善传播，大到对于慈善整体事业的发展都具有十分重要的意义。

大数据时代信息流通的再次平衡直接缩小了"知沟"。新媒体时代受众成为"网络公民"，共享人类知识文化的成果。③ 相应的，作为制度规定的涉及慈善传播规制也表现出随着"人本"特性继续推进的姿态，这符合了卢梭曾经指出"法律乃是公意行为"④ 的观点。

以人为本的基本原则投射到慈善传播领域，不仅是慈善传播主体社会责任感的体现、媒体成熟的标志，同时也是顺应社会、时代发展的需求。"为达到

---

① 百度百科：《新闻控制》，http：//baike.baidu.com/view/1689972.htm，2011-11-15。
② 李衍玲：《新闻伦理与规制》，社会科学文献出版社2008年版。
③ 左藤卓己：《现代传媒史》，北京大学出版社2004年版。
④ 卢梭：《社会契约论》，商务印书馆1980年版。

受众心理接近性，新闻传播过程中也重视采取人文关怀的形式。"① 因此大数据时代，随着受众对单一信息传播内容物质需求转变为与情感和人文关怀的综合诉求，慈善传播主体在慈善传播中体现出了一种与受众共生的人文关怀。当然"真正的人文关怀不是一般意义上的关爱和善意的表达，不是抽象的人道主义和空洞的泛爱精神，更不仅仅是眼泪和同情，它所揭示的是平凡的人的内在的精神、品格、信念、理想和尊严，所弘扬的是蕴于其中的质朴、坚忍、善良和互助这些美德，而这正是人文关怀所坚守的人本身的真、善、美等道德价值"。②

二、竞争环境：慈善传播主体"垄断"属性转向垄断·民间并存

有学者研究在大数据进程中，由于技术条件的变化促使慈善传播主体垄断特性趋于弱化。最为关键的一点在于，技术上的互通改变了慈善传播传统媒体自然垄断属性。因为互联互通技术可以把其他介质传播容易的网联在一起，同样可实现传统媒体慈善传播所具有的受众覆盖规模效应。另外技术进步尤其是自媒体的出现使慈善传播发生成本，特别是固定传播资本投入大幅度降低，受众现有的媒体设备就可以完成传播。

大数据时代，媒介融合做强做大的本质特性又要求慈善传播媒体集群形成新的自然垄断，这种本能的驱动力受到差异化、多样性的市场需求召唤完全竞争的冲击，市场对差异化的寻求分化着"规模效应趋向垄断"的特性；另外慈善传播主体事业性质单一性越发向多元化方向发展，这也进一步分解着垄断，因此慈善传播大数据的竞争环境属性可以描述为"垄断·竞争"。

为了促进慈善传播竞争的市场规则，尽可能让全社会成员最大化地享用媒介融合所带来的成果利益。为此建议慈善传播规制部门做到：一是最大程度让每一个社会成员有机会参与到慈善信息传播运行中，要求政府支持、鼓励建设媒介融合系统的发展，无限发展媒介传播渠道。比如，2011年我国政府所支持进行的数字电视、IPTV等的推进就是这一宗旨的行为体现。二是让媒介接受终端的服务效果最大化，即在技术设备和内容资源上进行全面的开发和多层级的

---

① 毛浓华：《论新闻传播中的人文关怀误区及强化途径》，《新闻知识》，2008年第12期。
② 毛浓华：《论新闻传播中的人文关怀误区及强化途径》，《新闻知识》，2008年第12期。

组合应用。政府的政策制度要鼓励各种技术创新,允许竞争进入终端设备生产与服务,以此新媒体技术才可能更好地服务于慈善传播次系统。

三、受众环境:受众亟待提高"参与式"媒介素养

1992年美国媒介素养研究中心将"媒介素养"定义为选择、解读、评价、思辨媒体信息的能力,即"人们面对媒介各种信息时的选择能力、理解能力、质疑能力、评估能力、创造和生产能力以及思辨的反应能力"。[①] 我国1997年引入这一概念,强调媒介素养的重要性,同时将研究视域集中在美国学者研究的领域。但从目前来看,这些媒介素养内容的设定比较静态、笼统,尤其缺失受众"参与"信息生产的素养要求,需要对此进行一定调整。这是因为"媒介素质不仅包括接受媒介产品的能力,而且包括用独立的、批判的眼光看待媒介内容和建设性地利用媒介的能力;媒介素质不仅是使用媒介的需要,还应该是一个现代社会公民素质的一部分"。[②]

但是目前慈善传播面临的受众环境现状并不乐观。这是因为"利润原则"驱使出现在大多数受众面前的信息往往以感官性、浅层性为主,诉诸理性的内容渐渐失去市场。这种直观、简单内容弱化着受众对文化深层的思考,让受众失去了哲思习惯。受众加工、解释、处理、创作信息的过程日益转换为"感性化"的粗略加工,价值观念、审美观念最终演变成一种浅薄的形态,这就需要通过受众媒介素养的培养来提高理性思考能力。

同时新媒体时代文化的快速消费性、视频为主的信息形式,简化了受众接受信息的思考程序,让受众远离了印刷时代理性、深邃的特质。这样受众能否保持文化消费中的清醒认知、提高信息品质识别能力、保持自身的创造力和想象力,树立人格主体意识极其重要。

另一方面数字、网络、通信等技术发展,极大地改变了社会信息生产力,也方便了人们接受信息。借助新媒体,信息传播衍生出新的形式,文化消费的自由假象容易使得一些内容及思想观念的操控实质被隐蔽,受众批判能力下降。同时借助于技术大量涌现的信息使得受众基于生理需要的"本我"信息得

[①] 扈楠:《媒介融合时代新闻记者的媒介素养再造》,《传媒观察》,2011年第10期。
[②] 李琨:《媒介素质教育与中国》,《国际新闻界》,2003年第5期。

到极大的满足,而自控的"自我"及理想的"超我"多层次、理性的人格信息却被单一不健全的"本我"信息淹没。但人类文明的高度发展又需要高品质信息的支持,因此树立主体人格,帮助主体从信息迷失状态中脱身、积极吸收"自我""超我"信息,对社会进步尤其重要。

另外我们在探讨媒介素养时,关注的最根本问题其实就是使用媒介的能力。"媒介素养教育信守变无止境的原则,它必须不断发展以应对随时变化的现实。"[1] 能力结构的调整其实并不是要取消公众已有的媒介使用能力而换上别的能力,而是在原有基础之上,使某些能力得以整合以应对新出现的问题。其中包括物质层面的,如使用媒介技巧能力,即应用多媒体技术、网络技术的能力,同时也包括思维层面的分析、评价、批判、质疑能力。

总而言之,大数据时代伴随着自媒体的发展,慈善传播的受者单一角色已经日益向传受双重角色转变。受众能否负责任地行使话语权,保证媒体传播内容的健康性,这亟待受众"参与式"媒介素养的培养。

第二节 新媒体技术在慈善传播中应用现状"AIA"实证研究

大数据时代借助于新媒体技术,慈善传播改变了口头传播、文字传播、印刷传播甚至大众传播的局限性,实现了慈善信息传播的时效性、大范围及即时双向性。慈善传播在数据化发展过程中融合了各种媒体竞争介质,在一次次的传播变革中,注重"图谋生变",开发微信、微博等社交媒体介质,提升了自身传播水平,慈善传播受众效果远好于以往的传统媒体,这些效果表现在信息覆盖率(注意 Attention)、兴趣度(Interest)以及对慈善项目进行捐助的行动率(Action)上。

尤其行动率层面的重要性不言而喻,慈善传播相较于其他类别传播,其成功与否不仅在于说服心理效果,更在于注重慈心、捐助行为实效性的效果。随着大数据进程的推进,慈善传播通过融合网络聚合着分散在各处的相似性的受众爱心捐助,并聚"少"成"多",提高了受众捐助总量。这些慈善传播本身

---

[1] 宋小卫摘译:《西方学者论媒介素养教育》,《国际新闻界》,2000年第4期。

并不需要通过以往传统媒体那样大规模的信息生产来提供巨量新闻,而是通过新媒体互通技术把各种介质传播便捷地网联在一起,实现规模传播效应,最终实现慈善行动效力。

一、Attention：媒体介质融合传播下慈善传播"注意度"的提高

慈善传播在大数据进程中,新媒体技术快速发展使得传统媒体传播垄断特性衰减,网络、微博微信等自媒体加入了慈善传播。在新一轮新媒体的冲击下,慈善传播在介质层面进行了融合变革,同时为了进一步接触自己的受众,提高慈善传播的信息注意率。慈善传播主体开发、整合了各种新传播手段,以此满足受众参与、互动、交流的需求。需要注意的是,慈善传播将受众需求引发到传播手段的创新变革上,应该首先基于准确定位受众的要求与品味。这是因为社会经济及文化潮流的发展、进步引发社会阶层的"碎片化",原来的"大众"受众已经分化为小众市场,并且受众身份已经转向与生产者身份并举。

1. 慈善传播立足四大传统媒体,发力网络媒体来提高信息注意率

原有的慈善传播更多借助于报纸、杂志、广播、电视等媒体,但其"有限空间生态位"时效性、直观性弱的特性,使得慈善传播原有介质平台受到了新媒体的强烈冲击,新媒体技术在慈善传播过程中表现出更强的适应性。中国人民大学匡文波教授在其《纸质媒体还有明天吗?》一文中尖锐地指出：一百年后,人们将只能在博物馆中见到纸质媒体。在文中匡教授指出在便携性、权威性、真实性、经济性、阅读习惯、健康影响、保存性等方面,新媒体尤其是3G手机比较起传统纸质媒体,其实具有更多的优势。[1] 这也为慈善传播立足四大传统媒体,发力网络媒体来提高信息注意率定下基调。

从受众接触"慈善传播"动机与满足程度调查来看,新媒体的慈善传播基于多年的深耕细作,无论是在受众接触慈善传播频次、信息接触时的关注程度及专心程度上都有比较令人满意的收获；从接触频次上分析,几乎每位受访者都接触过慈善传播,同时每月二至三次以上的人数占比达31.88%（如图1）；信息接触关注（如图2）与专心程度（如图3）选择"一般"以上程度的受众

---

[1] 匡文波：《纸质媒体还有明天吗?》,《现代传播》,2008年第4期。

第18章 大数据时代新媒体技术在慈善传播中应用现状及融合模式研究 |专论报告|

占五成之多。数据说明了受众对慈善传播信息的积极主动接触情愿强，信息认知效果好。

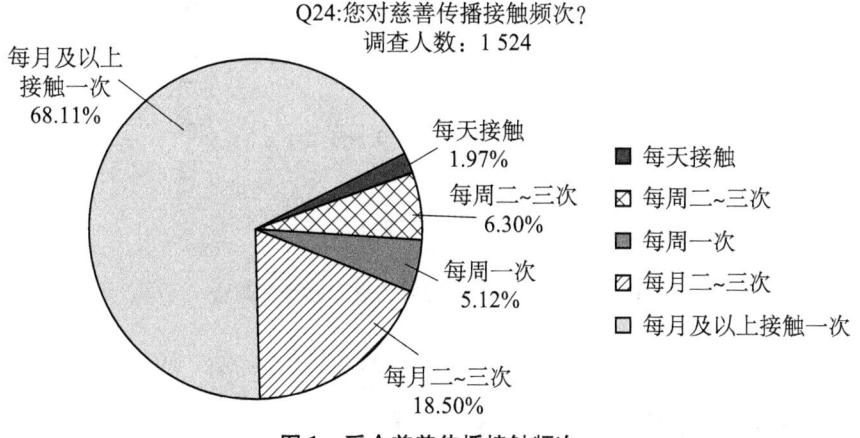

图1 受众慈善传播接触频次

Q24:您对慈善传播接触频次？
调查人数：1 524

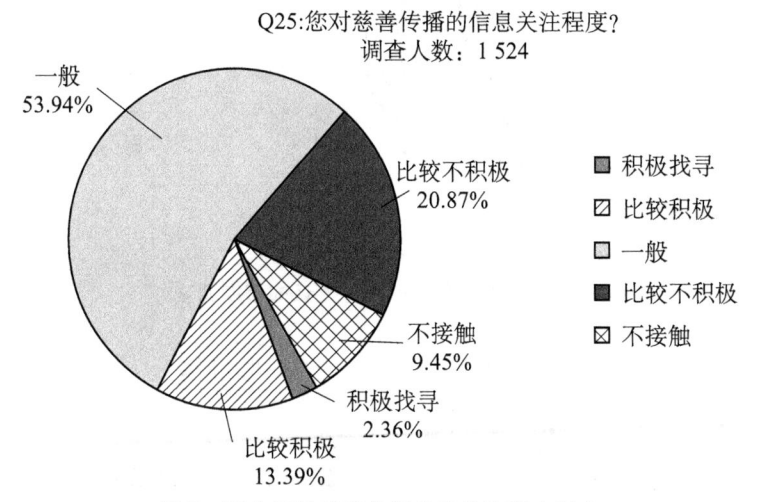

- 每月及以上接触一次 68.11%
- 每天接触 1.97%
- 每周二~三次 6.30%
- 每周一次 5.12%
- 每月二~三次 18.50%

图2 受众接触慈善传播信息关注程度调查

Q25:您对慈善传播的信息关注程度？
调查人数：1 524

- 一般 53.94%
- 比较不积极 20.87%
- 不接触 9.45%
- 积极找寻 2.36%
- 比较积极 13.39%

通过慈善传播全立体、多层次的信息传播，慈善内容广涉慈善文化、慈善事业、慈善观念，受众对慈善概念（如图4）、慈善报道内容类别（如图5）、报道对象（如图6）及慈善组织机构（如图7）等认知度明显加强；同时对慈善事业传播的社会意义（如图8）所在有了更深刻的认知。这为发挥慈善事业稳定社会，塑造社会文化和传播人类文明的社会功能提供了良好基础；同时也助推政府从推动者向指导者和监管者角色转变。

中国传媒社会责任研究报告

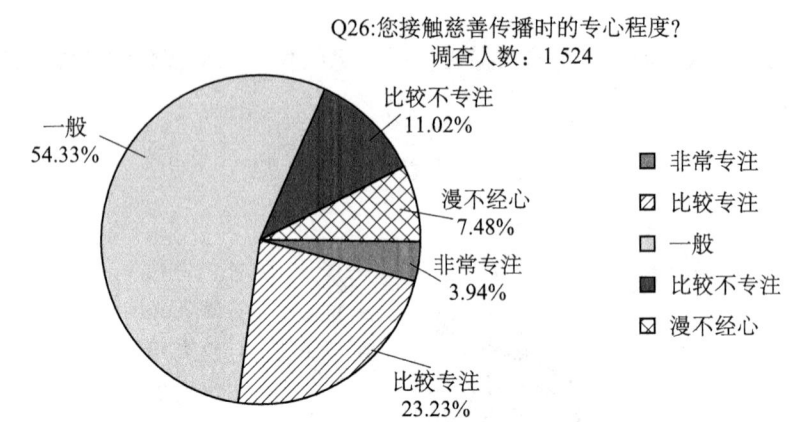

Q26:您接触慈善传播时的专心程度？
调查人数：1 524

- 一般 54.33%
- 比较不专注 11.02%
- 漫不经心 7.48%
- 非常专注 3.94%
- 比较专注 23.23%

图例：非常专注、比较专注、一般、比较不专注、漫不经心

图 3　受众接触慈善传播信息专心程度调查

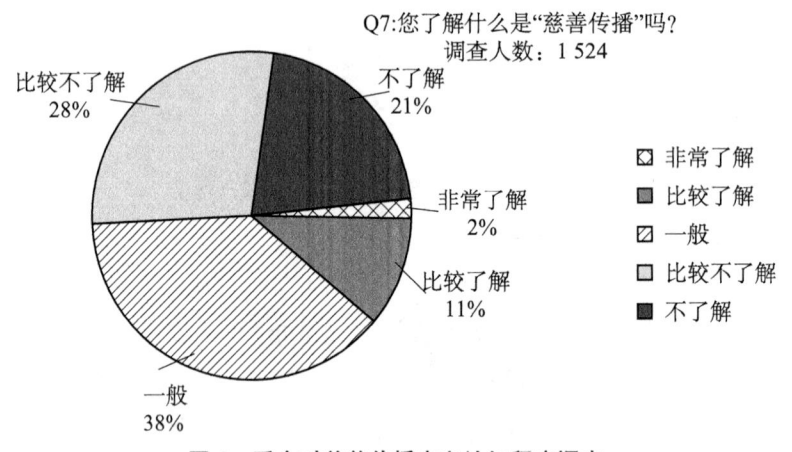

Q7:您了解什么是"慈善传播"吗？
调查人数：1 524

- 比较不了解 28%
- 不了解 21%
- 非常了解 2%
- 比较了解 11%
- 一般 38%

图例：非常了解、比较了解、一般、比较不了解、不了解

图 4　受众对慈善传播定义认知程度调查

Q8:您接触过哪些类别的慈善传播信息？（多选）
调查人数：1 524

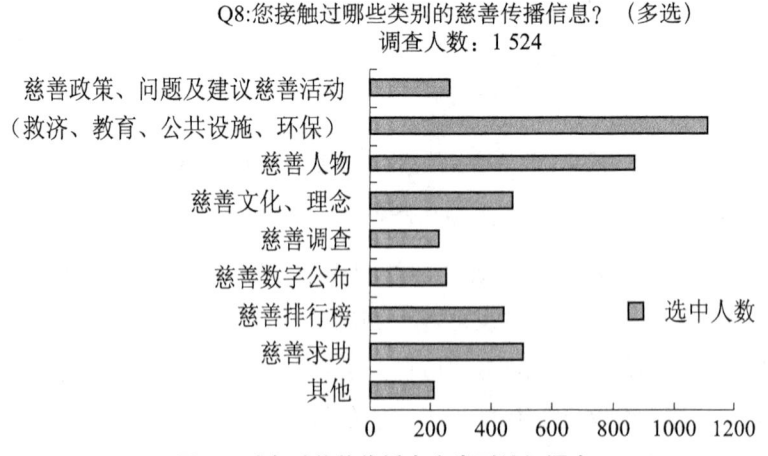

- 慈善政策、问题及建议
- 慈善活动（救济、教育、公共设施、环保）
- 慈善人物
- 慈善文化、理念
- 慈善调查
- 慈善数字公布
- 慈善排行榜
- 慈善求助
- 其他

横轴：0　200　400　600　800　1000　1200

图例：选中人数

图 5　受众对慈善传播内容类别认知调查

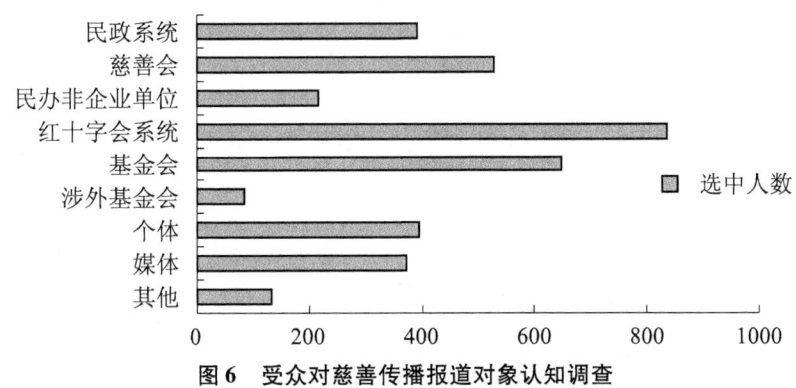

第 18 章　大数据时代新媒体技术在慈善传播中应用现状及融合模式研究 ｜专论报告｜

Q14:您接触过的慈善传播报道对象有哪些？
（多选）调查人数：1 524

图 6　受众对慈善传播报道对象认知调查

Q13:您接触过哪些机构、组织传播的慈善信息？（多选）
调查人数：1 524

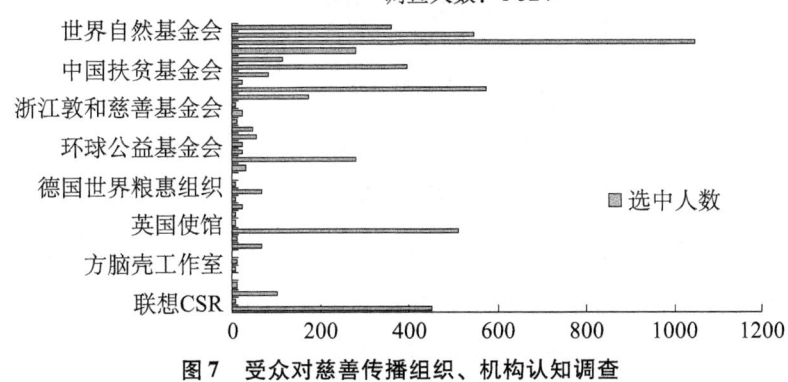

图 7　受众对慈善传播组织、机构认知调查

Q21:您还记得慈善传播提及的慈善事业社会意义有哪些吗？（多选）
调查人数：1 524

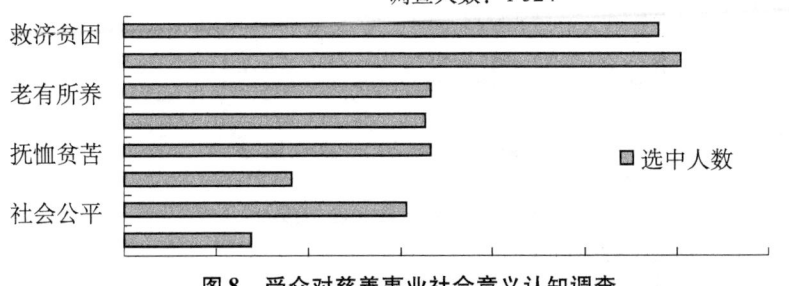

图 8　受众对慈善事业社会意义认知调查

我们通过受众接触"慈善传播"动机与满足程度的调查来看，报纸、杂志、广播、电视等依然是受众接触慈善传播的媒体类别，但这些媒体为了增加

覆盖率，相应也提供了网络版、微博及微信公众号等来推送信息，扩大信息的到达率。

从报纸类别来看（如图9），调查者关注于《公益时报》《中国青年报·公益周刊》《京华时报·公益周刊》《人民政协报》《华夏时报》《南方周末》《南方都市报》等报纸，同时对这些媒体的其他融合传播介质如网络、微博与微信都有相应的关注。

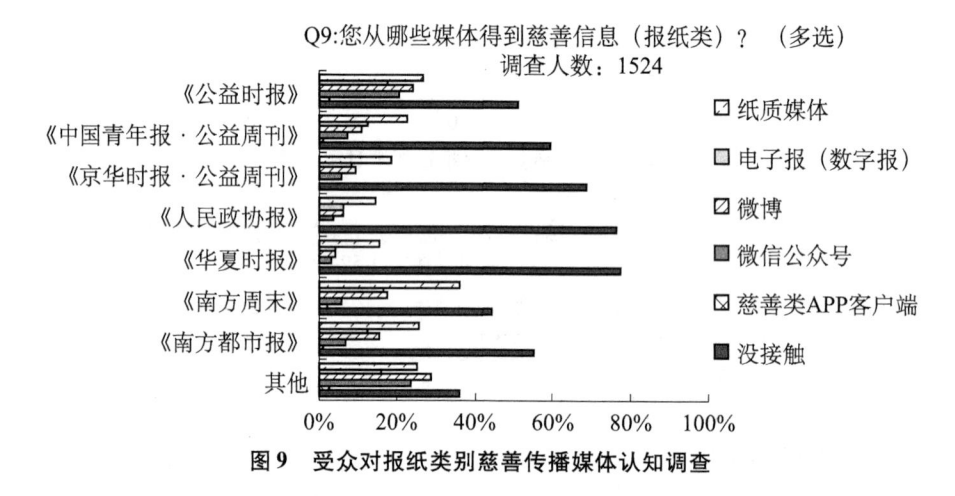

图9 受众对报纸类别慈善传播媒体认知调查

从杂志类别来看（如图10），接触过杂志类慈善传播信息的调查者更关注于《中国慈善家》《有人》《环境与生活》《环球慈善》等杂志，但超过六成的受访者表示从来没有接触过杂志的慈善传播。

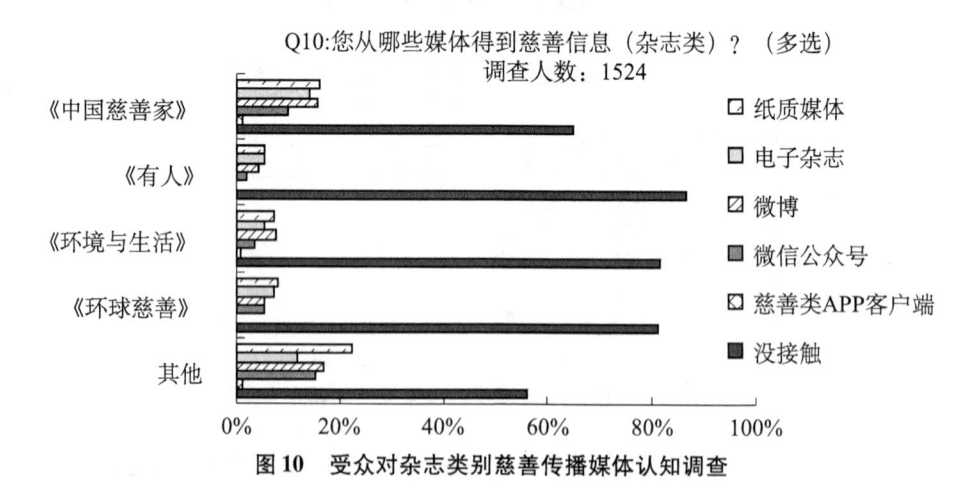

图10 受众对杂志类别慈善传播媒体认知调查

网络媒体类别分析（如表1），人民网、民政系统网站、红十字会系统；搜狐公益、新浪公益、腾讯公益、网易公益等商业网站；创思客、NGO发展交流网、全球青年实践网络等专业网站受到调查者广泛关注。慈善传播中网络应用非常广泛，接触与即时行动反馈都非常方便，受众可以通过跟帖的方式，直接反馈、表达自己对慈善热点问题及项目的意见，也可以通过网络提供的便捷捐款方式来完成捐助行为。

值得一提的是，慈善传播中商业网站的作用特别明显，这主要是因为慈善传播主体与商业网站两者之间基于新闻资源的互相开发和利用：慈善传播可以搭乘商业网站的"受众资源"，扩大自己的传播影响力。而商业网站没有新闻采编权，但新闻天生对受众的吸附力驱使商业网站在内容上"催生"慈善传播。所以各大商业门户网站都建立专业公益频道，积极传播慈善理念；同时也推出自身的慈善项目来增加受众数量及点击率，帮助弱势群体、完成慈善理念，建构网站的良好形象。

表1 受众对网络类别慈善传播媒体认知调查

	互联网	微博	微信公众号	慈善类APP客户端	没接触
人民网	51%	26%	13%	2%	37%
民政系统网站	16%	8%	5%	0%	75%
红十字会系统	23%	10%	6%	0%	70%
中国发展简报	11%	6%	3%	0%	84%
中国三明治	8%	4%	3%	1%	88%
搜狐公益	37%	17%	8%	3%	53%
新浪公益	39%	29%	8%	1%	43%
腾讯公益	47%	20%	13%	3%	39%
凤凰公益	29%	11%	7%	2%	64%
网易公益	30%	10%	6%	2%	63%
创思客	9%	2%	3%	0%	88%
南都公益	11%	6%	4%	0%	82%
NGO发展交流网	11%	5%	4%	0%	85%
全球青年实践网络	8%	4%	5%	0%	89%
兴慈善网	8%	4%	2%	0%	90%
中国残疾人网	27%	11%	13%	1%	66%
调查人数：1 524					

中国传媒社会责任研究报告

当然在慈善传播过程中，四大传统媒体仍然有无法替代的作用，尤其在传播正能量、舆情引导方面优势突出。由于交互性特点以及传统"把关人"缺失等原因，网络、手机等新媒体在实现了海量信息、快速传播的同时，却因为低俗、虚假性的泛滥降低了权威性。而慈善传播作为真善美"天使"的化身，更要求在传播过程中传统媒体具有为受众高度负责的精神与意识，更需要他们做到这样的要求：2008年6月20日，胡锦涛同志视察《人民日报》时强调"要努力使新闻宣传工作体现时代性、把握规律性、富于创造性，才能不断提高舆论引导的权威性、公信力、影响力，也才能增强舆论引导的针对性和实效性。"①

2. 微博，慈善信息传播关注度高、传播速度快

微博（MicroBlog），"起源于美国的twitter微博。与博客一样，它是一个可与他人分享自己感想、意见、经历、即时状态的地方"。②微博有字数限制，一般在140字以下，相当于两条手机短信的容量。通过微博平台用户可以实现信息传播、共享、人际交流等功能。

微博用户可以通过WEB网站、手机WAP以及各种客户端来使用。2009年8月份新浪网最早推出"新浪微博"内测版，将微博平台正式导入网络。随后微博以迅雷不及掩耳之势，迅速在全国普及。2011年6月底，微博注册用户已达2亿之多。③

如此巨量微博用户不容小觑，它已经成为慈善传播主体做好慈善传播力争的一片"蓝海"。尤其对于慈善捐助项目而言，微博新传播手段的加入，为慈善传播及行动效果增添了新方式；扩展了受众来源，扩大了覆盖面及传播影响力。李亚鹏于2006年8月12日在其博客上发表承认李嫣兔唇的博文《感谢》，发表仅六小时后，就有近1 600条回复，浏览量达到近112 000。

现今微博，这一早已兴起的网络互动传播媒介，正在以其不断汇聚的微动力注入慈善事业中来。相对于传统的慈善活动而言，它免去了复杂的形式

---

① 陈力丹，焦中栋：《"以新闻为本位"渐进靠拢——论中央电视台〈新闻联播〉30年来的渐进变化》，《声屏世界》，2008年第11期。
② 薛国林，胡秀：《微博新闻的写作及其文体特征——以2010年两会微博报道为例》，《新闻与写作》，2010年第8期。
③ 阳淼：《新浪公布二季报微博用户破2亿》，《新京报》，2011年08月19日（第B叠第1版）。

和大量的资金,通过网民微小的爱心和每一份关注、参与汇聚成巨大的社会力量。微博慈善传播内容涉及各种各样零散的求助、求救信息,也包括专业慈善组织的慈善项目信息,这使得微博慈善传播的内容变得十分庞杂。我们可以按发布主体将其大致分为五类:一是受困者本人以个人名义发布的求助信息;二是由公众人物,如明星、企业家、慈善家等微博舆论领袖和慈善活动的创始人传播的慈善信息。例如由薛蛮子发起的帮助身患白血病的春晚童星邓鸣贺,或是邓飞的免费午餐项目;三是一些由微博发起的新兴慈善项目,如西部格桑花助学、美丽中国助学项目;四是一些传统慈善组织的官方微博,大多数慈善组织都注册了自己的微博,无论是全国性的或地方组织,如中华慈善总会官方微博、各地市慈善协会微博;五是媒体的公益版微博和专业的微博公益网站,如新浪、腾讯、凤凰网的公益版微博,茶缸微公益微博。①

微博慈善的特点具体特征表现为:公众的关注度高;短时间内能迅速汇聚成公益群体;促进传播人人慈善的公益理念;有助于慈善意识的培育等。2013年四川芦山地震发生后,灾区信息通过微博这一网络平台及时、全面地向外界传播,使全社会的焦点都迅速凝聚在抗震救灾之上。相应的救援活动、募捐渠道、救灾知识普及等都在此间迅速发布,并获得数以百万计的转发,微博无疑已成为第二个救援"战场"。

3. 微信,慈善传播亲密覆盖受众

身处3G数字化时代,慈善传播不断结合新媒体手段进一步细做,利用即时通信工具——微信来开发数字化传播的新型传播形式。以此准确定位慈善传播目标受众群、扩大受众影响力、提高受众赞同度,让慈善传播形式更接近民众,更具贴近性。

微信(WeChat)是腾讯公司于2011年1月21日推出的一个为智能终端提供即时通讯服务的免费应用程序,微信支持跨通信运营商、跨操作系统平台通过网络快速发送免费(需消耗少量网络流量)语音短信、视频、图片和文字;同时也可以使用通过共享流媒体内容的资料和基于位置的社交插件"摇一摇""漂流瓶""朋友圈"等服务插件。

---

① 樊琪:《微博慈善传播——慈善事业新动力》,《民族论坛》,2013年第8期。

截至 2015 年第一季度，微信已经覆盖中国 90% 以上的智能手机，月活跃用户达到 5.49 亿，用户覆盖 200 多个国家、超过 20 种语言。此外各品牌的微信公众账号总数已经超过 800 万个，移动应用对接数量超过 85 000 个，微信支付用户则达到 4 亿左右。

尤其微信群，它是一种多人在线聊天工具，可以邀请朋友或者有共同兴趣爱好的人到一个群里面聊天。因此针对重大的慈善传播，利用微信群形成主题讨论更有利于聚合有相关兴趣的受众。

微信朋友圈里受众多元性且可以双方交互性，受众在朋友圈转发慈善信息的过程中，可以点赞、评论再被圈好友转发，从这意义上微信成为促发慈善传播扩大信息覆盖率的"加速器"。

二、Interest：受众"使用与满足"动机趋向"体验性"兴趣

大数据时代，慈善传播必须跟上新型体验式传播理念的发展。体验式传播诞生于满足顾客消费行为的感性统合阶段的体验性营销。伯德·施密特博士在《体验式营销》一文中创造性提出"体验营销"理念，强调"企业在加强产品和服务的基础上，要为消费者提供高满意度的情感感受"。体验式营销突破了以往营销观念中"理性消费者"的假设，认为消费者是理性与感性兼具的。体验性传播也一样，它认为新闻信息的受众消费行为不再仅仅关注信息本身，而也关注信息提供的介质与交互体验等。尤其对于慈善项目传播来说，这种满意体验直接影响到项目的捐助执行力的完成。因此慈善传播中主体不仅满足于受众以往对于慈善信息的单纯获取，还要增加满足受众媒体层面"使用与满足"体验化的功能与定位，以更好地建立与受众之间的关系、培养受众对慈善传播内容的信任及兴趣，为受众采取实际行动打下基础。调查研究发现慈善传播通过近几年的努力，民政系统、民办非企业单位及基金会等在信息公开层面已经得到受众认可（如图 11）；人民网、搜狐公益、新浪公益、腾讯公益等网络媒体的慈善传播普遍受到比杂志媒体更高的可读性、精彩性评价（如表 2）；《南方周末》《公益时报》《中国青年报·公益周刊》等报纸表现也不俗，说明报纸在慈善传播上下足了功夫。

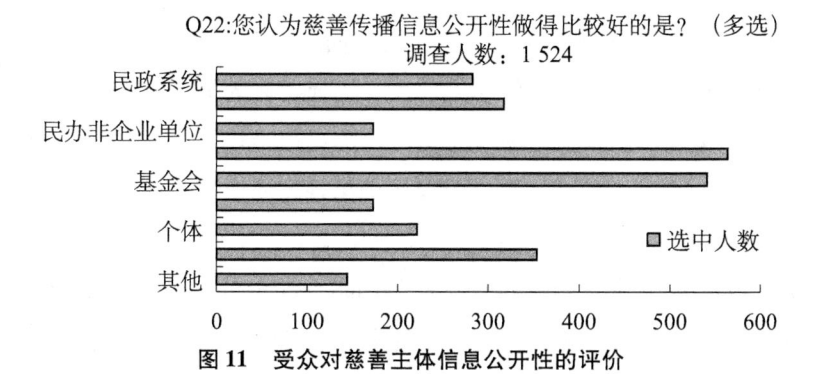

Q22:您认为慈善传播信息公开性做得比较好的是？（多选）
调查人数：1 524

图11 受众对慈善主体信息公开性的评价

表2 受众对慈善传播媒体报道精彩性认知评价

慈善传播媒体	回复情况
《公益时报》	264
《中国青年报·公益周刊》	228
《京华时报·公益周刊》	120
《人民政协报》	30
《华夏时报》	30
《南方周末》	348
《南方都市报》	144
《中国慈善家》	126
《有人》	18
《环境与生活》	48
《环球慈善》	78
人民网	228
中国残疾人网	78
中国发展简报	18
中国三明治	6
搜狐公益	192
新浪公益	318
腾讯公益	318
凤凰公益	180
网易公益	102
创思客	24
南都公益	36
NGO发展交流网	60
其他	540
调查人数：1 524	

1. 受众"使用与满足"的嬗变：信息层面转向媒体维度

在传统大众媒介垄断新闻传播的时代，慈善新闻的信息来源是具有行政权威性的政府机构、话语权威力的社会团体，受众很难接近媒体来表达观点。而CGM（Consumer-Generated Media）自媒体的出现本质改变了这种情况，随之带来受众"使用与满足"功能的变化。

"使用与满足"研究（uses and gratifications approach）起源于20世纪40年代。该研究主要有三个阶段，第一阶段发生在20世纪四五十年代，学者主要集中在对受众的媒介接触行为、心理动机的研究。1944年H.赫卓格对"专家知识竞赛"广播节目的11位爱好者进行研究后发现，竞争、获得新知、自我评价三种需求是人们接触广播知识竞赛的动机；贝雷尔森1940年研究了书籍的使用形态，归纳了普遍性的读书动机，其1949年发表的《没有慈善传播意味着什么》一文进一步总结了人们使用慈善传播休憩、社交等六种慈善传播使用形态。

由于最早的"使用与满足"的研究，仅仅归纳了"使用"与"满足"的基本类型，方法以访谈记录为主，缺失严密的定性定量分析，理论上并无质的突破，一直到1969年D.麦奎尔在对电视节目的调查研究中，该理论研究才得到更大范围的认可。在这次研究中麦奎尔采用实证方式，运用严格体系，对概念、受众样本、数据分析等进行缜密整合，调查领域涉及新闻、知识竞赛、电视剧等六种节目。最后该研究归纳了受众接触电视节目的四种动机，包括心绪转换（diversion）、人际关系（personal relations）、自我确认（personal identity）、环境监测（surveillance）四种功能。

第三阶段考虑到了社会条件或社会结构因素。1974年，传播学家E.卡兹将社会因素与心理因素纳入"使用与满足"模式研究；1977年日本学者竹内郁郎进一步补充了该模式。

可以看出早先的研究反映出大众传媒时代受众对媒体的"使用与满足"基础是从信息的接触与使用出发的，反映了媒体所有权与受众表达自由之间的巨大矛盾。为此1967年美国J.A.巴隆在《哈佛大学法学评论》还特意提出了"媒介接近权"的概念，要求宪法应该保障受众接近、使用媒体的权利。

大数据时代，新媒体技术的使用变受众对媒体被动的"使用与满足"为主动的"使用与满足"。传统媒体下慈善传播受众只是被动的接受、解读慈善信息，进入大数据时代受众虽然接受慈善信息仍为受众接触媒体的重要原因之一，但即使这个因素，其选择的基本维度已经不再只是以慈善信息本身质量作为标准，它的传输形态、传播渠道也进入选息的标准范畴。前者要求慈善传播要为受众提供集文字、图片、音频、视频、数据、资料等一体化的多媒体综合慈善信息；同时这种形态的扩展还需要满足受众个性化、体验式的接受需求，让受众可以通过便捷性的各种接受终端获得信息，方便受众在重大主题的召唤下使用媒体与各方互动、关联、评论、链接、关注。

大数据下受众在接触慈善传播时，利用博客、播客、论坛、贴吧、聊吧、微博、微信等形式，积极发布信息、表达观点，参与到慈善传播流程中来。这从某种意义来看，"参与"解构了受众原有"使用与满足"的功能架构，使得受众不仅只满足于接受信息后得到的满意体验，更多强调了表达、创造慈善信息的欲望。换句话说，在新媒体环境下"使用与满足"已经不单指信息的"使用与满足"，而更多地指向了媒体的"使用与满足"。

2. 受众对媒体"使用与满足"的体验化

施拉姆选择报刊的"或然率公式"指出只有媒体能够提供受众有价值的新闻信息同时降低受众获取信息的难度时，两者间才能建立稳固、紧密的关系。从降低获取信息难度角度说明了在做慈善传播时有必要进行融合媒体变革，创造各种新型传播手段，为受众提供最方便的接触机会和可能，推及现今还要为受众提供能够参与创作的平台。"或然率"公式也提示要关注、报道对受众有价值的新闻，这从慈善信息本身来讲就兼具重要性与关注性。

为了维护与受众亲密的关系，除了"或然率"提示的两个维度，我们仍然要探寻受众接触、使用媒体的动机。从调查中我们得知，受众在体验性传播时代接触慈善传播的动机除"关注公平"以外，还有信息本身的可读性、悲天悯人、自我价值确认、寻找生存平衡等（如图12）。

我们可以从大数据时代受众"使用与满足"媒体层面的动机维度，获悉受众获得满意体验的来源，以此提示慈善传播主体在制定慈善传播策略时要注意受众体验性的媒体层面"使用与满足"。

3. "体验性"兴趣："慈善公共领域"平等话语权的"使用与满足"

体验传播时代，慈善传播主体需要思考关系传播的重要性，注重媒体与受众关系维系所在，追踪受众选择某家媒体的动机原因。

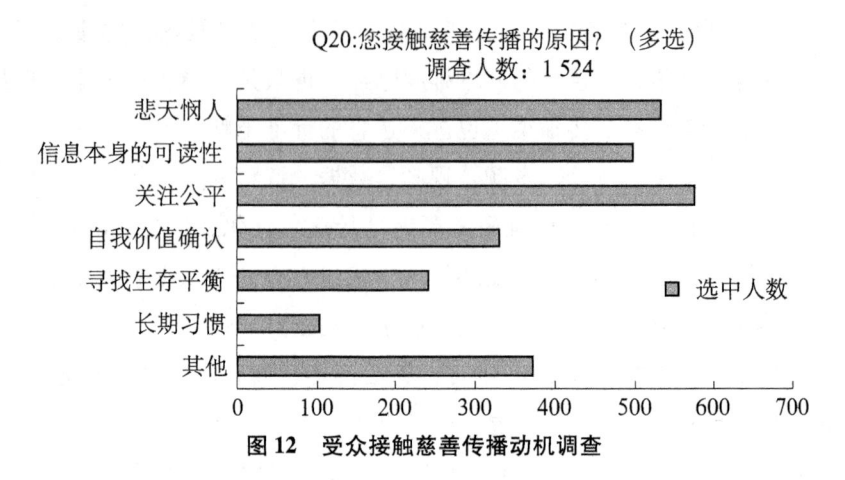

Q20:您接触慈善传播的原因？（多选）
调查人数：1 524

图 12　受众接触慈善传播动机调查

大数据时代媒体面对的"受众"不再是单纯的信息"受者"，而是具有问政能力，享有知情权、表达权、参与权和监督权的公众。如何捕捉、定位、做好符合受众心声的慈善传播，似乎是慈善传播主体需要重点考虑的问题。

而符合心声、直击受众心智的慈善传播的破解应该是慈善传播必须设计、提供一种公共信息交流平台，充分发挥受众民主参与讨论慈善议题所涉及的热、难点问题，给予受众参与慈善传播议题讨论的平等话语权。

因此现在重大慈善传播中，各慈善传播主体做到有意识地寻找来自于社会原生态的素材，将这些"原生态的内容"转化为慈善传播需要的"专业内容"；同时提供受众民主参与这些议题讨论的渠道与平台。

"慈善公共领域"对受众与传播主体平等话语的分享，有利于支持慈善事业从国家主义发展模式向市场主义和民众主义发展模式转型，服务于专业慈善活动，协调慈善组织间关系，监管慈善业务市场，引领公民慈善行为，指导慈善组织与事业重新回归社会，培养新型慈善文化。

三、Action：兴趣认同后的行动"长效性""便捷性""纯洁性"

慈善传播与广告传播相似，其最终目的是能够在信息到达受众以后，引起公众兴趣，然后激发其同情心与爱心，采取积极的捐助行动来响应慈善传播诉求的"主题"。大数据时代新媒体技术的使用，使得公众实际支持行动表现得在时间维度上更长效、捐助过程更便捷、抑制不良捐助现象更有效力。

1. 新媒体技术的使用让慈善行动长效，具可持续性

新媒体的发展使得媒体资源日益丰富，白热化的市场竞争驱使慈善传播以争取最大数量受众为目标；吸引受众、让受众对慈善理念与事业产生兴趣，并让受众在传播表达或参与慈善行动中得到满足。通过此渐渐建立起受众对慈善传播某项活动或义举的忠诚，并且让慈善项目在慈善运营中长久下去，以此更好地帮助弱势群体。

随着网络信息技术的发展和普及，微博微信自媒体慈善传播开始受到公众的广泛关注和积极参与，逐步成为一种别具特效的慈善新形式，为我国的慈善事业注入了新的活力。在调查中我们可以看出通过网络、微博或微信等发起的免费午餐、希望工程1+1、爱心包裹、大爱清尘、善行者、冰桶挑战、爱心衣橱等慈善项目受到了受众持续兴趣关注（如图13），同时有47.64%的受众对这些项目发生了捐助行为（如图14）。

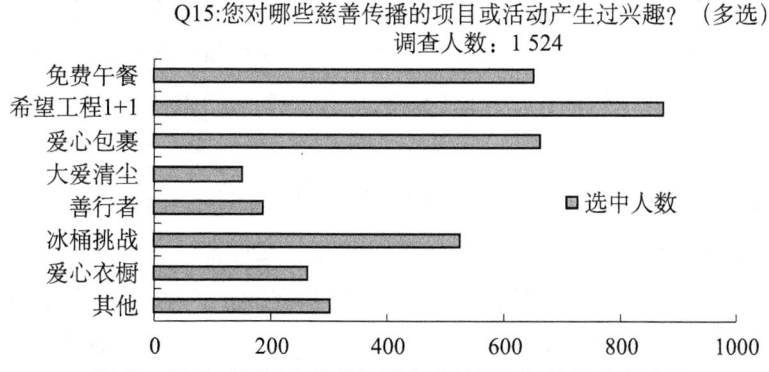

图13 受众对新媒体慈善传播产生长期兴趣的项目或活动

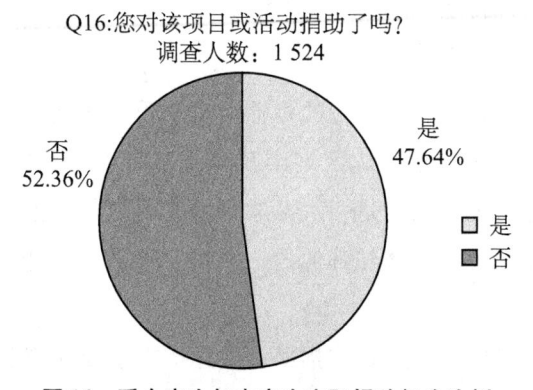

图14 受众产生与未产生实际捐助行为比例

这些新媒体平台日益作为主要传播渠道加入到官方或民间慈善活动传播中，慈善传播采用文字、图片、视频等形式组合发布慈善活动信息，通过转发和评论吸引更多人关注、捐助和采取行动；并且将慈善传播主题变为长期传达，使得慈善观念与理念在更广阔的社会范围内进行传播和普及，提升了新媒体慈善捐助的信心。

传统慈善传播多以保持面识关系的人际、群体传播或者覆盖较小的受众群为特点，新媒体慈善传播与捐助行为打破了这种限度，把慈善行为推向更为广阔的新媒体覆盖群体。由于新媒体慈善传播的捐助行为更多来自于受众的自主性意愿而非他人约束性，更多依赖于自身对慈善事业的美好愿望以及对慈善发起者的信任。这些往往促发了新媒体慈善报道中慈善项目推广的时间长效性。

2. 慈善行动的便捷性——以新媒体慈善捐助为例

新媒体慈善捐助是指根据网络、微博、微信、BBS、贴吧等新媒体上的求助信息，利用第三方支付企业（例如微信支付、财付通、支付宝等）所提供的平台向需要帮助的人提供捐助的一种慈善行为。这种新媒体慈善募捐形式非常便捷、即时，反映了伴随移动互联网的发展，慈善传播主体及受众自发地对慈善事业的一种新尝试和创新。

受众接触"慈善传播"动机与满足程度调查显示发生捐助行为的过程中捐助行为更多通过网络银行转账、手机银行转账、支付宝、财付通、微信支付等方式来完成的。比如现在人气很旺的微信支付是集成在微信客户端的支付功能，用户可以通过微信转账快速完成捐款流程。新媒体慈善捐助基本安全、快捷、高效，这些新媒体慈善捐助形式的比例总计高达62.7%，而通过传统媒体捐助形式完成捐款的仅为28.9%（见图15）。

在新媒体慈善捐助形式的支撑下，腾讯平台捐款2015年10月突破2亿，爱心人士超过两千四百万，其运行的月捐活动和乐捐活动成果显著。月捐是种长期性的项目，比如说给偏远地区贫困孩子筹集午餐，基本上每个月捐一次；另外一个项目叫作乐捐，指的是一次性的捐助。腾讯公益基金会与合作伙伴一起挑选出常态需要求助的个体和其他的一些突发事件，在这个平台上推出专门捐款的项目。

在一些电子商务网站，新媒体捐助形式还搭乘了商业产品销售快车。比如淘宝公益宝贝（如图16）与天猫公益宝贝。公益宝贝是淘宝、天猫网上带有

图 15 受众捐款方式及途径调查

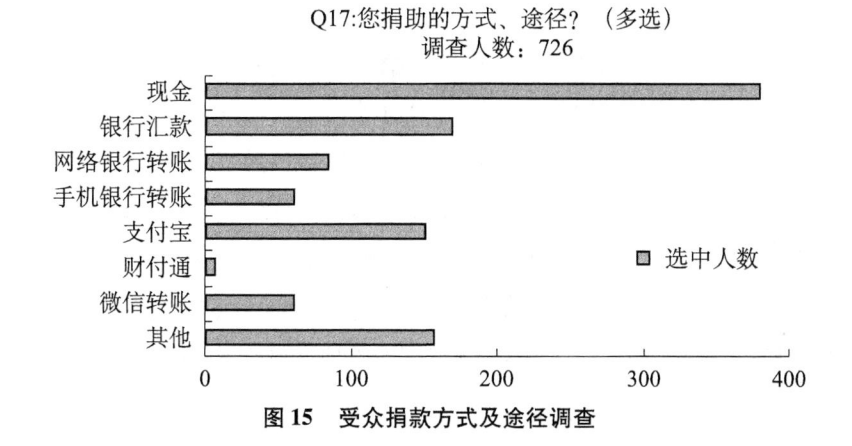

"你参加公益宝贝了吗"标志的产品。卖家在上架产品的时候自愿参与公益宝贝计划并设置一定的捐赠比例；在产品成交之后，会捐赠一定数目的金额给指定的公益慈善项目，用于相关公益慈善事业。公益宝贝发源于2006年的爱心宝贝，当时是为不幸患绝症、身处困境但自强不息、感动了无数网友的"魔豆宝宝小屋"（卖家周丽红）筹款。现在公益宝贝已经成为淘宝卖家直接参与慈善公益的一个重要工具，淘宝网不定期优选优秀的公益项目入驻，提高了淘宝、天猫卖家与买家参与慈善事业的便捷性。

图 16 淘宝公益宝贝

3. 慈善捐助行动的自愿性：新媒体对强制捐助行为的牵制作用

强制捐款是指捐资人并非出于自己对弱者、落难者等的同情而是在外界挟持或为外力逼迫情形下的出资行为。此次调查发现，高达53.72%的受访者遭遇过强制捐助（索捐、道德逼捐、行政逼捐）。

慈善捐助一直是我国的优良传统。但通过强捐的形式来达到这一目的，八成受众不愿意接受强制捐助。在调查过程中就强制捐助行为的受众态度能够清晰看出（如图17）：16.92%的受众明确公开捐助原则和方向，提出反对意见、直接拒绝；4.62%的受众不明确表达反对意见，但坚决不捐款；33.8%的受众表示无所谓，随大流；24.62%的受众出现"无可奈何地捐款，不能被大家孤立"的情绪；只有20%的受众表示能够积极响应，热情捐助。

Q19：您对于强制捐助的态度？
调查人数：390

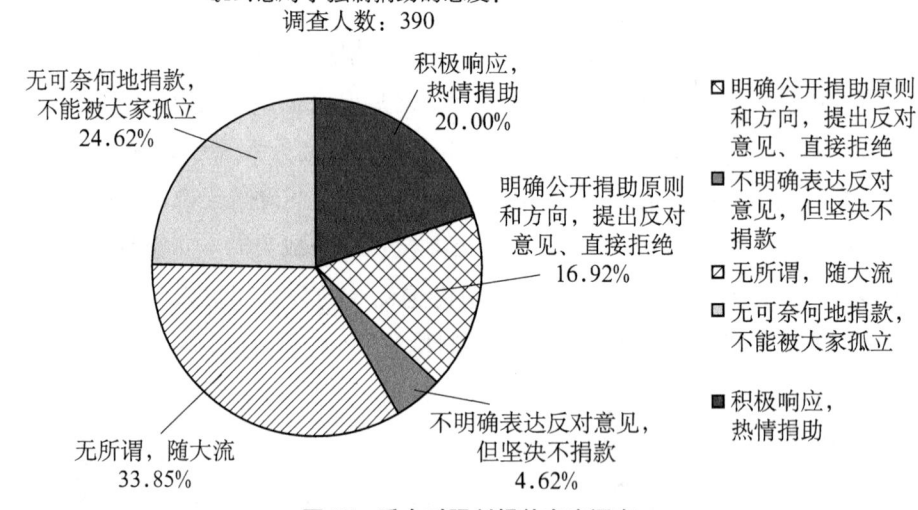

图17 受众对强制捐款态度调查

而新媒体舆论监督的作用督促某些部门强制捐助行为的改变。比如就天津市南开区教师被政府要求为"8.12"爆炸事故捐款的消息经网络传播后，就受到公众公开舆论压力与谴责。对此，南开区政府不得不通过官方微博回应辩称，组织定向募捐，是应党员干部要求（据2015年8月19日法制晚报）。在新媒体语境下，灾难之后再有一些部门机关会做出强制捐款的荒唐事，微信、微博等自媒体可以越过传统媒体报道所限，直接将强捐信息发出、传送；将强制捐助事件置于全国公众的舆论压力下，使不合理的强捐行为得到扼制。这种行为一定程度上也保证了受众慈善捐助的主动意愿。

当然大数据时代，新媒体构成的慈善求助中也存在大量的"诈捐""骗捐"行为，这直接危害着新媒体慈善传播的生态环境。由于新媒体传播空间的虚拟性而非传统社会下受众之间保有的面识关系，不用担心良心的谴责。这使得一些不法者向虚拟对象撒谎非常容易，难以识别。他们利用大众的同情心，通过编造一些子虚乌有的事，在网络上发求助帖或劝捐，最终达到个人的金钱目的。比如天涯社区的吴耀汉事件，不法者冒充老港星开微博，在与网民互动的过程中伺机骗取钱财。由于破绽太多，诈捐行为最终露馅，但是仍有不少网民被骗。

因此慈善传播规制部门需要对新媒体慈善传播环境中存在的骗捐、诈捐等不良行为加强管理与惩罚，以此保证慈善事业的长远良性发展。

第三节 大数据时代慈善传播"环性循环"融合模式

大数据时代媒体从分立状态到融合状态是人类信息传播活动一次质的历史飞跃，媒体在信息报道中重归社会再生产过程的生产、流通、消费三大经济领域。"数字技术、网络信息技术和现代通讯技术的融合发展使得传媒和信息产业在生产、传播和消费三大环节都呈现'无限'的状态。在这种状态下，对企业主体竞争的讨论将不再是基于'资源匮乏'的前提假设，而是面对'三大无限'的'丰裕的竞争'。"[①]

这种革命性的改变反映在慈善传播领域，慈善传播身处"无限生态位"新媒体环境，技术的革新使得慈善传播在这三大领域恢复平衡状态，慈善传播不再以介质形态来单一划分，而是以内容生产与消费流程来划分。"三大无限"的激烈竞争促使慈善传播出现了慈善传播环节变革，形成了内容融合、渠道融合以及终端融合三大传播环节，并且这三大环节相互制约、相互影响，最终形成了慈善传播系统的往复交集运行，如图18。

一、内容生产环节：慈善传播主体身份危机及功能重构

内容生产环节融合，这里指慈善传播中内容生产以及生产出来的信息产品

---

① 黄升民，谷虹：《数字媒体时代的平台建构与竞争》，《现代传播》，2009年第5期。

```
内容融合：              渠道融合：
生产融合    →         介质融合
产品融合              手段融合
      ↖            ↙
         终端融合：
         受众终端
         接受终端
```

图 18　慈善传播"环性循环"融合模式

融合。主要是指原来分属于不同媒介类别的内容生产，现在依托数字技术形成跨平台、跨媒体的整合，比如媒体、慈善组织等慈善传播主体在进行慈善信息传播时注意融合其他介质媒体进行互动、联动，最终形成媒体间内容生产的整合。同时近几年手机等自媒体的发展，为求助个体或慈善信息原受众加入慈善信息生产者行列提供可能。媒体间、传受双方之间的生产融合依托数字化技术，形成了多层次、多类型的创新慈善信息融合产品。

1. 受众对慈善传播主体的颠覆：从受传者走向生产者

新媒体时代，慈善传播呈现出报道主体的多元性、交互性的特性，慈善传播主体外延广泛，包括专业媒体、慈善组织、求助个体及以往传统媒体下的受众。虽然大众媒体仍然在此中占据重要地位，但新媒体的出现正在改变以往的诸多传播特性，点、面交织的传播网络已经形成。传受双方一体化趋势不能阻挡，尤其受众身份从单一消费者身份转向兼具生产者的特性将逐步促成慈善传播主体内涵的最大改变。

慈善传播传统媒体时代拥有的慈善传播的"神圣"主体地位受到颠覆，"Web2.0 的网络技术实现了载体性能的根本改变，使广大网络用户的集体智能和力量得以爆发并有可能主导新闻传播的走向"。[①]

2. 传统慈善传播主体功能的重构：主导向引导转变、理想向务实转变

现今新媒体形态层出不穷，各形态介质间的界限不再清晰且相互交融。微博、博客、论坛等自媒体的发展解构着以往已经形成的偏线性传播模式，新型点、面交织形成的"复杂网络"传播格局已经形成。在新媒体时代，个体成为信

---

① 蔡雯、陈卓：《媒介融合进程中新闻报道的突破与创新——基于 2008 年重大新闻报道案例研究的思考》，《国际新闻界》，2009 年第 2 期。

息生产者、解释者、评判者，他们完全可以形象地被喻为"人人都是把关人"。

数字、网络、通信技术带来的新动力助推着传统媒体融合新兴媒体的勃兴之势和澎湃潮流。身处其中，慈善传播主体尤其是慈善事业组织在做慈善传播时必须立足受众需求，突出慈善传播特色，加强以受众立本、专业主义精神立根的视角观，而这种新视角的打通关键在于"亲民化解读"。

"亲民化解读"的核心是要求慈善传播中要挖掘真正需要慈善项目关注的对象，从受众心理认同层面出发来选择主题，站在受者立场组织内容。"亲民化解读"作为受众视角、专业化视角结合的催化剂，它的具体操作途径可以通过注重受众个人生活经验以及感性认同化报道来实现。前者指的是透过普适性的受众价值观、利益得失来看待慈善文化、慈善理念、慈善救济、慈善环保、慈善公共设施项目等，以关联型框架方式报道慈善事件，解释慈善事件及活动与受众个体的利益相关点，供其捐助行动参考。后者要求慈善传播要意识到受众作为普通百姓，大多数人无法理解过于抽象理性的符号与概念，因此慈善传播要尽量贴近群众语言，诉求感性情感。舍复杂，取简单；舍宏观大道理，取微观人文关怀进入受众心智。

值得注意的是，大数据时代虚拟生态环境造成慈善传播内容良莠不齐，这就需要慈善传播主体在传播过程中不光要对慈善事实性信息进行传播，同样也要对慈善意见性观念进行传递，注意正确的慈善文化与理念引导。当然这种引导不能像以往传统媒体时代那样，一味说教，要注意把有效的意见性观念表达的主观见解作为另一种客观存在于慈善传播中，为受众打造精准的慈善观，为我国慈善事业的良性发展夯实基础。

3. 受众参与慈善传播新媒体融合生产

受众"使用与满足"功能需要从信息需求到媒体接近使用需求的转变，受众愿意以信息生产者及消费者双重身份加入慈善传播过程中。受众进行慈善传播生产，必然涉及其信息生产的框架，即信息的选择、组织、加工、报道等语法程序或原则。

西方媒体主要依靠各类专项法律对慈善传播报道进行规制，除为数不多的政党媒体外，政党对传媒的规制很少甚至力微，因此其在慈善传播中的媒体框架主要从专业角度出发来架构新闻。从专业角度，"新闻媒体框架可以视为新闻信息编码、译码、解码的认知工具,其与新闻专业常规传统相关。框架,因此常被作为构建与加工新闻话语的策略工具或作为话语自身的个性而研究"。①

我国慈善事业传统不同于西方国家,政府对慈善事业直接参与、领导的地位直接决定其对慈善传播工作也有话语权,这使得我国的慈善传播框架难以形成专业视角。因此大众传媒时代的慈善传播在做慈善传播时,其报道框架以慈善事业组织传播主旨为主、专业框架为辅。这一理念的过度发展,客观上造成了慈善传播不丰富、不立体。慈善传播主体在报道某次慈善内容时,只一味引用其中的正面内容,"弘扬主旋律",而忽略了对慈善事件所涉及问题的客观全面的分析,对问题的处理缺乏张力和长远的控制力。

受众参与慈善传播新媒体融合生产这一具有划时代意义的历史改变消解着这种"以慈善事业组织传播主旨为主、专业框架为辅"的状况,传统媒体为了加强竞争力与争取更多的受众认同,使出浑身解数来加强专业框架报道,融合各种介质媒体,提高了慈善传播的整体内容质量与传播水平。

二、渠道介质环节:介质、手段全息大融合

大数据时代慈善传播的信息传送通路融合,它包括介质融合以及传播手段融合。媒体融合的基础是网络建设,包括在数字技术与网络技术支持发展起来的互联网、电信网、广播电视网、移动通信网等。2010年1月13日国务院发文,进一步推进三网融合;对于无线移动网络,北京、南京、深圳等数十个城市已制定了利用一种或多种无线宽带接入技术,建成覆盖整个城市或其主要区域的无线宽带信息网络系统——"无线城市"计划。对于慈善传播而言,网络融合不仅是各方网络运营主体之间竞合博弈的过程,同时也是自身的挑战和机会。加入到融合媒体孕育的新媒体竞争规则,是慈善传播图谋生存的唯一途径,别无其他。在不同媒体类别形成的介质融合基础上,慈善传播利用新媒体积极开发出多种新传播手段,增加与受众互动的渠道,形成一体化、立体的全

---

① Pan, Kosicki, G. M., "Framing Analysis: An Approach to News Discourse", Political Communication, 1992, vol. 10, pp. 55-75.

媒体报道格局。

媒介决定论者麦克卢汉"媒介即讯息"的论调强调了媒介的发展对人类文明、人类社会进程的巨大影响。媒介作为一种技术手段，其发展历程影响、决定了人类感知世界、认知世界的方向与方式，决定了人们使用信息、交流信息、传播信息的形态与性质。伴随着电子、数字、网络、通信技术的巨大发展和广泛应用，媒介正在构建人类公共领域的全新方式，并再一次引发人类认知结构、社会结构、世界秩序的"内爆"，同时卫星传输、互联网技术产生的媒介"地球村"更是加剧了这种"内爆"速度与广度。

2012年从对受众接触"全国两会"媒体类别与载具的调查研究[①]中了解到（如表3），85.4%的受众是从网络上接触信息。可见新媒体时代，越来越多的人趋向于在网络上浏览新闻、从网络上获取自己需要的信息。而作为传统媒体的电视则有73.3%的人选择，说明电视媒体在数字化发展的今天，仍具有相当大的受众群体。而手机作为第五媒体，也有67.7%的被调查者选择从此渠道获得信息，已呈超越报纸、杂志、广播的趋势。这说明了慈善传播中多种介质、传播手段融合的重要性。

表3 受众接触"全国两会"信息的媒体渠道（媒体类别与载具）

报纸 32.1%	北京日报 8.3%	福建日报 21.7%	解放日报 18.3%	南方日报 25.0%	其他省市级报纸 71.7%		
杂志 17.3%	新闻周刊 39.0%	凤凰周刊 33.3%	新周刊 12.3%	瞭望 3.5%	南风窗 66.7%	其他 43.7%	
电视 73.3%	中央电视 100.0%	省级电视台 89.3%		市级电视台 42.9%		县级电视台 7.5%	
广播 13.0%	中央人民广播电台 43、5%	省级广告电台 21.7%		市级广播电台 52.3%	县级广播电台 23.2%		其他 0%
网络 85.4%	新浪网 87.5%	人民网 28.3%		政府门户网站 11.20%	百度搜索 1.8%		腾讯网 40.2%
手机 67.7%	手机报 42.0%	智能阅读器 13.2%		手机网络版 55.7%		手机电视 0%	
户外 3.8%	楼宇液晶 24.4%	地铁公交电视 75.6%		报纸招贴栏 0%		电子展示屏 0%	

媒体各介质业务形态的整合，使得各种媒体的慈善内容产品汇流为一个

---

① 张勤：《互联网时代中国报纸会议新闻报道融合论》，世界出版公司2013年版。

"信息大市场";同时数字化使这个信息的流通集中在一个融合平台,并在这个平台上进行各种传输介质信息的发布。各类媒体的内容在技术上可以自由相互嵌入,媒体之间的界限已经模糊。

但以往慈善传播在报道慈善新闻时同质化现象严重,内容重点单一、品味和质量不高。这种同质化传播除了导致资源浪费以外,根本无法满足受众对慈善信息"新鲜、新奇、个性"的要求,这直接导致受众对某些媒体慈善传播的忠诚度和信任度下降。因此大数据时代慈善传播主体在内容、形式上进行了大量的创新,他们不仅从叙述风格和主题角度切入进行改革;同时也注意导入一些新鲜的、艺术化的传播手段来激发受众兴趣点。比如慈善行为导入网络购物或者导入时尚好玩元素。过去提到慈善捐款,我们往往想到一本正经的大横幅、募捐箱、志愿者。而如今,慈善活动却充满了时尚好玩的元素。这一点,从去年引爆舆论圈的"冰桶挑战"就能看出来。

另外慈善传播报道中颠倒习惯化的过程,使熟悉的东西陌生化,构造出慈善传播信息的感同身受。同时在内容与形式处理上还注意挖掘情感维度,强调与受众的慈善关注点相契合,表现出人文关怀,来破解慈善传播同质化严重的困境。

三、终端融合:接受终端融合基础上的受众"黏合"

终端融合指的是接受终端融合基础上受众对慈善传播在媒体层面的"使用与满足"的体验化,它既表现为特定特征相似的目标受众消费的融合,也包括接受设备终端的融合。

前者因为不同媒体类别的目标受众受大数据影响,其界定边界模糊并日趋呈现某些特征相似的受众重合状态,这些重合的受众群体从慈善传播融合生产的各种一体化产品中选择、组合来满足信息需求;后者是将计算机、通信、电子消费产品,即3C接受终端设备进行"整多合一"的方式,比如将报纸、杂志、广播、电视、互联网等接触媒体的形态整合进手机、PDA、电子终端娱乐设备等。随着无线传播技术的进一步发展,"随时、随地、随意"的无线接受将是融合时代接受慈善新闻信息的最重要特性。为了满足受众新鲜性、个性化需求,慈善传播要最大程度捕获受众"被吸引"的注意力,更要加强多形态、多介质大数据传输渠道的搭建,以此满足受众在3C接受终端个性使用媒体的可能。美国社交网站 Facebook 桑德伯格认为，未来所有的媒体都将实现个性化。因此慈善传播在慈善传播中创造各种机会让受众自由选择、使用个性化终端，利用不同品牌的智能手机、电子阅读器等移动接受终端，自由个性地满足使用媒体的体验感。

当然受众终端融合又反过来加速了介质融合，让 20 世纪开始产生的各介质"累积性"的单一发展，演化至"多元立体化"的组合协作。

此外传播学界对受众研究，从最初"子弹论""皮下注射论"的强效果观转向具有主观能动性的"使用与满足"者。选择性接触机制更是强调受众在接触信息时完全按照自己的兴趣、个性、价值观、需要来认知、解读、理解、记忆信息。正如加达默尔认为理解是种创造而不是复制行为。

按受众接触慈善传播的一般动机来看，除基于自身的同情与对他人的关爱心理需求以外，趣味性、可读性等也影响着受众是否"被吸引"。这就要求慈善传播在提供慈善传播信息与资讯时，不仅要从内容、形式、传播手段角度进行创新，更要理解这些诉求是在捕捉受众个性融合终端选择、使用需求上完成的，这样才能满足受众对新鲜感、新奇感、自由感的追求。

最后受众通过功能一体化融合终端实现多形态的信息接受、再传递，甚至再创造慈善信息，达成媒体层面的"使用与满足"体验化。

四、"环性循环"融合模式

慈善传播过程出现的三大报道环节变革，相互影响、相互关联、相互制约，每一个环节都涉及多个维度整合；同时这些环节相互渗透，"你中有我，我中有你"，呈现出非线性的"环状循环"融合机制创新。

其中内容融合是慈善传播过程中实现媒介融合的资源基础，它涉及生产融合及产品融合。现在慈善传播主体在做慈善信息报道时，往往会融合其他介质合作，对不同媒体进行一体化策划。一体化全媒体运作流程、全媒体团队合作是慈善传播报道系统渐进式深化的亮点，这为进一步向全媒体中心、全媒体组织结构的质变提供"量"的支持。同时受众"接受者向生产者"身份的转变，也加入到慈善信息融合生产过程中。这种融合生产出来的慈善传播产品，不仅要能提供原始的纸媒产品，还要提供 PDF、网页式产品，甚至可以用视频来进行动态传输。这一切得益于数字"0、1"技术的支持，才使得原来传统媒体单纯的时间、空间分立式的信息提供，变为数字时空并存形式，给重大慈善传播提供转型契机。

渠道融合是在技术、网络融合基础上的介质、手段融合，它是慈善传播报道融合得以实现的通路支撑。渠道融合利用技术、网络优势为慈善传播提供变单一为多样化的传播渠道；同时慈善传播主体在这个过程中充分开发新媒体传播手段，增加与受众互动的频度、为受众提供参与平台。因此渠道融合的实现，是媒介融合的前提条件。

终端融合表现在应受众便捷性、多样性的需求，在分众基础上实现再聚，并将信息和捐助反馈行动整合为一体化，最终实现受众在慈善传播过程中媒体层面的"使用与满足"体验化。终端融合是媒介融合的终极目标，是内容融合与渠道融合的成果表现。

这样，慈善传播报道中内容融合、渠道融合及终端融合紧密依存、互相支撑、互相制约、你我交融，再现了非线性、环性循环的融合态势。

参考文献

1. 王昕，李茜，陈柏宇：《如何加入世界一流企业"常春藤"俱乐部》，《商道智汇·热点速递》，2016年10月。

2. 商道纵横：《全面认识企业社会责任报告》，社会科学文献出版社2015年版。

3. 高丽华：《企业社会责任视角下的出版品牌价值》，《理论探索》，2012年第3期。

4. 郭红玲：《从耐克事件看企业社会责任危机响应模式》，《求索》，2007年第6期。

5. 罗贵权：《文化发展为何要把社会效益放在首位》，《人民日报》，2008年第7期。

6. 商道纵横：《价值发现之旅行（2013—2014）》，2015。

7. 商道纵横：《全面认识企业社会责任报告》，2015。

8. 尹世昌：《出版企业社会效益评估的对象化与具体化研究》，《现代出版》，2011年3月。

9. 周建旭：《社会效果——新闻价值的真谛》，《新闻传播》，2011年5月。

10. 张志强：《转制后中国出版企业的发展与社会责任》，《中国出版》2010年7月下。

11. 石祯专：《浅析我国大众传媒社会责任研究的局限与展望》，《中国传媒科技》，2015年第9期。

12. 张涛甫，覃琴：《下好一盘媒体战略转型的大棋》，《新闻与写作》，2016年第3期。

13. 周志懿：《做负责任的媒体》，《青年记者》，2012年第5期。

14. 童兵：《传媒社会责任的履行与违悖》，《采写编》，2014年第5期。

15. 《陕西日报社会责任报告》（2015年度），http：//www.SXdaily.com.

cn/n/2016/0526/c142-5887389.html。

16. 江作苏：《媒体建立社会责任报告制度势在必行》，《新闻战线》，2014年第1期。

17. 王琦：《媒体社会责任缺失原因及对策分析》，《理论前沿》，2009年第23期。

18. 鲍盛华：《有理讲理春风化雨》，《光明日报》，2016年5月20日第1版。

19. 张席贵：《吉林启动精品创作工程》，《中国新闻出版广电报》，2016年5月10日第2版。

20. 刘丛星：《强化以社会效益为核心做强做优做大出版主业——吉林出版集团"十三五"时期工作思路和举措》，2016年6月13日，http://www.jlpg.cn/2015/11/news/c44fb1685548.HTML。

21. 吉林日报：《吉林日报社会责任报告（2015年度）》，2016年6月30日，http://news.xinhuanet.com/zgjx/2016-05/26/c_135369023.htm。

22. 上海证券报：《政企联手发展在线教育吉视传媒加速"互联网+"》，2016年7月1日，http://www.stcn.com/2015/0729/12382263.shtml。

23. 孟凌云：《时代文艺出版社喜迎三十华诞》，《吉林日报》，2015年2月3日第2版。

24. 邵益文，周蔚华：《普通编辑学》，中国人民大学出版社2011年版。

25. 林毅夫：《自生能力、经济发展与转型理论与实证》，北京大学出版社2004年版。

26. 柳亿达：《我国绿色出版发展的路径探析》，《新闻传播》，2015年5月。

27. 方允仲：《论出版传媒单位转企后社会责任体系与整体价值取向的确立》，《中国出版》，2010年4月。

28. 邵权熙，贾麦娥，李惟：《文化传承是出版人的社会责任》，《中国出版》，2008年11月。

29. 张泽青：《2015年中国期刊现象观察》，《编辑之友》，2016年2月。

30. 段艳文，袁晓：《2015中国期刊业：亦喜亦忧又一年》，《传媒》，2016年2月。

31. 朱辉宇：《传媒社会责任理论再思考》，《传媒》，2010 年 11 月。

32. 童兵：《传媒社会责任的履行和违悖》，《新闻与写作》，2014 年 8 月。

33. 《2015 年全国新闻出版业基本情况》，国家文化产业创新试验区官网，[2016-09-01] http：//national-ciiez.gov.cn/NewsDetail.aspx? rcid = 3&cid = 30&id = 9124。

34. 买生，伊其俊，李腾飞，齐丽云：《企业社会责任实践影响因素的差异分析》，《大连理工大学学报（社会科学版）》，2016 年第 3 期。

35. 陈少峰，李兴旺：《论文化企业社会责任的特殊性》，《福建论坛·人文社会科学版》，2014 年第 8 期。

36. 杨蕙馨，艾庆庆：《全球文化产业竞争下的文化企业社会责任》，《广东社会科学》，2014 年第 1 期。

37. 杨海平，陈霄栋：《我国上市出版传媒企业社会责任报告编制构建研究》，《中国出版》，2014 年第 19 期。

38. 韦尔伯·施拉姆：《大众传播事业的责任》，复旦大学出版社 2003 年版。

39. （美）约翰·C. 尼罗：《最后的权利》，周翔译，汕头大学出版社 2008 年版。

40. Carroll A, Ethical challenges for business in the new millennium: corporate social responsibility and models of management morality. *Business Ethics Quarterly*, 2000, (1): 33—42.

41. berseder M, Schlegelmilch B B, Murphy P E, et al., Consumers' Perceptions of Corporate Social Responsibility: Scale Development and Validation, *Journal of Business Ethics*, 2014, 124 (1): 101—115.